dtv

20 Tage im 20. Jahrhundert

Herausgegeben von
Norbert Frei
Klaus-Dietmar Henke
Hans Woller

Hans Woller

Rom, 28. Oktober 1922
Die faschistische Herausforderung

Deutscher Taschenbuch Verlag

Ein Überblick über die gesamte Reihe findet sich auf S. 279/280

Originalausgabe
Mai 1999

Umschlaggestaltung: christof berndt & simone fischer
Umschlagfoto: v. l. n. r. Mussolini, De Vecchi, Balbo (Rom, Oktober 1922)
Satz: Oreos GmbH, Waakirchen
Druck und Bindung: C. H. Beck'sche Buchdruckerei, Nördlingen
Gedruckt auf säurefreiem, chlorfrei gebleichtem Papier
Printed in Germany · ISBN 3-423-30603-3

Inhalt

Rom, 28. Oktober 1922

Der Befehl zum Angriff ist erteilt, es gibt kein Zögern mehr. Mussolini ist bereits aufgesessen. Das Kinn nach vorne gereckt, die Zügel fest in der Hand, gibt er dem prächtigen Schimmel die Sporen. Das Tier bäumt sich noch einmal auf, im nächsten Augenblick wird es der Hauptstadt des Königreichs Italien entgegensprengen. Um den »Duce« herum haben sich seine Männer formiert: schwarz die Uniformen, glänzend die Gewehre, sicher der Schritt. Die Legionäre mit den harten Gesichtern sind bei ihrem »Marsch auf Rom« nicht mehr aufzuhalten, sie zertreten jedes Hindernis. Ihr erstes Opfer ist ein roter Drache, der bereits wehrlos am Boden liegt. Ein kräftiger Kämpfer versetzt ihm den Todesstoß, und über allem spannt sich ein seidig-weicher Himmel, der eine triumphale Zukunft verheißt, wenn der Sieg erst errungen ist.

So sah im Jahre VIII der faschistischen Zeitrechnung der Maler und Zeichner Primo Conti das, was am 28. Oktober 1922 vor den Toren Roms geschah.[1] Der stark vom Futurismus beeinflußte Künstler hätte bei seinem Metier bleiben und sich nicht an die Vergangenheit wagen sollen, denn fast alles an seinem Gemälde ist falsch. Es handelt sich um eine Konstruktion, eine faschistische Stilisierung, kaum etwas entspricht der historischen Realität. Diese war viel banaler und mehr von Taktik und feigem Biedersinn bestimmt als von heroischem Kampf und revolutionärem Schwung, wie Primo Conti sie auf die Leinwand gebannt hat.

Das Schlagwort vom »Marsch auf Rom« geisterte schon 1919 in den zahllosen Gruppen und Grüppchen der nationalistischen Rechten herum. Bedeutung aber gewann es erst drei Jahre später, als die nach Kriegsende entstandene faschistische Bewegung zu einer mitreißenden politischen Kraft geworden war, die sich nicht mehr mit einigen Posten in der Regierung abspeisen lassen wollte, sondern die ganze Macht beanspruchte. Im Sommer 1922 beherrschte die mittlerweile auf über 320000 Mitglieder angewachsene Partei bereits weite Teile Mittel- und vor allem Norditaliens. Ihr organisatorischer Schwerpunkt lag in der Emilia-Romagna und in der Toskana, ihre wichtigsten Charakteristika waren – ungewöhnlich für eine politische Partei – die militärische Struktur und die Gewaltbereitschaft. Der programmatische Kitt, der die äußerst heterogene Bewegung zusammenhielt, bestand in extremem Nationalismus, radikalem Antisozialismus, diffusen Neuerungshoffnungen und nicht zuletzt in einer starken Affinität zu streng hierarchischem Denken, die sich nach innen in blinder Führergläubigkeit, nach außen in dem Wunsch nach Wiederherstellung von Ordnung und Autorität äußerte.

Die Hauptleidtragenden des Siegeszuges der Faschisten waren die vielfältigen Organisationen der sozialistischen Arbeiterbewegung und ihre Bastionen in der Poebene, die man noch 1920/21 für uneinnehmbar gehalten hatte. Über sie ging die faschistische Bewegung wie eine Walze hinweg. 1921/22 wurde Hochburg um Hochburg mit beispielloser Radikalität geschleift: Die Faschisten zerstörten Dutzende von Gewerkschaftshäusern, Hunderte von genossenschaftlichen Zirkeln gingen in Flammen auf, zahlreiche lokale und regionale Parteizentralen wurden verwüstet, viele »rote« Rathäuser ausgehoben und die sozialistischen Bürgermeister und Ratsherren – wenn sie Glück hatten – für abgesetzt erklärt, wenn sie Pech hatten, verfolgt und ermordet.

Diese Aktion fand den Beifall aller nicht-sozialistischen Kräfte, die in den Jahren zuvor unter der Dominanz der Arbeiterorganisationen gelitten hatten. Vor allem galt dies für die Großagrarier, die den Faschismus hoffähig machten und mit kräftigen Finanzspritzen großzogen. Aber auch die traditionell mit der Linken verfeindete Polizei, die Präfekten und die Offiziere des Heeres sahen es nicht ungern, daß die Sozialisten endlich in die Schranken gewiesen wurden. Sie wahrten eine Art abwartender Neutralität, die in der Praxis nicht weit von Komplizenschaft entfernt war. Nicht daß diesen bürgerlichen Kräften nicht selbst häufig etwas unheimlich zumute gewesen wäre angesichts der stupenden Kraftentfaltung und der brachialen Rücksichtslosigkeit der Faschisten. Sie hielten die durchweg aus dem vaterländischen Milieu stammenden Schwarzhemden, wie man die Faschisten wegen der Uniform ihrer Kampfverbände bald nannte, aber für das kleinere Übel und gaben ihnen auch viel größere Resozialisierungschancen als den Sozialisten, Anarchisten oder Kommunisten, in deren Köpfen vermeintlich nur Umsturz und Revolution brüteten und die für die nationale Sache ja ganz verloren waren.

Der Anführer der Schwarzhemden und der unangefochtene Chef der faschistischen Partei war Benito Mussolini.[2] Der »Duce«, wie er intern schon früh hieß, wurde 1883 in der Nähe des Dorfes Predappio in der Region Emilia-Romagna geboren. Seine Mutter war Volksschullehrerin, sein Vater Schmied, der die Zeit seiner häufigen Arbeitslosigkeit zum Studium sozialistischer und anarchistischer Klassiker nutzte, die er später auch seinem Sohn näherzubringen vermochte. Benito selbst, ein aufsässiger, auf sich bezogener und ruheloser Junge, ließ sich zum Volksschullehrer ausbilden und erwarb sogar die Lehrerlaubnis für höhere Schulen, ging seinem Beruf aber mangels Talent, Neigung und Anstellung nur sporadisch nach. Statt dessen versuchte er sein Glück im Ausland, in der Schweiz, in Österreich, in Deutschland und in Frankreich, wo er – wenn er nicht gerade im Gefängnis saß – in vielen Berufen dilettierte und schließlich im Journalismus und in der Politik seine Bestimmung fand, die er auch in der Heimat weiterpflegte. Er schrieb für sozialistische Blätter, tat sich als Agitator in Streikbewegungen hervor und machte sich mit seinem Radikalismus und seinen maßlosen Attacken gegen den liberalen Staat und das kapitalistische System allmählich einen Namen, der zumindest beim revolutionären Flügel der sozialistischen Partei einen guten Klang hatte. 1912, als die Revolutionäre die Oberhand in der Partei erlangt hatten, zählte Mussolini bereits zur Führungsmannschaft der Sozialisten. Dies zeigte sich nicht zuletzt darin, daß man ihm den Posten des Chefredakteurs des Parteiorgans ›L'Avanti‹ anvertraute, den er bis Oktober 1914 mit beträchtlichem Erfolg und großem Geschick ausfüllte. Mussolinis Agitation galt damals vor allem dem Umsturz des Systems, der Errichtung der Diktatur des Proletariats und der Verhinderung eines großen europäischen Krieges, von dem in seinen Augen nur die Kapitalisten profitieren konnten, während die Arbeiter die Köpfe hinhalten mußten.

Mussolini befand sich 1914 auf dem besten Weg, die Nummer 1 der von Erfolg zu Erfolg eilenden sozialistischen Partei zu werden. Die steil nach oben führende Karriere wurde aber jäh unterbrochen, weil die Sozialisten nach Kriegsausbruch an ihrem pazifistischen Kurs festhielten, während Mussolini in schreiendem Gegensatz zu dem, was er noch wenige Monate zuvor propagiert hatte, nun die Meinung vertrat, die Sozialisten könnten bei diesem Ringen der Völker nicht abseits stehen, sie müßten den Krieg als Vorspiel zur Revolution betrachten und auf der Seite der Entente zu den Waffen greifen. Dieser Sinneswandel kostete ihn das Parteibuch und den Posten beim ›L'Avanti‹. Er brauchte darüber allerdings nicht allzu betrübt zu sein, denn ausländische Finanziers und inländische Großindustrielle, die an einem raschen Kriegseintritt Italiens interessiert waren, statteten ihn mit so viel Geld aus, daß er schon im November 1914 eine eigene Zeitung, den ›Popolo d'Italia‹, gründen konnte, der die Erwartungen der Geldgeber dann auch nicht enttäuschte.

Man kann trefflich darüber streiten, ob Mussolini sich damals kaufen ließ, ob er zuvor Anarchist, Syndikalist oder Marxist gewesen und ob er von Sorel, Pareto, Nietzsche oder doch mehr von Macchiavelli beeinflußt worden ist. Mussolini macht es seinen Biographen schwer, denn jeder Beweis, der sich für die eine oder andere These ins Feld führen ließe, wäre leicht durch einen Gegenbeweis zu entkräften. Klar ist aber doch, daß sich im verwirrenden Für und Wider der Argumente einige Grundkonstanten erkennen lassen: Mussolini war ein Rebell, der demokratische und rechtsstaatliche Regeln verachtete und sogar das Potential eines Revolutionärs besaß, es aber später wegen koalitionspolitischer Rücksichten nicht ausschöpfen konnte. Gleichwohl blieben seine antibürgerlichen Ressentiments lebendig, und noch in den düstersten Stunden vom April 1945 hing er seinem alten Traum nach, die italienische Gesellschaft neu zu formen und auf große Abenteuer vorzubereiten. Außerdem war Mussolini von einem unbändigen Willen zur Macht beseelt; jedes Bündnis war ihm recht, kein Mittel zu verächtlich und kein ideologischer Schwenk zu gewagt, sofern sie ihn nur den Schalthebeln der Macht näher brachten. Schließlich war Mussolini – und das hat ihm bei seinem Aufstieg am meisten geholfen – ein genialer Populist, der sah, wo die kleinen Leute, die Kriegsheimkehrer und verängstigten Bürger der Schuh drückte, der spürte, wo die nationalen Frustrationen saßen und wie sie gelindert werden konnten, und der erkannt zu haben glaubte (und es wohl auch wirklich hatte), daß viele Menschen nicht nach mehr Partizipationsrechten verlangten, sondern nach energischer Führung, wie er sie in seiner Partei praktizierte. Nationalist war er dagegen zunächst nicht – aber er wurde es, als er 1914 für den Kriegseintritt Italiens zu kämpfen begann und damit unweigerlich in den Dunstkreis von völkischen Ideologen und Propagandisten nationaler Größe geriet, aus dem er endlich sogar als Imperialist hervorging.

Dieses Gefühl für Stimmungen, Menschen und Konstellationen sagte Mussolini im Sommer 1922, daß der Griff nach der Macht keinen Aufschub mehr duldete. Die faschistische Partei war nur noch schwer zu bremsen. Insbesondere die Provinzbonzen, die unter dem Druck der reaktionären Großagrarier standen und die Wünsche des unüberschaubar gewordenen Anhangs nach Arbeit, Pöstchen und Sinekuren zu befriedigen hatten, verlangten, daß der »Duce« ihnen lohnende Ziele in der Hauptstadt wiese. So groß der Erfolg bei der Eroberung der Provinz nämlich auch sein mochte, letztlich war der Faschismus damit der Macht nicht sehr viel näher gekommen; es drohten Stillstand und vielleicht sogar Zerfall, wenn nicht mehr zu erreichen war, als auch noch den letzten Winkel der Poebene oder der Toskana zu usurpieren. Hinzu kam, daß die faschistische Expansion im Sommer 1922 Bewegung in die verkrustete Parteienlandschaft gebracht hatte. Manches deutete sogar darauf hin, daß sich eine handlungsfähige Alternative zur amtierenden Regierung herausbilden würde, die dem Aufstieg der Faschisten – um das mindeste zu sagen – tatenlos zugesehen hatte. Es gab Indizien dafür, daß Giovanni Giolitti, der große alte Mann der liberalen Partei, der noch jede Krise gemeistert hatte und den Mussolini mehr als jeden anderen fürchtete, seine Rückkehr in die Regierung vorbereitete. Es gab Pläne, die auf die Bildung einer großen antifaschistischen Koalition von Liberalen, katholischer Volkspartei und reformorientierten Sozialisten zielten, und es gab Überlegungen, die Faschisten – ganz gleich, ob mit oder ohne Mussolini – in ein Mitte-Rechts-Bündnis mit Gabriele D'Annunzio oder einer anderen nationalen Großfigur an der Spitze einzubinden und damit zu neutralisieren.

Jede dieser Lösungen wäre Gift für den Faschismus gewesen. Mussolini wußte das; er wußte aber auch, daß seine Partei für einen revolutionären Kraftakt viel zu schwach war. Im nationalen Ernstfall, wenn der König Armee und Polizei aufrief, ihre Pflicht zu tun, hätten die Schwarzhemden zweifellos den kürzeren gezogen. Mussolini entwickelte deshalb eine für seine politische Zukunft nicht ungefährliche Strategie der »psychologischen Kriegführung«[3], die darauf hinauslief, mit illegalen Mitteln eine legale Machtergreifung der Faschisten zu erzwingen. Die Vorentscheidung dafür fiel in einer Sitzung des Zentralkomitees der faschistischen Partei am 13./14. August 1922. Die Faschisten stellten dort ein Generalkommando ihrer Miliz zusammen und besetzten die führenden Positionen mit Italo Balbo, einem jungen Draufgänger aus Ferrara, und den altgedienten Armeegenerälen Emilio De Bono und Cesare Maria De Vecchi, die den nötigen militärischen Sachverstand in den Nervenkrieg gegen die Regierung bringen sollten. Außerdem einigte sich die Parteiführung um Mussolini darauf, eine faschistische Generalmobilmachung zu starten, die dann auch rasch anlief und im August/September 1922 mit zahlreichen Versammlungen, Paraden und Strafexpeditionen gegen politische Gegner ihren Höhepunkt erreichte. Diese beispiellose Heerschau diente dem doppelten Zweck, den eigenen Leuten und der Parteispitze Mut zu machen und – fast noch wichtiger – die liberalen Führungsschichten zu verunsichern, einzuschüchtern und schließlich zur Selbstaufgabe zu nötigen.

Parallel dazu verhandelte Mussolini mit jedem, von dem sich mit einigem Recht annehmen ließ, er komme für eine führende Position in der Regierung in Frage. Keiner, weder Giovanni Giolitti noch Francesco Saverio Nitti, weder Antonio Salandra noch Vittorio Emanuele Orlando, weder Gabriele D'Annunzio noch Regierungschef Luigi Facta, war sich zu fein dafür oder verlangte, daß Mussolini den Aufmarsch der Schwarzhemden stoppte, bevor man sich mit ihm an einen Tisch setzte. Alle zeigten sich bereit, ja geradezu begierig zum Gespräch, weil sie sich Hoffnung machten, den Faschismus domestizieren und für die eigenen Ziele einspannen zu können, und jedem gaukelte Mussolini, wie ein gerissener Heiratsschwindler, vor, daß er sich nur mit ihm eine gemeinsame Regierungszukunft vorstellen könne.

Im Oktober 1922 war der Boden bereitet. Die faschistische Partei befand sich in erregter Hochspannung, die sich nicht mehr lange konservieren ließ, und die überforderten Hoffnungsträger des alten Italien waren verängstigt oder einfach ratlos, weil sie sich keinen Reim auf Mussolini machen konnten, der einmal als Revolutionär, dann wieder als vernünftiger Politiker auftrat, dem nichts mehr am Herzen zu liegen schien, als die Heißsporne der eigenen Partei zu bremsen. Der letzte Akt der Doppelstrategie, genauer: die Vorbereitungen zum Aufbau einer imponierenden Drohkulisse um die Hauptstadt, begann am 16. Oktober 1922 im Saal des Direktoriums der faschistischen Partei in der Via S. Marco 16 in Mailand. Hier traf sich Mussolini mit einer Handvoll engster Vertrauter, um über das Wann und Wie eines Marsches auf Rom zu beraten. Die Militärs unter ihnen waren am vorsichtigsten; sie plädierten für einen Aufschub und verlangten eine bessere Vorbereitung, während die Zivilisten, namentlich Balbo und Mussolini, keine Zeit mehr verlieren wollten und schließlich auch die Zauderer mitzureißen vermochten. Ein genauer Termin für die revolutionäre Aktion wurde noch nicht festgelegt; das sollte erst in Neapel geschehen, wo für den 24./25. Oktober ein Parteitag angesetzt war. Immerhin beschloß man aber, daß im Falle des Falles der Oberbefehl von der Parteiführung auf ein Quadrumvirat der Miliz aus De Bono, De Vecchi, Balbo und Michele Bianchi, dem Generalsekretär der Partei, übergehen, daß der Marsch selbst von drei Orten in der Umgebung von Rom aus erfolgen und daß das Hauptquartier der Miliz in Perugia liegen sollte.

In Neapel erhielt der Plan für den Marsch auf Rom tatsächlich den letzten Schliff. In der Nacht vom 26. auf den 27. Oktober, so der Beschluß der Parteiführung, sollten sich die vier Oberbefehlshaber der Miliz an die Spitze der faschistischen Bewegung setzen. Am 27. sollten die Befehle für die Mobilmachung ergehen, danach Präfekturen, Polizeidirektionen, Bahnhöfe, Post- und Telegrapheneinrichtungen und Rundfunkstationen besetzt und schließlich alle verfügbaren Kräfte an den Sammelpunkten Tivoli, Santa Marinella und Monterotondo zusammengezogen werden. Von dort aus sollte am 28. Oktober die Hauptstadt angegriffen werden.

Mussolini zeigte sich an diesen Einzelheiten nicht sonderlich interessiert. Der Marsch auf Rom war nur ein Faktor in seinem Plan – und nicht einmal der bedeutendste, weil ein militärischer Erfolg der Schwarzhemden im Ernstfall ohnehin nicht zu erwarten war. Der »Duce« reiste deshalb am 25. Oktober nach Mailand zurück und überließ die letzten Vorbereitungen dem Quadrumvirat, das sich schon seit längerem mit diesen Dingen befaßte. Er distanzierte sich damit nicht von dem Plan, er gewann aber etwas Spielraum für den Fall, daß alles schiefgehen sollte; vielleicht hätte er, der nicht unmittelbar in den Aufstand verwickelt war, doch seine Haut retten und

Unterschlupf bei einer Regierung Giolitti oder Salandra finden können. Außerdem hatte er in Mailand Wichtigeres zu tun, nämlich noch intensiver zu verhandeln, als er es schon in den Wochen zuvor getan hatte, und damit sein verwirrendes Spiel zu vollenden: Er stand mit Giolitti, Salandra und Orlando in Kontakt und stellte ihnen ein Regierungsbündnis in Aussicht. Er zog die äußerst einflußreichen Freimaurer auf seine Seite, er hofierte die führenden Industriellen des Landes und vermochte sie so sehr von seinen Talenten und guten Absichten zu beeindrucken, daß sie seiner Partei finanziell aufhalfen, und er ließ das Königshaus wissen, die Monarchie habe vom Faschismus nichts zu befürchten, wenn der König die schützende Hand von der Regierung Facta zurückziehe. Ziel dieser ebenso virtuosen wie gewissenlosen Taktik war es, die Regierung Facta gänzlich zu isolieren, so daß sie den Mut verlor und zurücktrat, und sich selbst als denjenigen zu präsentieren, der allein in der Lage war, die Schwarzhemden zurückzupfeifen und endlich für Ruhe und Ordnung zu sorgen.

Mussolini hatte nur wenige enge Vertraute in seine ambitionierten Pläne eingeweiht. Die übrigen Faschisten, auch die militärischen Führer der Miliz, ahnten nicht, daß ihr »Duce« es gar nicht so ernst meinte mit der militärischen Aktion und sie nur als Drohung inszenieren ließ. Entsprechend groß waren Ernst und Engagement, als sie im Morgengrauen des 27. Oktober den Befehl zum Losschlagen erteilten, und entsprechend groß war die Entschlossenheit der mobilisierten Schwarzhemden, die ja seit langem darauf brannten, endlich aufzuräumen in der Hauptstadt, wo angeblich Korruption, Inkompetenz und Unfähigkeit blühten. Im Lauf des 27. Oktober »eroberten« sie zahlreiche Städte und Dörfer Nord- und Mittelitaliens, ohne daß es zu nennenswerten Zusammenstößen mit dem Militär oder der Polizei gekommen wäre. Die Militärbehörden verhielten sich fast überall passiv. »Die beiden Seiten, die einander feindlich gegenüberstehen sollten«, so hat Angelo Tasca geschrieben, »schließen beinahe überall Kompromisse, dank denen die Schwarzhemden – von wenigen Ausnahmefällen abgesehen – nirgends Militärkommandos besetzen und Kasernen angreifen.«[4]

Alles spricht dafür, daß sich Mussolini schon am 27. Oktober seiner Sache ziemlich sicher war. Freilich durfte er den Bogen nicht überspannen, er mußte vor allem darauf achten, daß es zu keiner

Verzweiflungstat der Regierung kam. Er scheint deshalb den ursprünglichen militärischen Plan umgestoßen und nur relativ schwache Kräfte zu den drei vorgesehenen Sammelpunkten abkommandiert zu haben. Am Morgen des 28. Oktober waren jedenfalls in Monterotondo nur 2000 Milizionäre versammelt, in Tivoli waren es 3000, in Santa Marinella immerhin 4000, die aber für einen Schlag gegen Rom nicht in Frage kamen, weil die Bahnverbindung dorthin unterbrochen war. Alles in allem bestand die militärische Bedrohung am Morgen des 28. Oktober also gerade aus 5000 Kämpfern, die noch dazu ein Bild des Jammers boten: schlecht ausgerüstet, frustriert, weil der »Duce« ihre hochfliegenden Eroberungspläne seiner Taktik zu opfern schien, und von einem Dauerregen zermürbt, der alles in Schlamm und Sumpf verwandelte.

Die Regierung Facta wußte spätestens seit dem faschistischen Parteitag in Neapel, daß Gefahr im Verzug war. Sie war über die militärische Stärke, die Truppenbewegungen und die Erfolge der Faschisten am 27. Oktober genauestens informiert, und ihr war auch bewußt, daß die in und um Rom stationierten regulären Truppen den Schwarzhemden weit überlegen waren. Trotzdem reagierte sie am 26./27. Oktober beinahe panisch. Dies zeigte mit schonungsloser Eindringlichkeit: Die alten Führungsschichten hatten alle Kraft, allen Gestaltungswillen und alle Zukunftsgewißheit verloren und kein Vertrauen mehr in die Grundsätze des liberalen Systems, das sie in der zweiten Hälfte des 19. Jahrhunderts errichtet und seither geprägt hatten. Auch sie hatten sich von autoritärem Gedankengut infizieren lassen und glaubten, daß nur mit einer gründlich zurechtgestutzten Demokratie oder, besser noch, mit einer Art Diktatur die Krise der Nachkriegszeit zu meistern sei. Luigi Facta, der Regierungschef, verkörperte das ganze Elend der alten Eliten: Sollte er seiner inneren Stimme gehorchen, die ihm den Rückzug ins Privatleben nahelegte? Sollte er die Stellung halten, bis sein Vorbild und Mentor Giolitti sich zur Rückkehr entschloß? Oder sollte er, der gewiß nicht frei war von Ehrgeiz und Ambition, doch eine eigene Zukunft als Regierungschef anvisieren?

Facta wußte nicht einmal darauf eine Antwort, und er hatte auch keine Vorstellung davon, wie der faschistischen Herausforderung zu begegnen war. Freilich hatte er auch kaum mehr verläßliche Bündnispartner, denn Mussolini hatte mit seinen Verhandlungen so viel

Konfusion gesät, daß in der Hauptstadt nur noch Mißtrauen und Mißgunst herrschten. In ihrer ratlosen Verzweiflung tat die Regierung Facta deshalb am 27. Oktober einen grotesken Schritt: Die Minister stellten ihre Ämter zur Verfügung, schlugen aber – als Regierung auf Abruf, wohlgemerkt – gleichzeitig die Ausrufung des Belagerungszustandes vor, um so dem Faschismus militärisch die Stirn bieten zu können.

Damit kam der König ins Spiel, der die Ausrufung des Belagerungszustandes ja billigen mußte. Vittorio Emanuele III. befand sich zu diesem Zeitpunkt auf seiner Sommerresidenz San Rossore in der Nähe von Pisa und wollte eigentlich seine Ruhe haben. Facta informierte ihn dort über die Ergebnisse der Kabinettssitzung und bat ihn, wegen der angespannten Situation nach Rom zurückzukehren – was dieser am Abend des 27. Oktober auch tat. Der König stärkte Facta zunächst den Rücken, zeigte sich einverstanden mit dem Plan, den Faschisten militärisch entgegenzutreten, und überredete den Ministerpräsidenten wohl sogar dazu, weiter im Amt zu bleiben, als dieser Rücktrittsabsichten äußerte.

So war die Lage, als das Kabinett am 28. Oktober um 6.00 Uhr früh zu einer Sondersitzung zusammentrat. Im sicheren Gefühl, den König auf ihrer Seite zu haben, verabschiedete die Ministerrunde den endgültigen Gesetzestext über die Ausrufung des Belagerungszustandes. Außerdem entwarf das Kabinett ein Manifest, das zum Widerstand gegen die Faschisten aufrief und kurz darauf in allen Städten verbreitet wurde, und es zögerte schließlich auch nicht, umgehend die Präfekten von den neuen Beschlüssen zu informieren und sie zur Verhaftung der faschistischen Rädelsführer aufzufordern.

Der Marsch auf Rom, der noch gar nicht begonnen hatte, war damit zum Scheitern verurteilt. Die regulären Streitkräfte zeigten sich, von wenigen Ausnahmen abgesehen, loyal, und es war eigentlich nur eine Frage weniger Tage, bis die Schwarzhemden wieder aus den Stellungen vertrieben sein würden, die sie am 27. Oktober erobert hatten. Doch da nahm die Entwicklung eine dramatische Wende: Der König weigerte sich, das Dekret über den Belagerungszustand zu unterschreiben, das Facta ihm um 9.00 Uhr vorlegte.

Was war geschehen? Was hatte den Sinneswandel des Monarchen bewirkt? Die Historiker sind hier noch immer auf Spekulationen angewiesen: Mag sein, daß der König an der Loyalität seiner Soldaten zweifelte. Denkbar ist auch, daß er einen Bürgerkrieg befürchtete, der sein Land noch tiefer in das Chaos gestürzt hätte, und gut möglich wäre, daß Vittorio Emanuele III. die Machtergreifung der Faschisten für unvermeidlich hielt und ihr sogar bessere Seiten abgewinnen konnte als einer neuerlichen Regierung eines Giolitti oder eines Facta, die ihn in diese unerfreuliche Situation hineinmanövriert hatten und die vielleicht auch eine weniger gute Sicherung gegen die »rote Gefahr« boten als Mussolini. Vielleicht bangte der König aber auch nur um seinen Posten; sein Vetter, der Herzog von Aosta, so pfiffen es die Spatzen von den Dächern, unterhielt beste Beziehungen zu den Faschisten und werde von Mussolini zum neuen König ausgerufen, falls es tatsächlich zum Kräftemessen zwischen Schwarzhemden und Heer kommen sollte.[5]

Tatsache ist jedenfalls, daß die Regierung das Dekret über den Belagerungszustand zurückziehen mußte und damit den letzten Rest an Autorität verspielte, der ihr geblieben war, und Tatsache ist auch, daß Mussolini nun Herr der Lage war. Daran änderte sich auch nichts, als der König am 28. Oktober 1922 – nach der Demission Factas – Antonio Salandra mit der Regierungsbildung beauftragte, denn der scheiterte kläglich und mußte sein Mandat schon einen Tag später zurückgeben. Mussolini hätte in einer Regierung seines Gegenspielers alles werden können; er wollte aber mehr: das Amt des Ministerpräsidenten, das ihm der König am 29. Oktober schließlich auch antrug.

Der Marsch auf Rom hat also überhaupt nicht stattgefunden. Er blieb Dutzende von Kilometern vor der Hauptstadt im Schlamm stecken und wurde dann ganz abgeblasen, als der »Duce« sein Ziel erreicht hatte. Mussolini saß am 28. Oktober also auf keinem Schimmel, er befehligte keine Legionen, und über seinen Männern spannte sich kein seidig-weicher Himmel. Mussolini verhandelte in Mailand und fuhr erst am 29. Oktober, als alles entschieden war, mit dem Nachtzug nach Rom. Die mittlerweile doch zu der beachtlichen Stärke von 40000 Mann angeschwollenen faschistischen Truppen in Tivoli, Monterotondo und Santa Marinella blieben währenddessen, wo sie waren, und kämpften weiter mit ihren ärgsten Feinden, dem Dauerregen und dem Unwetter, die ihnen schon in den Tagen zuvor zugesetzt hatten. Schließlich rief Mussolini die Schwarzhemden aber doch noch in die Ewige Stadt. Er inszenierte dort am Nachmittag des 31.Oktober einen gewaltigen Aufmarsch, der natürlich das Darstellungsbedürfnis seiner Leute befriedigen, vor allem aber deutlich machen sollte, daß die Machtergreifung der Faschisten kein normaler Regierungswechsel war, sondern revolutionäre Dimensionen hatte. Damit legte der »Duce« den Grundstein für den faschistischen Revolutionsmythos, der in den folgenden Jahren solche Blüten trieb, daß am Ende nur noch wenige wußten, was am 28. Oktober 1922 wirklich geschehen war.

Trotz mancher grotesker Züge hat der Marsch auf Rom Geschichte gemacht. Hier deutete sich nämlich eine Alternative an, die Schule machen und Europa in den zwanziger und dreißiger Jahren in Atem halten sollte – eine Alternative zum liberal-demokratischen Regierungssystem, das in den Augen vieler verbraucht und zu schwerfällig war, um die brennenden Probleme in Staat und Gesellschaft lösen zu können, eine Alternative zu reaktionären Militär- und Königsdiktaturen, die ebenfalls kein Rezept für die Gegenwart parat hatten und einfach nur blind zurück wollten, und eine Alternative schließlich zu dem, was später kommunistische Volksdemokratien genannt wurde. Es gab eine erfolgversprechende Antwort auf die Krise des liberalen Systems *und* auf die Herausforderung durch die politische Linke und den Bolschewismus, so konnte man das Signal deuten, das 1922 von Rom ausging, eine Antwort, die sich nicht im Einsatz von Militär und Polizei erschöpfte, sondern mit der aktiven Unterstützung breitester Schichten vor allem verängstigter Bürger, Kleinbürger und Bauern rechnen konnte.

Wenige haben die historische Bedeutung des Marsches auf Rom so klar und so frühzeitig erkannt wie der deutsche Diplomat und Schriftsteller Harry Graf Kessler, der schon am 29. Oktober 1922 in sein Tagebuch schrieb: »Die Faschisten haben durch einen Staatsstreich die Gewalt an sich gerissen in Italien. Wenn sie sie behalten, so ist das ein geschichtliches Ereignis, das nicht bloß für Italien, sondern auch für ganz Europa unabsehbare Folgen haben kann. Der erste Zug im siegreichen Vormarsch der Gegenrevolution. Bisher haben die gegenrevolutionären Regierungen, zum Beispiel in Frankreich, wenigstens noch so getan, als ob sie demokratisch und friedlich seien. Hier kommt ganz offen eine antidemokratische, imperialistische Regierungsform wieder zur Macht. In einem gewissen

Sinne kann man Mussolinis Staatsstreich mit dem Lenins im Oktober 1917 vergleichen, natürlich als Gegenbild. Vielleicht leitet er eine Periode neuer europäischer Wirren und Kriege ein.«[6]

Mitte der dreißiger Jahre war aus dem kleinen faschistischen Feuer, das 1922 in Rom entzündet worden war, tatsächlich ein Flächenbrand in Europa entstanden. Weshalb? In welchen Ländern war die Brandgefahr besonders groß? In kapitalistischen oder agrarischen? In den 1918 neu entstandenen Staaten oder in Ländern mit gefestigter nationaler Tradition? Welche Rolle spielten die Verheerungen des Ersten Weltkrieges, die bolschewistische Revolution und die Weltwirtschaftskrise nach 1929 beim Aufstieg der faschistischen Parteien? Wo gelangten diese bis in die Vorhöfe der Macht? Wo konnten sie die Macht schließlich sogar ganz an sich reißen? Wie stand es um den Grad der Verwandtschaft zwischen den faschistischen Bewegungen und Regimen? Aus welchen Quellen speisten sich die unerhörte Radikalität und der fanatische Vernichtungswille, die für alle Faschismen charakteristisch waren? Das sind die Fragen, die in diesem Buch behandelt werden. Das Hauptaugenmerk gilt dabei nicht nur – wie in anderen Studien zum Thema – der parallelen Darstellung der einzelnen faschistischen Bewegungen und Regime; im gleichen Maße geht es um die Geschichte der Beziehungen zwischen den Faschismen und um deren Zusammenspiel mit den reaktionären Königs- und Militärdiktaturen, die schon bald nach Kriegsende in mehreren Ländern etabliert wurden. Denn erst daraus erwuchs die große faschistische Herausforderung, die sich gegen alles richtete, was Demokratie, Liberalismus und Menschenrechte hieß, und nur in einer gemeinsamen Kraftanstrengung der demokratischen und kommunistischen Welt zu bestehen war.

Kapitel 1

Das Modell: Italien 1919–1929

Ein zerrissenes Land in der Krise

Nur wenige Staaten Europas litten vor 1914 unter ähnlich großen inneren Spannungen wie Italien. Die Krise, in der das Land am Vorabend des Ersten Weltkrieges steckte, hatte viele Ursachen. Keine davon hat allein zum Faschismus geführt, aber alle zusammen haben den Boden bereitet, auf dem nach den Erschütterungen des Ersten Weltkrieges, der Herausforderung der bolschewistischen Revolution in Rußland und der sozialen und politischen Misere der Nachkriegszeit die faschistische Bewegung Fuß fassen und sich ausbreiten konnte: Italien war eine junge, »verspätete« Nation, die ihren Platz im Konzert der europäischen Mächte noch nicht gefunden hatte und von einem starken Nachholbedürfnis getrieben war. Italien verfolgte deshalb eine ebenso unstete wie ambitionierte Außenpolitik, die – weil sie von den natürlichen Ressourcen des Landes nicht gedeckt war – immer wieder im Fiasko endete, was die nationalistischen Leidenschaften freilich nur noch weiter aufstachelte. Außerdem war Italien ein Land, das sich seiner selbst und der Festigkeit seiner staatlichen Ordnung nicht sicher war. Das hing damit zusammen, daß der Verschmelzungsprozeß der vor der Staatsgründung getrennten Landesteile noch längst nicht abgeschlossen und daß die Staatsgründung selbst von oben und ohne plebiszitäre Flankierung erfolgt war. Die Folge davon war eine permanente Furcht vor subversiver Infektion und ein ängstliches Bewahrungs- und Abwehrdenken, das sich vor allem gegenüber den sozialistischen Arbeitern und der katholischen Landbevölkerung äußerte. Diese standen unter dem Verdacht der nationalen Unzuverlässigkeit und hatten deshalb kaum eine andere Möglichkeit, als sich in eigenen, fast autarken Milieus zu organisieren, die untereinander, vor allem aber mit dem Staat, kaum in Berührung kamen. Adrian Lyttelton hat in diesem Zusammenhang von einer »begrenzten und künstlichen Demokratie«[1] gesprochen und wollte damit sagen, daß erhebliche Teile der Gesellschaft von der Partizipation am politischen Leben ausgeschlossen waren oder dem Staat sogar feindlich gegenüberstanden. Schließlich war Italien ein Land, das mit einem Bein in der Zukunft stand, während es mit dem anderen noch tief in der Vergangenheit verharrte. Nord- und Mittelitalien hatten in den Jahrzehnten um die Jahrhundertwende eine beschleunigte Industrialisierung erlebt, die den Vergleich mit ähnlichen Entwicklungen in hochindustrialisierten Regionen Westeuropas nicht zu scheuen brauchte. Süditalien, aber auch die landwirtschaftlichen Zonen der Poebene hingegen hatten den Anschluß an die neue Zeit verpaßt und behielten ihr vielfach noch feudales Gepräge, wie es etwa in den Herrschaftsbeziehungen zwischen Landbesitzern und Pächtern sowie Landarbeitern zutage trat, die oft dem Status der Leibeigenen noch kaum entwachsen waren.

Die schmale, der Gesellschaft weit enthobene politische Klasse suchte vergeblich nach einer Antwort auf die gefährliche Fragmentierung des Landes und flüchtete sich schließlich in eine militant-antidemokratische Politik gegen die linke Opposition, was diese wiederum in ihrem Radikalismus bestärkte und in ihrer Revolutionseuphorie beflügelte. Die Spaltung des Landes wurde damit nicht überwunden, und auch der Erste Weltkrieg löste keines der großen Probleme, die Italien hatte. Im Gegenteil, der Krieg, der in den Augen vieler eine Art festigender Feuertaufe für den jungen Staat hatte werden sollen, machte alles nur noch schlimmer – und zwar in vielerlei Hinsicht: Schon die große öffentliche Debatte über das Für und Wider eines Kriegseintritts stellte das Land vor eine Zerreißprobe. Die eifernden Interventionisten und die nicht weniger eifernden Kriegsgegner bekämpften sich 1914/15 und dann erst recht nach der nationalen Katastrophe von Caporetto 1917, als die italienischen Streitkräfte eine verheerende Niederlage hinnehmen mußten, mit einer Vehemenz, die nur allzuoft an einen Bürgerkrieg erinnerte und sich nur mit dem Argument erklären läßt, daß die Konfliktlinien weitgehend identisch waren mit den Scheidelinien zwischen dem proletarischen und dem bürgerlich-staatstragenden Milieu, die sich ja schon seit langem heftig befehdet hatten. Überlagert und verschärft wurde dieser im wesentlichen alte Konflikt durch die neuartige Konfrontation zwischen den Kriegsteilnehmern und den »imboscati«, den Drückebergern, wie man die vom Kriegsdienst Freigestellten nannte. Dabei standen sich nicht Bourgeoisie und Proletariat gegenüber; die Protagonisten waren vielmehr die Bauern, die Landarbeiter und die Kleinbürger, die die Hauptlast des Krieges trugen und unerhörte Opfer zu beklagen hatten, auf der einen und die uk-gestellten Industriearbeiter auf der anderen Seite, die nach Auffassung der Frontsoldaten ein schönes Leben in der Heimat führten, während sie selbst Leben und Gesundheit riskieren mußten. Diese Ansicht ging zwar weit an der Realität vorbei, denn auch die Arbeiter hatten in den Rüstungsschmieden von Fiat und Ansaldo wenig zu lachen. Tatsache war aber, daß hier eine neue Kluft entstand, die kaum zu überbrücken war und die nationale Konsensbildung nach Kriegsende sehr erschwerte.

Fatal war diese Entwicklung vor allem insofern, als den kleinen Leuten, die sich nach Caporetto in die Schanze geschlagen und schließlich das Kriegsglück auch zu wenden vermocht hatten, ihr Einsatz nicht so vergolten wurde, wie es ihnen Staats- und Armeeführung in der Stunde der nationalen Not versprochen hatten: mit Reformen, sozialem Entgegenkommen und Land für die Halbpächter, Handlanger und Saisonarbeiter. Die erste intensive Berührung der gerade zum politischen Leben erwachten ländlichen und kleinbürgerlichen Schichten mit dem nationalen Geschick des Landes hätte deprimierender nicht sein können. Denn zur Trauer über die vielen Opfer, die der Krieg ihnen abverlangt hatte, trat maßlose Enttäuschung, die rasch in Mißtrauen und Wut umschlug, als sich zeigte, daß die Staatsführung nicht nur nicht in der Lage war, die alten Versprechen einzulösen, sondern darüber hinaus auch noch versagte, als es galt, den militärischen Sieg auf den Friedenskonferenzen in einen politischen umzumünzen. Zwar hätte auch diese Einschätzung einer nüchternen Analyse nicht standgehalten, denn Italien konnte 1919 mit Südtirol, dem Trentino, Triest, Julisch-Venetien, Istrien und Teilen Dalmatiens beträchtliche territoriale Gewinne einstreichen, die zehn Jahre zuvor selbst von anspruchsvollen Nationalisten als großartig betrachtet worden wären. Aber 1919 kümmerte man sich in den Reihen der Kriegsheimkehrer nicht um nüchterne Betrachtungen; die Erwartungen waren hochgespannt, und da die Gewinne dahinter zurückblieben, kam schnell das Schlagwort vom »verstümmelten Sieg« auf, das sich als Waffe gleichermaßen gegen die Alliierten wie gegen die politische Linke richten ließ, die den Krieg ja immer abgelehnt hatte und auch jetzt nichts tat, um die italienischen Ansprüche zu unterstützen.[2]

Das Urheberrecht an dem Schlagwort beanspruchte der berühmte Dichter Gabriele D'Annunzio, der im Krieg sein soldatisches Talent entdeckt und durch spektakuläre Taten von sich reden gemacht hatte. Tatsächlich gab es nach 1918 niemanden, der die Unzufriedenheit mit dem Friedensvertrag mit größerer Eindringlichkeit unter die Leute gebracht hätte als er. Schließlich ließ sich D'Annunzio von seiner überreizten Phantasie und einflußreichen Ratgebern aus dem nationalistischen Lager sogar zu einem Abenteuer verführen, das in der an Absonderlichkeiten reichen Geschichte des 20. Jahrhunderts einen besonderen Platz beanspruchen darf: Im September 1919 eroberte er mit meuternden Soldaten die an der dalmatinischen Küste gelegene, überwiegend von Italienern bewohnte Stadt Fiume, die Italien in der Friedenskonferenz vergeblich beansprucht hatte, und hämmerte von dort aus jedem ein, daß Italien betrogen worden sei und ein Recht darauf habe, sich Fiume und andere Teile Dalmatiens selbst zu nehmen – und das über ein Jahr lang mit nicht nachlassender Penetranz, die das Klima in Italien vergiftete und die nationalen Leidenschaften nicht zur Ruhe kommen ließ.

Nach 1918 war Italien als Sieger also mit einem Problem konfrontiert, mit dem ansonsten nur die Verlierer fertig werden mußten: dem Problem der Schützengraben-Generation, die sozial *und* national vor dem Nichts stand und sich von allen Seiten verraten fühlte. Der aktivste Teil dieses Millionenheeres rekrutierte sich ohne Zweifel aus dem Lager der subalternen Offiziere. Die zermürbenden Jahre an der Front, die den Soldaten das Äußerste an Entbehrung und Wagemut abverlangt hatten, die Unmittelbarkeit von Leid und massenhaftem Tod, die nicht nur bei roheren Gemütern abstumpfend wirkte, und die Erfahrung des Kampfes, die viele so geprägt hatte, daß sie meinten, das Leben eines Mannes sei erst durch »Blut, Waffen und Gewalt« wirklich lebenswert[3] – all das hatte zumal die Offiziere dem zivilen Leben entfremdet und sie in vielen Fällen zu Kriegern werden lassen, die ihr blutiges Handwerk nach 1918 auch in die politische Arena trugen.

Keine Gesellschaft hätte sich leicht damit getan, diese entwurzelten Schichten zu resozialisieren und die anderen großen Hypotheken abzutragen, die aus der Vorkriegszeit stammten. Italien aber hatte eigentlich keine Chance dazu, denn das Land stürzte nach dem Krieg in einen desaströsen Frieden, der vor allem durch eine große Wirtschaftskrise geprägt war, und die alte Fragmentierung der Gesellschaft hatte im Krieg derart zugenommen, daß das politische System gänzlich aus den Fugen geriet und nicht einmal mehr zum Krisenmanagement fähig war.

Italien hatte im Ersten Weltkrieg weit über seine Verhältnisse gelebt und stand nach 1918 vor einem erdrückenden Schuldenberg. Hinzu kam, daß im Zeichen der wirtschaftlichen Mobilisierung riesige industrielle Komplexe entstanden waren, die viel zu groß und schwerfällig waren, als daß man sie auf eine sinnvolle Friedensproduktion hätte umstellen können; ihre Führungen hatten aber so großen Einfluß auf die Politik, daß sie auch weiterhin enorme staatliche Zuschüsse bekamen, die oft sinnlos verpulvert wurden. Die Folgen davon waren verheerend: Erhöhung der Steuern, Entwertung der Lira, die 1921 nur ein Sechstel des Wertes von 1913 hatte, restlose Erschöpfung des Staatshaushaltes, so daß gerade noch 30 Prozent der Ausgaben aus regulären Einnahmen bestritten werden konnten, und schließlich eine sprunghafte Zunahme der Arbeitslosigkeit, die im Dezember 1920 nur gut 100000 Menschen betraf, während sie ein Jahr später schon für über 500000 zum bitteren Schicksal geworden war.[4]

Die Industrie- und auch die Landarbeiter hatten das Mittel des Streiks, um sich in der wirtschaftlichen Misere zu behaupten. In keinem Land Europas wurde nach 1918 häufiger die Arbeit niedergelegt als in Italien: 1919 gab es 1860 Streiks, an denen 1,5 Millionen Arbeiter beteiligt waren, 1920 erfaßte die Statistik über 2000 Streiks mit fast 2 Millionen Streikenden.[5] Viele Landarbeiter holten sich aber ganz einfach auch mit Gewalt, was man ihnen im Krieg versprochen hatte und nun im Frieden verwehrte; illegale Landnahme war vor allem in Süditalien und in der Poebene ein Massenphänomen. Solche Möglichkeiten hatten weder die Kleingrundbesitzer, die ihr Land verpachtet hatten, noch die Hausbesitzer, die hauptsächlich von den Mieten lebten. Sie mußten tatenlos zusehen, wie die Inflation den Pachtzins und die Mieteinnahmen auffraß, die per Gesetz eingefroren waren. Nicht viel besser ging es den Sparern, die ihr Geld in Kriegsanleihen gesteckt hatten und nun mit leeren Händen dastanden, weil der Staat fast pleite war. Diese Schichten glaubten sich ebenso verraten und im Stich gelassen wie die oft aus demselben Milieu stammenden Offiziere. Der Staat, so ihre zentrale Erfahrung nach Kriegsende, schützte die Interessen der Industrie und der Banken und ließ die Arbeiter gewähren, wenn sie ihre Anliegen mit brachialer Gewalt oder erpresserischen Streiks durchsetzten. Sie aber fanden mit ihrem Protest kein Gehör; dieses Gefühl der Ohnmacht war für viele noch schlimmer als die wirtschaftliche Not, die ihr Leben so sauer machte.

Überforderte Parteien

Die wirtschaftliche und soziale Krise mündete schon bald in eine Staatskrise, weil die politischen Parteien dem Druck der zentrifugalen Kräfte, der aus der Mitte und den lange vernachlässigten Außenbezirken der Gesellschaft kam, nicht gewachsen waren. Die alte liberale Führungsschicht, die sich der Tradition des Risorgimento und dem Erbe der Gründerväter verpflichtet fühlte, behauptete sich zwar trotz des auch in ihren Reihen tobenden Interventionismusstreits weiter an der Macht. Sie wußte auf die außerordentliche Krise der Nachkriegszeit aber keine Antwort mehr, die von allen Liberalen akzeptiert worden wäre. Die einen mit Giovanni Giolitti an der Spitze suchten ihr Heil in einer Reihe begrenzter Reformen, die den gesellschaftlichen Druck vermindern und die Krise entschärfen sollten. Sie hielten sich im Grunde an die goldene Regel zur Zukunftsbewältigung, die sich Fürst Salina in Lampedusas Roman ›Der Leopard‹ zurechtgelegt hatte: »Es muß sich alles ändern, wenn alles beim alten bleiben soll.« Dem anderen großen Flügel der in vielen kleinen Grüppchen organisierten Liberalen waren solche Überlegungen viel zu riskant. Leuten wie Salandra oder Giorgio Sidney Sonnino wäre es am liebsten gewesen, sie hätten mit eiserner Faust und ohne Rücksicht auf das Parlament regieren und den Reformstau, der sich seit langem aufgebaut hatte, mit einem autoritären Federstrich beseitigen können.

Keines dieser beiden Rezepte war in den Reihen der Liberalen konsensfähig, und auch die Sozialisten und die 1919 gegründete katholische Volkspartei, deren Stellung angesichts der Wahlrechtsreform von 1912 und der Einführung der Verhältniswahl nach Kriegsende erheblich besser geworden war, waren nicht bereit, die liberalen Sanierungskonzepte mitzutragen. Die katholische Volkspartei, die 1919 auf Anhieb 100 der 508 Sitze im Parlament errungen hatte, war eine Partei mit zwei Seelen: Die eine fühlte sich mehr den pragmatischen Reformsozialisten und den Parteigängern Giolittis verwandt und gewann ihre Orientierungspunkte aus der katholischen Soziallehre. Die andere hörte mehr auf Papst Benedikt XV., der dem italienischen Einheitsstaat mit ebenso großer Skepsis gegenüberstand wie den neuen fortschrittlichen Ideen von Demokratie und Pluralismus. Außerdem war die katholische Volkspartei politisch völlig unerfahren und nach der langen Ausgrenzung und Selbstabschließung im 19. Jahrhundert gänzlich unvorbereitet für eine Mitwirkung bei der Lenkung der Geschäfte des Staates, den sie erst langsam als den ihren zu betrachten begann. Die katholische Volkspartei war deshalb bei allem halb dafür und halb dagegen und fiel damit als Stabilisierungsfaktor nach 1918 praktisch aus.[6]

Noch desolater war die Lage der Sozialisten – und zwar trotz des stupenden Erfolgs in den Wahlen von 1919, die der Partei 156 Sitze im Parlament eingebracht hatten. Die Sozialisten hielt eigentlich nur noch die Gegnerschaft zum bürgerlichen Staat zusammen. Aber auch dieses Bindemittel verbrauchte sich allmählich, wie die Haltung der Reformsozialisten zeigte, die den Gedanken einer Kooperation mit Giolitti und dem sozial aufgeschlossenen Teil der katholischen Volkspartei nicht mehr automatisch verwarfen. Die alten blieben hingegen die revolutionären Sozialisten, die schon vor dem Krieg den Ton in der Partei bestimmt hatten – damals noch mit Mussolini an der Spitze. Sie konnten sich nach 1918 auf der ganzen Linie bestätigt fühlen: Hatten sie mit ihren Warnungen vor dem Kriegseintritt Italiens nicht recht behalten? Und lehrte nicht der Triumph der Bolschewiki in Rußland, wie man es machen mußte, wenn man große Pläne hatte? Die revolutionären Schwärmer forderten also weiter, nein: mit noch mehr Leidenschaft die Errichtung einer sozialistischen Republik und die Diktatur des Proletariats, beließen es aber, nur leicht überspitzt gesagt, bei diesem revolutionären Maulheldentum, droschen weiter das leere Stroh der ewig gleichen Phrasen und befehdeten jeden, der sich der praktischen Politik verschrieb und mit kleinen Schritten zum großen Ziel gelangen wollte.

Es muß nicht umständlich dargestellt werden, welche Konsequenzen sich aus dieser verfahrenen Situation ergaben: Das Parlament war gelähmt, die schnell wechselnden Regierungen waren handlungsunfähig. Die Integration der Schützengraben-Generation mißlang, die ländliche Bevölkerung, die im Krieg erstmals nationale Empfindungen verspürt hatte, wurde vor den Kopf gestoßen, und die sozialistische Arbeiterschaft und die Katholiken mußten sich weiter mit einem Außenseiterdasein abfinden, das ihrer wahren Stärke nicht entsprach. Dort, wo Entscheidungen hätten fallen müssen, war ein Vakuum entstanden. Die politische Klasse war mehr mit sich selbst und der Pflege ihrer Egoismen beschäftigt als mit den wirklichen Problemen des Landes.

1919/20 profitierten in erster Linie die Sozialisten von dieser Situation, allerdings nicht auf nationaler Ebene, sondern nur in den Gegenden Nord- und Mittelitaliens, die schon vor dem Krieg zu ihren Hochburgen gehört hatten. Hier, etwa in der Emilia-Romagna, konnten sie ihre Stellungen noch beträchtlich ausbauen und kamen damit ihrem Ideal, der Etablierung einer sozialistischen Gesellschaft, tatsächlich ein großes Stück näher. Die sozialistische Partei hatte 1920 etwa 200000 Mitglieder, sie stellte ein Drittel der Vertreter in den Provinzialräten, sie gebot über 8000 Genossenschaften, sie stand an der Spitze von etwa 25 Prozent aller italienischen Gemeinden, und in der sozialistischen Gewerkschaft CGL zählte man rund 2 Millionen Mitglieder.[7] Vieles spricht dafür, daß die Sozialisten neben ihrer alten Klientel aus den Arbeitermilieus einen großen Teil der Unzufriedenen und Gestrandeten an sich zu ziehen vermochten. Paradoxerweise gilt dies auch für viele Kriegsheimkehrer aus dem bürgerlichen Lager sowie für zahlreiche Landarbeiter und Tagelöhner, die in nationalen Fragen und über den Krieg eigentlich ganz anders dachten als die Führung der sozialistischen Partei. In der Praxis spielten diese Differenzen aber zunächst keine Rolle. Wichtiger war, daß die Sozialisten eine rasche Linderung der sozialen Not versprachen, und den Ausschlag gab schließlich wohl in vielen Fällen, daß die Sozialisten in manchen Regionen eine Monopolstellung hatten; jeder, der dort einen Arbeitsplatz wollte, mußte sich zu ihnen bekennen. Das erklärt zu einem Gutteil die imponierende äußerliche Stärke der sozialistischen Partei in den Jahren 1919/20 und zugleich ihre innere Schwäche, die 1921/22 beim Ansturm der Faschisten offenbar wurde.

Damit ist eigentlich schon gesagt, daß die Sozialisten es nicht verstanden, ihre zunächst außerordentlich starke Position auf dem Lande zu konsolidieren und, darauf aufbauend, ihren Beitrag zur nationalen Versöhnung zu leisten. Im Grunde verspielten sie ihren Erfolg, weil sie die Realität aus den Augen verloren hatten. Ganz in ihren alten Formeln gefangen, die Privateigentum in der kommunistischen Zukunft nicht vorsahen, achteten sie nur auf die Interessen der Tagelöhner und Saisonarbeiter und versuchten deren Anliegen mit einer solchen Sturheit durchzusetzen, daß man mit einigem Recht vom totalitären Regime der sozialistischen Organisationen sprechen könnte.[8] Die kleinen Landbesitzer, die Kleinbauern, die Pächter und Halbpächter hatten in diesem Zwangssystem der Sozialisten mit seinen starren Kollektivregelungen keinen Platz und wurden fast automatisch in ein Bündnis mit den Großagrariern getrieben, die sich angesichts der Dominanz der Sozialisten vom »Erstickungstod«[9] bedroht fühlten und darauf brannten, es ihren Gegenspielern heimzuzahlen.

Ähnliche Meisterleistungen politischer Ungeschicklichkeit vollbrachten die Sozialisten im Umgang mit den Kriegsteilnehmern, die nicht selten wie Aussätzige behandelt wurden, und auch in ihren linken Stammlanden, den industriellen Zentren Norditaliens, überspannten sie 1919/20 häufig den Bogen. Besonders augenfällig war dies im Sommer 1920, als wohl mehr als

500000 Arbeiter aus Protest gegen die galoppierende Inflation und die Engpässe bei der Lebensmittelversorgung in den Streik traten und schließlich sogar viele Fabriken besetzten. Erfahrene Politiker wie der alte Giolitti, die schon viele Stürme erlebt hatten, sahen darin keineswegs die Vorboten einer radikalen Umwälzung. Sie hofften, daß die rebellierenden Arbeiter und ihre sozialistischen Anstifter nach kurzer revolutionärer Probezeit zu der Einsicht finden würden, daß es ohne Manager, Techniker und Verwaltungsexperten in den Betrieben nicht ging, und weigerten sich deshalb auch, das Heer marschieren zu lassen. Sehr zum Leidwesen der bürgerlichen und großbürgerlichen Schichten natürlich, die in den Fabrikbesetzungen und namentlich im Aufbau »roter Garden« zum Schutz vor konterrevolutionärer Subversion den sicheren Beweis dafür erblickten, daß Italien höchste Gefahr drohte und niemand, am allerwenigsten der Staat, in der Lage war, das bolschewistische Übel abzuwenden.

Die Welle der Fabrikbesetzungen verlief sich tatsächlich sehr rasch – und zwar in erster Linie wegen der inneren Schwäche der Arbeiterbewegung und der Konzeptionslosigkeit ihrer Führer, die schon nach wenigen Wochen nicht mehr wußten, was aus den besetzten Fabriken werden sollte. Der Schreck aber blieb, und es blieb auf seiten des Bürgertums, der Großagrarier wie der aufsteigenden kleinbäuerlichen Schichten auch die Überzeugung, daß sie ihre Sache selbst in die Hand nehmen mußten, wenn sie in der Auseinandersetzung mit der Linken bestehen und ihre Existenz sichern wollten.

Die Voraussetzungen für den Triumph faschistischer Bewegungen, die Eric Hobsbawm genannt hat, waren also in Italien erfüllt – kein Wunder, denn Hobsbawm hat sie ja vorwiegend aus dem italienischen Fall abgeleitet: ein »Staat, dessen Mechanismen funktionsunfähig geworden waren; eine Masse aus desillusionierten, desorientierten und unzufriedenen Bürgern, die nicht mehr wußten, wem ihre Loyalität gehören sollte; starke sozialistische Bewegungen, die mit einer sozialen Revolution drohten oder zu drohen schienen, aber nicht wirklich in der Lage waren, sie durchzuführen; und ein nationaler Widerstand gegen die Friedensverträge von 1918–20«[10].

Freilich war es von den Voraussetzungen zum Aufstieg und

zur schließlichen Durchsetzung einer Bewegung noch ein steiniger Weg, und nichts deutete 1918 darauf hin, daß aus der Vielzahl miteinander konkurrierender rechter und nationalistischer Grüppchen und Splitterparteien ausgerechnet die Gruppe um Mussolini die günstigen Voraussetzungen würde nutzen können. Mussolini stand nach Kriegsende mit fast leeren Händen da. Er hatte nicht die geringste Vorstellung von dem, was später der Faschismus werden sollte, und er hatte keine Bündnispartner, die mit ihm gemeinsame Sache gemacht hätten: Den Nationalisten und den Liberalen war er zu umstürzlerisch, den Sozialisten zu national. Im Bürgertum mißtraute man ihm wegen seiner sozialistischen Vergangenheit, und die revolutionären Interventionisten, denen er eigentlich am meisten zugehörte, gingen im großen, zunehmend nationalistisch gestimmten Lager der ehemaligen Kriegsbefürworter beinahe schon unter.

Gründung und Aufstieg der »fasci di combattimento«

Mit diesem bescheidenen Kapital gründete Mussolini 1919 die »fasci di combattimento«, die faschistischen Kampfverbände, deren Wurzeln bis in das Jahr 1915 zurückreichten, als sich im Zusammenhang mit der hitzigen Debatte um den italienischen Kriegsbeitritt stark von revolutionären Syndikalisten geprägte »fasci di azione rivoluzionaria« formiert hatten, die sich die Mobilisierung aller Kräfte für den militärischen Sieg und den Umsturz der Gesellschaft zum Ziel gesetzt hatten. Diese Syndikalisten und einige Sozialisten, die sich 1914/15 wie Mussolini mit ihrer alten Partei überworfen hatten, bildeten den harten Kern der etwa 100 Personen, die sich am 23. März 1919 in einem kleinen Saal an der Piazza San Sepolcro in Mailand trafen, um die faschistische Bewegung in Gang zu bringen.[11] Zu ihnen gesellten sich aus der Bahn geworfene Studenten, Journalisten und Künstler, die sich Futuristen nannten und eine radikale Erneuerung von Staat und Gesellschaft erstrebten, außerdem verunsicherte Kleinbürger, die mit politischem Engagement ihre Existenzängste betäuben wollten, und schließlich nicht wenige demobilisierte Offiziere und Unteroffiziere von Eliteeinheiten des Heeres, die sich an der Regierung und den Parteien für die Misere, in der sie nach Kriegsende steckten, rächen wollten und zu jedem Abenteuer bereit waren. Das Programm, das sich diese seltsame Mischung deklassierter oder von der Deklassierung bedrohter Elemente gab, kann als eher links bezeichnet werden. Mussolinis Gefolgschaft forderte viel: Acht-Stunden-Tag, Mindestlöhne, Mitbestimmung, Alters- und Invalidenversicherung, unbearbeitetes Land für Kooperativen und – wie es sich für Politiker mit revolutionärer Vergangenheit gehörte – natürlich die Einführung der Republik.

Man wird kaum sagen können, daß das Signal von Mailand ein breites Echo gefunden hätte. Die »fasci« kamen nur schleppend voran und vermochten nirgends jene magnetische Wirkung zu entfalten, die Mussolini sich erhofft hatte. Wie deprimierend die Lage im ersten Jahr war, zeigte nichts deutlicher als die vernichtende Niederlage in den Wahlen vom 16. November 1919. Mussolini, der in Mailand ins Rennen gegangen war, erhielt nur etwa 4000 Stimmen, während sein sozialistischer Gegenkandidat Filippo Turati 180000 Stimmen bekam. Da die Faschisten anderswo nicht besser abschnitten, konnten sie keinen einzigen Abgeordneten in das Parlament entsenden.[12]

In den Wochen nach dieser Schlappe waren die faschistische Bewegung und auch Mussolini praktisch am Ende. Um die Jahreswende 1919/20 gab es in ganz Italien noch 31 Ortsgruppen mit zusammen 870 Mitgliedern. Der ›Popolo d'Italia‹, in Krisenzeiten immer der letzte Rettungsanker, schrieb rote Zahlen, und Mussolini war so niedergeschlagen, daß er an Auswanderung dachte. Die Wahlniederlage hatte für den »Duce« freilich auch nützliche Aspekte. Er erkannte nämlich nun endgültig, daß mit linken Programmen und überhaupt auf dem linken politischen Spektrum, das er immer noch im Auge hatte, nichts zu holen war, weil dort die sozialistische Partei dominierte und 1919/20 sogar ihre Stellungen weiter ausbauen konnte. Anders lagen die Dinge im rechten Lager, das führerlos, heillos zersplittert und in einem ständigen Prozeß der Verwandlung und Neuformierung begriffen war. Hier gab es für Mussolini eine Chance, endlich wieder eine politische Basis zu finden.

Mussolini und seine Entourage, zu der vor allem hungrige kleine Aufsteigertypen ohne Zukunftsperspektive gehörten, ließen sich diese Chance nicht entgehen. Sie zogen das linke Programm aus dem Verkehr, dämpften ihre antimonarchistischen und antiklerikalen Töne und forderten die Sozialisten heraus – zuerst nur verbal, bald auch mit Gewalt. Auf diese Weise entstanden gute Beziehungen zur besseren Gesellschaft der Industriellen und Manager, die es natürlich gerne sahen, wenn die anmaßenden Sozialisten einen Dämpfer erhielten. 1920 fraß sich die faschistische Bewegung so immer weiter in das bürgerliche Lager hinein. Erste größere Erfolge konnte sie in Julisch-Venetien erringen, wo die Faschisten große Sympathien beim italienischen Bürgertum genossen, das sich in doppelter Frontstellung zu den Sozialisten und der slawischen Bevölkerung befand.[13] Die Faschisten warfen sich hier mit Billigung des Staates, der zu schwach war, um sich Geltung zu verschaffen, zu den Verteidigern der Italianität dieser Gebiete auf und entwickelten dabei mit ihren Kampfgruppen, den »Squadren«, eine Taktik ebenso überraschender wie brutaler Überfälle, die bald Schule machen sollte.

Von Julisch-Venetien sprang der Funke über auf die Poebene, dann auf die Toskana, auf Venetien, die Lombardei und Umbrien, und schon 1921 hatte das Feuer weite Teile Nord- und Mittelitaliens erfaßt. Er zündete allerdings nicht überall, sondern vor allem auf dem Land und in den ländlichen Regionen namentlich dort, wo sich Ende 1920 die »hochpolarisierte Klassenkampfsituation«[14] der ersten beiden Nachkriegsjahre wegen der Schwäche und Ignoranz der Sozialisten schon wieder so weit entspannt hatte, daß die Großgrundbesitzer Morgenluft zu wittern und auf Rache an der Arbeiterbewegung zu sinnen begannen. Nachdem die revolutionäre Welle abgeebbt war, formierte sich hier eine Abwehrfront in und zu Diensten der alten Grundherren, die die Faschisten gewissermaßen entdeckten und binnen weniger Monate derart ausstaffierten, daß sie zur Verteidigung ihrer Klasseninteressen ins Gefecht geschickt werden konnten.

Die Faschisten waren das Geld wert, das die Großagrarier in sie investierten. Sie begnügten sich aber bald nicht mehr damit, ihre Auftraggeber zu schützen, sondern gingen auf breiter Front zum Angriff über, der vor allem der Zerstörung der organisierten Bauern- und Landarbeiterbewegung und der Wiederherstellung der Allmacht der Grundherren galt. Dabei wurde die »rote Gefahr«, aber auch die Bedrohung der großagrarischen Interessen, die von katholischen Kooperativen ausging, radikal beseitigt. Die Grundherren konnten sich nach den faschistischen Strafexpeditionen wieder als das fühlen, was sie früher gewesen waren: Sie mußten auf keine kollektiven Arbeitsverträge mehr Rücksicht nehmen, sie konnten die Löhne nach Belieben senken, und sie durften sich bei den Arbeitszeiten wieder an der guten alten Zeit orientieren. Mit einem Wort: Ihre Welt war wieder in Ordnung.

Der Erfolg der Faschisten hing wesentlich davon ab, daß die Großagrarier sie finanziell und materiell aushielten, daß die Repräsentanten des Staates beide Augen zudrückten und daß die Arbeiterbewegung zu schwach zur Gegenwehr war. Nicht weniger wichtig war, daß die Faschisten in der Poebene oder in der Toskana mit äußerster Rücksichtslosigkeit agierten und eigentlich nie als politische Bewegung, sondern immer als militärische Stoßtrupps auftraten, die unter dem Kommando von hemmungslosen, vom zivilen Leben angewiderten Offizieren standen, die im Frieden ihren Krieg fortsetzten – als Söldner, denen nichts heilig war. Die Verluste, die diese Kämpfe forderten, sprechen für sich: Etwa 2000 Menschen, mehr als die Hälfte davon Sozialisten, verloren dabei ihr Leben, Tausende wurden verletzt und blieben dauerhaft versehrt.[15]

Erfolg gebiert Erfolg, und so war es nur logisch, daß die Faschisten 1921/22 immer größeren Zulauf fanden. Ende 1920 gab es 88 Ortsgruppen mit über 20000 Mitgliedern, ein Jahr später waren die Faschisten mit 834 Ortsvereinen und etwa 250000 eingeschriebenen Anhängern bereits die mitgliederstärkste politische Partei in Italien[16] – und damit natürlich ein Faktor, der auch auf der Bühne der »großen« Politik nicht mehr ignoriert werden konnte. In manchen Gegenden beherrschten die Faschisten sogar allein die Szenerie. Roberto Farinacci, der Parteichef in Cremona, Italo Balbo, sein Pendant in Ferrara, Dino Grandi, der Befehlshaber des Faschismus in Bologna, und einige andere prominente Faschisten verstanden es, ihre Provinzen zu faschistischen Hochburgen aufzubauen, die ebenso hermetisch waren, aber ungleich brutaler verwaltet wurden als die sozialistischen Bastionen in der Nachbarschaft, auf die das Schicksal der Schleifung noch wartete. Roger Engelmann hat sogar davon gesprochen, daß die faschistischen »›Provinzfürstentümer‹ [...] im kleinen Maßstab eine Ordnung« antizipierten, »die im nationalen Rahmen frühestens mit dem Jahr 1925 verwirklicht wurde. Sie waren der Hort des faschistischen Extremismus, von dem die radikalisierenden Impulse zur Ausbildung des Regimes ausgingen. Gleichzeitig waren sie eine Art politisch-soziales Laboratorium, in dem die ›totalitäre‹ Ordnung erprobt wurde.«[17]

Auf dem Weg von der Splittergruppe zur Massenpartei veränderte sich das soziale und das politische Profil des Faschismus grundlegend. Hatten 1919/20 demobilisierte Soldaten, Intellektuelle, Arbeitslose und das Strandgut der Dissidentenszene dominiert, so bestimmten zwei, drei Jahre später Angestellte, Handwerker, Lehrer, Industrielle und Großbauern das Gesicht des Faschismus; die Führungsschicht bestand sogar zu 90 Prozent aus Faschisten mit bürgerlichem Hintergrund.[18] Damit ging natürlich der eher linke Anstrich, den der Faschismus anfangs gehabt hatte, fast ganz verloren. 1921/22 gab es drei Faschismen, die alle nach rechts tendierten, ansonsten aber schwer miteinander in Einklang zu bringen waren: Es gab einen städtischen Faschismus, von dem sich vor allem Aufsteiger aus dem Mittelstand angezogen fühlten, die in ihrem Nationalstolz gekränkt waren, die das alte politische und gesellschaftliche System als zu eng und starr empfanden, die einen Ausbruch daraus wagen und an den Privilegien und Vorrechten der alten schlafmützigen Eliten rütteln wollten, die – kurz gesagt – viel wollten, ohne zu wissen, wie es zu erreichen war. Daneben bestand ein Industriefaschismus, der die Arbeiterschaft im Auge hatte und auf eine stärkere Akzentuierung der faschistischen Gewerkschaftspolitik bedacht war. Und schließlich gab es den terroristischen Agrarfaschismus, der eindeutig Klasseninteressen verteidigte, sich aber in der Rolle der »weißen Garde« nicht erschöpfte, denn im Agrarfaschismus steckte auch eine große Portion subversiver Energie, die darauf gerichtet war, die Position der Grundherren zu stabilisieren, um sie später selbst zu übernehmen.[19]

Die wichtigste Klammer, die dieses heterogene Gebilde zusammenhielt, war Mussolini. Dieser war zwar gerade in der »Kampfzeit« vor 1922 nicht unumstritten; er verstand es aber, die antagonistischen Kräfte im Faschismus wenigstens einigermaßen zu bändigen und sich dadurch eine von Partikularinteressen unabhängige Stellung über den Parteiflügeln zu schaffen, die niemand sonst auszufüllen vermocht hätte. Dabei kam ihm seine langjährige Erfahrung in der Politik zustatten, außerdem die Tatsache, daß er eine Zeitung dirigierte, vor allem aber die bezwingende Wirkung seiner Person, die von vielen Zeitgenossen als charismatisch bezeichnet worden ist, und sein Talent als Redner. Mussolini zog die Massen an, und er riß sie mit. Seine Versammlungen glichen Volksfesten und waren zugleich religiöse Weihestunden, in denen der »Duce« sich selbst, die Bedeutung des Faschismus und die Größe des künftigen Italien feierte und in denen er die Massen selbst dann noch in seinen Bann schlug, wenn er minutenlang schwieg. Gabriele D'Annunzio, der exaltierte Poet, war der erste, der politischen Kundgebungen ihre strenge Note nahm und sie in Seancen verwandelte, die den einzelnen den Mühen des Alltags enthoben und in ihm das Gefühl weckten, er zähle etwas und sei selbst in der Lage, sein Geschick und das Geschick seiner Nation zu verbessern. Mussolini ließ sich von D'Annunzios Auftritten inspirieren, er kopierte dessen Stil aber nicht, wie oft gesagt worden ist. Dazu war er zu sehr Politiker, und dazu wußte er viel zu gut, daß solche Rauschzustände – wie D'Annunzio sie erzeugte – unweigerlich großen Katzenjammer nach sich zogen, wenn das Publikum wieder erwachte.

1921/22 lebte der Faschismus vor allem vom Squadrismus auf dem Lande. Mussolini machte sich darüber keine Illusionen. Genauso klar stand ihm aber vor Augen, daß die faschistischen Terroristen ihren Wert verloren, wenn der sozialistische Gegner einmal vernichtet war, ja daß sie zu einer Belastung für seine politische Zukunft werden konnten, weil sie – wenn sie weitermachten wie bisher – schließlich erhebliche Teile der Gesellschaft gegen den Faschismus aufbringen mußten. So weit durfte es nicht kommen. Mussolini bremste deshalb den Agrarfaschismus, und vor allem bemühte er sich intensiv darum, sein altes revolutionäres Image durch ein neues als vernünftiger Mann zu ersetzen. Im Zentrum dieser Bemühungen stand Giolitti, der Mussolini aus ganz egoistischen Motiven weit entgegenkam. Der Ministerpräsident hatte sich für 1920/21 zwei riskante Operationen vorgenommen: Neuwahlen und die Beendigung des Fiume-Abenteuers von D'Annunzio, die schon aus außenpolitischen Rücksichtnahmen dringend geboten war. In beiden Fällen konnte er Schützenhilfe gut gebrauchen – und Mussolini leistete sie. Er verzichtete darauf, nach der militärischen Vertreibung des Poeten aus Fiume die nationalen Leidenschaften hochzupeitschen, und er schloß sich mit seiner Bewegung dem Bündnis Giolittis an, der in der Neuwahl vom Mai 1921 das Ziel verfolgte, die von den Faschisten schon arg zerzausten Sozialisten weiter zu schwächen und dann in eine von ihm geführte Koalition mit der katholischen Volkspartei und seinen Liberalen zu zwingen. Giolitti verfehlte sein Ziel, Mussolini nicht: Die Sozialisten blieben nämlich annähernd stabil und dachten nun erst recht nicht daran, mit Giolitti zu koalieren. Die Faschisten aber waren nun salonfähig, und 35 von ihnen saßen im neuen Parlament.[20]

Weniger erfolgreich war Mussolini bei seinem ebenfalls 1921 unternommenen Versuch, mit seiner alten Partei, den Sozialisten, eine Art Burgfrieden zu verabreden und den Bürgerkrieg zu beenden. Auch diese Initiative diente dazu, den Faschismus aus der Sackgasse des gewalttätigen Squadrismus zu befreien und nach links hin zu öffnen, um etwas politikfähiger zu werden. Die schon halb am Boden liegenden Sozialisten schlugen die Offerte tatsächlich nicht aus. Mussolini aber hatte die Intransigenz des radikalen Flügels seiner Bewegung unter- und seine eigene Durchsetzungsfähigkeit überschätzt. Balbo, Farinacci, Grandi und die anderen Provinzfürsten widersetzten sich jeder Mäßigung und lenkten erst ein, als Mussolini mit Rücktritt drohte. Das Ergebnis dieser über Monate schwelenden Krise war ein fauler Kompromiß: Mussolini erhielt in politischen Fragen freie Hand, der Squadrismus in Fragen der Gewaltausübung. Besiegelt wurde dieser Kompromiß im November 1921 durch die Umgründung der Bewegung in eine politische Partei, die freilich ihre militärische Substruktur nicht aufgab, sie – im Gegenteil – sogar weiter ausbaute.[21]

Mussolinis Doppelstrategie

Das Jahr 1922 stand so ganz im Zeichen jener Doppelstrategie, die später auch den Marsch auf Rom kennzeichnen sollte: Der

Squadrismus gewann immer radikalere Züge, während Mussolini seine Kontakte zum Regierungslager pflegte und auch sonst manches tat, um sich aus dem Schatten der Agrarfaschisten zu lösen. Dabei würde man Mussolini verzeichnen, sähe man ihn, wie etwa Renzo De Felice es tat, vor allem als genialen Demiurgen, der genau wußte, was er wollte, und die Wege kannte, die zum Ziel führten.[22] Mussolini war ohne Zweifel ein gewiefter Taktiker, im selben Maße aber war er auch ein Gefangener der Umstände, konkret: der enormen Interessengegensätze im Faschismus, die keine strikte Festlegung auf eine Linie zuließen und ihn immer wieder zu gewagten Eiertänzen zwangen, wie etwa das wechselvolle Schicksal der Anfang 1922 ins Leben gerufenen faschistischen Gewerkschaftsorganisationen zeigte: Eigentlich paßten eigene Gewerkschaften nicht in das auf Überwindung der Klassengegensätze zielende Konzept Mussolinis und des Faschismus. Sie kamen dennoch zustande, weil 1921 der Druck von unten zunahm und weil die Stimmen lauter wurden, die danach riefen, man müsse die nach der Zerschlagung der sozialistischen Arbeiterbewegung »heimatlos« gewordenen Landarbeiter an den Faschismus binden und könne auf diese Weise ein gewisses Gegengewicht zu den dominierenden Großgrundbesitzern und Industriellen schaffen. Mussolini verschloß sich solchen Argumenten nicht. Er förderte die faschistischen Gewerkschaften sogar, allerdings nur, solange sie den Grundherren und Industriekapitänen nur lästig waren. Als sie das Establishment ernstlich herausforderten, pfiff er sie sofort zurück.

Berechnung und Zwänge vermengten sich wohl auch bei der Politik der Frontbegradigungen, die Mussolini 1922 zunehmend forcierte. Die Exponenten des gemäßigten Faschismus drängten ihn schon seit längerem, den Squadrismus an die Kandare zu nehmen und sein Verhältnis zu all jenen Kräften in Ordnung zu bringen, auf die es vor allem ankam, wenn der Faschismus an die Macht gelangen wollte: das Königshaus, den Vatikan und die Großindustrie. Mussolini, der auf solche Stimmen Rücksicht nehmen mußte und auch selbst der Meinung war, daß es hier einiges zu korrigieren gab, war dabei ganz in seinem Element, und er scheute sich auch nicht, seine früheren politischen Positionen einfach in ihr glattes Gegenteil zu verkehren, wenn er sich Vorteile davon versprechen konnte. Besonders augenfällig war das, als er, ein radikaler Gegner der Kirche, plötzlich katholische Seiten an sich entdeckte und außerdem dem Vatikan eine Lösung der römischen Frage in Aussicht stellte, die seit der Besetzung Roms durch italienische Truppen 1870 zwischen Staat und Kirche stand. Mussolini verlangte freilich auch Gegenleistungen für sein großzügiges Angebot – und der Vatikan, der der liberalen Führungsschicht des Landes mißtraute und auch dem liberal-demokratischen System nicht viel Gutes abgewinnen konnte, ging darauf ein. Der Heilige Stuhl distanzierte sich – wie von Mussolini gewünscht – von der katholischen Volkspartei, die bis dahin seinen besonderen Schutz genossen hatte, und der Vatikan rückte auch von Don Sturzo, dem streitbaren antifaschistischen Vorsitzenden der »popolari«, ab. Ähnlich verhielt sich Mussolini gegenüber den maßgeblichen Industriellen, die er mit liberalen Wirtschaftsprogrammen zu ködern und mit Versicherungen über die Ungefährlichkeit der faschistischen Gewerkschaften zu beruhigen wußte, und vor allem gegenüber dem Königshaus, das er bis dahin vehement bekämpft hatte. Der Republikaner wandelte sich zwar nicht zum Monarchisten, Mussolini zog aber das innerhalb des Faschismus stark umstrittene Thema gleichsam aus dem Verkehr, indem er zu verstehen gab, daß einer gedeihlichen Zusammenarbeit mit dem Königshaus nichts im Wege stehe, vorausgesetzt natürlich, die Krone stelle sich nicht gegen den Faschismus.

Mussolinis scheinbar so vernünftige Politik der Frontbegradigungen und der bereits erwähnte Verhandlungsmarathon mit zahlreichen liberalen Politikern im Sommer/Herbst 1922 blieben nicht ohne Wirkung. Bald gab es im bürgerlichen Lager nur noch wenige, die den Gedanken einer Kooperation mit dem Faschismus ganz verwarfen. Mussolinis Partei stand sich aber gewissermaßen selbst im Weg, der zur Regierungsbeteiligung führte, denn immer noch bestand ja die Gefahr, daß der Squadrismus seinen Amoklauf fortsetzte und damit auch den Faschismus insgesamt diskreditierte und isolierte. Diese Gefahr wurde im Hochsommer 1922 deutlich geringer – und zwar durch die ungewollte Schützenhilfe der sozialistischen Gewerkschaften, die am 1. August 1922 einen Generalstreik ausriefen, der alle demokratischen Kräfte gegen den Faschismus mobilisieren sollte und genau das Gegenteil bewirkte.[23]

Die Sozialisten standen im Sommer 1922 mit dem Rücken zur Wand. Sie litten noch immer an der Abspaltung der Kommunisten im Januar 1921, die über den »Leichnam«[24] der sozialistischen Partei in eine bessere Zukunft schreiten wollten und deshalb ihre vornehmste Aufgabe darin erblickten, ihre alten Genossen – und nicht die Faschisten – zu bekämpfen. 1922 kam eine neuerliche Spaltung hinzu, die Schwung und Zuversicht der Arbeiterbewegung weiter schwächte. Entscheidend aber war, daß die Sozialisten den Faschisten in – man muß es so sagen – militärischer Hinsicht heillos unterlegen waren. Die Faschisten zerfetzten das einst dicht geknüpfte sozialistische Netz mit seinen Kooperativen, Arbeiterkammern und Freizeiteinrichtungen und stießen nur da und dort auf wirkungsvolle Gegenwehr.

Die Ausrufung des Generalstreiks war so fast schon ein letztes Aufbäumen, ein Akt der Verzweiflung, der verheerende Folgen hatte. »Der Generalstreik«, so schrieb der ›Corriere della sera‹ am 6. August 1922, »glich einem Spiegel, in dem die Nation erneut die bolschewistische Fratze sah, die sich in den dunkelsten Jahren nach dem Sieg gezeigt hatte.« Die Reaktion im Bürgertum war eindeutig. Die alte, noch kaum verflogene Angst vor einer bolschewistischen Revolution brach wieder hervor und war vielleicht sogar noch stärker als 1919/20, als es wirklich Anlaß zur Sorge gegeben hatte. Erinnerung und Realität verdichteten sich zu einem düsteren Schreckbild, vor dem die Gewalttaten des Squadrismus verblaßten und das viele veranlaßte, doch ganz auf den Faschismus als Bollwerk gegen die »rote« Gefahr zu setzen.

Mussolini erkannte die Chance, die sich daraus ergab. Er stellte der Regierung ein Ultimatum: Entweder sie beendete den Streik, oder er würde die Squadristen von der Leine lassen und die Ordnung auf eigene Faust wiederherstellen. Das Ultimatum war auf 48 Stunden befristet, doch schon am 2. August schlugen die Faschisten los, während die Regierung untätig blieb und den Dingen ihren Lauf ließ. Italien erlebte fünf schreckliche Tage; die Faschisten wüteten überall und versetzten dem sozialistischen Milieu weitere tödliche Schläge.

Die Ausrufung des Generalstreiks beendete alle Spekulationen über die Bildung einer großen antifaschistischen Koalition, die im Sommer 1922 die Runde gemacht hatten. Seine blutige, von einer Welle der Sympathie begleitete Niederschlagung besiegelte die stillschweigend geschlossene konservativ-reaktionäre Einheitsfront zwischen den bäuerlichen Landbesitzern, dem Besitzbürgertum aus der Industrie und dem Kleinbürgertum aus Gewerbe und Handel, zu deren Handlanger der Faschismus sich zunächst hatte machen lassen und zu deren Führungskraft er schließlich wurde – auch wenn er partiell andere Ziele verfolgte als seine Partner. Damit war die politisch-psychologische Gesamtkonstellation entstanden, die den Erfolg des Marsches auf Rom sicherte und die auch die Basis des Regimes bildete, das sich nach dem Oktober 1922 zu entwickeln begann.

Mussolini, die alten Eliten und der revolutionäre Faschismus

Die Schwarzhemden haben diese Konstellation nicht zerstört, der Marsch auf Rom war keine Revolution. Zu vieles blieb nach der Machtergreifung der Faschisten beim alten: Der König, die Kirche, die großen Wirtschaftskapitäne und die Kaste der Militärs, die den Aufstieg des Faschismus begünstigt und der Partei Mussolinis – aus Schwäche, Resignation oder falschem Kalkül – schließlich die Macht übertragen hatten, behielten ihre einflußreichen Positionen. Sie konnten sich anfangs sogar sagen, daß sie die Staatskrise nicht nur abgewendet, sondern das Beste aus ihr gemacht hatten. Ein Blick auf das Kabinett, das Mussolini am 30. Oktober 1922 vorstellte, nährte diesen Optimismus: Die neue Regierung setzte sich mit fünf Faschisten, je drei Liberalen und Demokraten, zwei Mitgliedern der katholischen Volkspartei und je einem Konservativen und einem Nationalisten aus allen politischen Kräften zusammen, die der informellen konservativ-reaktionären Einheitsfront angehörten; die Faschisten schienen also schön »eingerahmt«.[25] Genauso klar war aber, daß Mussolini und die faschistische Partei sich nie als Gefangene ihrer Koalitionspartner und Steigbügelhalter (»fiancheggiatori«) fühlten. Sie setzten im Gegenteil von Beginn an alles daran, ihre eigene Position in diesem Machtkartell zu verbessern, und hatten dabei schon in den ersten beiden Jahren zahlreiche kleinere und größere Erfolge, die sich schließlich doch zu einer revolutionären Zäsur zusammenfügten.

Das Erstaunliche daran war, daß Mussolinis Bündnispartner die Zeichen der Zeit nicht erkannten und selbst mithalfen, das politische System auszuhöhlen, das ihnen Freiheit und Gestaltungsmöglichkeiten bot. Dabei hätte nicht nur Mussolinis verächtliche Regierungserklärung im Parlament, in der er offen sagte, daß er »dieses triste, graue Haus« ohne weiteres in ein »Feldlager für meine Milizen« hätte verwandeln können, stutzig machen müssen[26]: Die neue Regierung trieb prominente Gewerkschafter ins Exil, ließ das Zentralkomitee der kommunistischen Partei verfolgen und war auch mit umfassenden Verhaftungsaktionen gegen Mitglieder der anderen Linksparteien nicht zimperlich. Sie entfernte politisch unbequeme Beamte aus dem öffentlichen Dienst, schränkte die Pressefreiheit vor allem der Provinzzeitungen ein und ließ die faschistischen Squadren gewähren, die in den Provinzen noch immer ihr Unwesen trieben.

Diese Maßnahmen brachten eine starke polizeistaatliche Note in die italienische Innenpolitik. Mussolinis einflußreiche Bündnispartner sahen dennoch über sie hinweg, weil sie sich primär gegen die verhaßte Linke richteten, die – so glaubten sie – nichts Besseres verdient hatte, und weil die neue Regierung Erfolg hatte. Namentlich in der Wirtschaftspolitik erfüllte sie viele Erwartungen: Sie verzichtete auf die Nachbesteuerung der riesigen Gewinne aus den Kriegsjahren, stoppte die Bodenreform, half vom Bankrott bedrohten Konzernen wieder auf die Beine und beseitigte manche Hemmnisse für eine rasche Erhöhung der Produktion und des Exports. Vieles davon ging auf Kosten der Arbeiterschaft, der systematisch die Luft abgeschnürt wurde – bis sie sich kaum mehr wehren konnte. Die Entwicklung an der Streikfront gibt darüber exakt Auskunft: Hatte die Statistik 1919 18,8 Millionen und 1920 16,4 Millionen Streiktage erfaßt, so waren es 1923 nur noch 300000.[27] »Klassenkampf von oben«, so könnte man die Wirtschaftspolitik der Regierung Mussolini auch nennen.[28]

Die alten Eliten sahen diese Entwicklung mit Wohlgefallen und reichten Mussolini deshalb auch leichtfertig die Hand, als er daranging, der faschistischen Partei eine hegemoniale Position im Staat zu verschaffen und den liberal-demokratischen Staat endgültig aus den Angeln zu heben. Das geschah nicht über Nacht, aber doch mit so großer Zielstrebigkeit und kaltschnäuziger Energie, daß schon zwei Jahre nach dem Marsch auf Rom nur noch Reste des alten politischen Systems und der alten Verfassung übriggeblieben waren. Entscheidende Etappen auf diesem Weg waren die Schaffung des faschistischen Großrats im Dezember 1922, die Reform des Wahlrechts im Juli 1923 und die Neuwahlen vom Mai 1924.[29]

Der Großrat war kein Gremium der faschistischen Partei, sondern ein Organ zur Festlegung der Richtlinien der großen Politik und damit eine echte, in der Verfassung natürlich nicht vorgesehene Konkurrenz zu Kabinett und Parlament. Seine Mitglieder wurden nicht gewählt, sondern ernannt. Das Recht dazu hatte nur Mussolini, der im übrigen auch entschied, wann der Großrat zusammentrat und welche Themen er behandelte. War das parlamentarische System schon damit im Kern verletzt, so bereitete ihm das neue Wahlgesetz das Ende. Bis dahin galt in Italien das Verhältniswahlrecht, das nach den Plänen der Faschisten durch eine besondere Variante des Mehrheitswahlrechts ersetzt werden sollte, das der Partei mit den meisten Stimmen zu zwei Dritteln der Sitze im neuen Parlament verhelfen sollte. Dieses Vorhaben war nicht unumstritten, vor allem die katholische Volkspartei widersetzte sich der Reform und konnte erst langsam von ihren »Vorteilen« überzeugt werden – durch die Squadristen, die im Sommer 1923 zahlreiche katholische Kooperativen und Bildungseinrichtungen in Schutt und Asche legten, und durch den Vatikan, der Mussolinis Angebot zur Lösung der römischen Frage prüfte und dabei nicht gestört werden wollte.

Im Mai 1924 wurde die neue Kammer gewählt. Für Mussolini ging es dabei nicht in erster Linie darum, eine solide parlamentarische Basis für seine Regierung zu gewinnen; Parlament und Parlamentarismus hatte er längst hinter sich gelassen. Ihm lag vielmehr daran, sich selbst, seinen Landsleuten und dem Ausland vor Augen zu führen, daß es dem Faschismus binnen kurzem gelungen war, den alten Parteienstreit zu beenden und eine feste Einheit von Volk und Führung zu stiften. Deshalb überließ Mussolini nichts dem Zufall: Seine Squadristen sorgten auf ihre bekannt schlagkräftige Art dafür, daß die Opposition und die Dissidenten aus dem Regierungslager in der Öffentlichkeit wenig Gehör fanden, und er selbst legte bei der Zusammenstellung der Einheitsliste der Regierung größten Wert darauf, die heiß begehrten Plätze nicht nur mit seinen Parteigenossen zu besetzen, sondern sie auch einem Salandra, einem Sonnino oder anderen Exponenten der bürgerlichen Welt offenzuhalten. Diese spielten später zwar keine Rolle mehr, im Mai 1924 aber trugen sie zur Attraktivität des »listone« doch erheblich bei. Entsprechend eindeutig fiel das Ergebnis der alles andere als freien Wahlen aus: Mussolinis Kandidaten erhielten 66 Prozent der Stimmen, die beiden sozialistischen Parteien zusammen 11 Prozent, die katholische Volkspartei landete bei 9 Prozent, die kommunistische Partei bei 3,8 Prozent.[30]

Der Wahlerfolg der Faschisten hatte viele Väter: Betrug, Opportunismus, das Gespenst des Bolschewismus. Entscheidend aber waren die einschüchternde Wucht der faschistischen Squadren, die Anfang 1923 in eine vom Staat alimentierte Privatarmee in Mussolinis Diensten umgewandelt worden waren, und die Stärke der Partei, die von Ende 1922 bis Ende 1923 von etwa 300000 auf 780000 Mitglieder anwuchs und 1927 die Millionengrenze erreichte.[31] Das Gros derer, die nach dem Marsch auf Rom die Reihen der faschistischen Partei aufschwemmten, kam aus den Parteien der politischen Rechten und der liberalen Mitte, deren Führer ebenfalls bei der Partei Mussolinis untergekrochen waren. Hinzu kamen zahlreiche Karrieristen und Konjunkturritter aus dem öffentlichen Dienst sowie der nicht unbeträchtliche Anhang der nationalistischen Partei, die Anfang 1923 mit den Faschisten fusionierte.[32] Die faschistische Partei wurde damit insgesamt bürgerlicher, und sie erhielt mit den Nationalisten ein ideologisches Kraftzentrum, das den Faschismus in eine Richtung zu lenken versuchte, die vielen alten Faschisten nicht passen konnte. Alfredo Rocco und Luigi Federzoni, die rasch zu wichtigen Mitarbeitern Mussolinis aufstiegen, stand ja das Idealbild eines autoritär-bürokratischen Staates auf monarchischer Basis vor Augen, in dem der Extremismus des Provinzfaschismus und die gerade im ursprünglichen Faschismus der Jahre 1919/20 starke Tendenz, den Staat der Partei unterzuordnen, keinen Platz hatte.

Die faschistische Partei hatte größte Mühe, den numerischen Zuwachs und die neuen ideologischen Impulse des Jahres 1923 zu verdauen. Die Folge davon war ein erbitterter Machtkampf um die Führung der Partei, der allerdings ihre Schlagkraft und ihr Drohpotential nicht im mindesten beeinträchtigte. Dabei stritten, grob gesprochen, zwei in sich nicht sehr homogene Großformationen miteinander: Auf der einen Seite standen die gemäßigten Faschisten, die an einer Kräftigung und Erneuerung des Staates nach autoritären Rezepten interessiert waren, dabei aber seine Grundfesten unangetastet lassen wollten. Auf der anderen Seite gab es die Intransigenten des Provinzfaschismus, die sich noch 1922 aus der Vormundschaft der Großagrarier zu emanzipieren vermochten und zunehmend revolutionären Charakter gewannen. Ihnen und vielen Exponenten des proletarischen Faschismus gefiel die ganze Richtung nicht. Die »zweite Welle« der Revolution, auf die sie gehofft hatten, war ausgeblieben. Sie fühlten sich verraten und auch betrogen, weil viele Karrieristen bei der Jobsuche den Vorzug erhalten hatten, während ihr Postenhunger ungestillt blieb. Ihr Protest war in vielem aber ziellos; im Grunde waren die Intransigenten die militante Vorhut der antisozialistischen Revolte der mittelständischen, bäuerlichen und proletarischen Schichten, die sich bedroht wähnten oder keinen angemessenen Platz im gesellschaftlichen und politischen System gefunden hatten und es deshalb zerstören wollten.

1923/24 war ganz unklar, welche dieser beiden Großformationen im Faschismus die Oberhand gewinnen würde. Mussolini selbst lavierte, spielte die beiden Formationen gegeneinander und beide zusammen gegen die »fiancheggiatori« im Regierungslager aus – und gewann damit sukzessive größeren Spielraum; nur wußte er noch immer nicht, wie er ihn, über die Demontage des liberal-demokratischen Systems und den Erhalt und Ausbau der eigenen Macht hinaus, nutzen sollte.

Totalitäre Wende

Die Richtungsentscheidung wurde ihm von den Umständen abgenommen. Am 10. Juni 1924 entführten einige Faschisten den sozialistischen Oppositionsführer Giacomo Matteotti, der zehn

Tage zuvor eine flammende Anklagerede gegen Mussolini und den Faschismus gehalten hatte, und bald konnte sich niemand mehr der Einsicht verschließen, daß die Entführung nicht die Tat von einzelnen Kriminellen gewesen war. Die Täter stammten aus der Umgebung von Mussolini, vielleicht war er selbst oder einer seiner engsten Vertrauten der Auftraggeber gewesen.[33] Eine Welle der Empörung ging durch das Land, die zumal nach der Nachricht vom Tod Matteottis immer mitreißendere Dynamik gewann: Minister boten ihren Rücktritt an, Abgeordnete fielen um, »gemäßigte« Faschisten gingen auf Distanz zu Mussolini, der Arbeitgeberverband verlangte die Rückkehr zur Normalität, und selbst das Königshaus ließ regimekritische Töne vernehmen.

Die Empörung blieb aber in moralischem Protest stecken. Die Oppositionsparteien verließen das Parlament, zogen sich, wie einst Gaius Gracchus, auf einen der Hügel Roms, den Aventin, zurück – und stritten und hofften, daß der König die Initiative ergriff und Mussolini entließ. Vittorio Emanuele III., der schon 1922 nicht durch dezidierten Antifaschismus aufgefallen war, konnten sie damit freilich ebensowenig beeindrucken wie die anderen nicht-faschistischen Komponenten des Machtkartells, die 1922 gemeinsame Sache mit Mussolini gemacht hatten. Sie rückten zwar von ihm ab, ließen ihn aber nicht fallen; zu sehr hatten sie sich mittlerweile an die Vorzüge seines autoritären Regimes gewöhnt, und zu tief saß noch immer die Angst vor den »Roten«, die nach Mussolinis Sturz sicherlich wieder ihr Haupt erheben würden.

Alles deutet darauf hin, daß Mussolini 1924 auf Zeit gespielt und versucht hätte, der öffentlichen Empörung durch Zugeständnisse langsam die Spitze zu nehmen. Der radikale Flügel seiner Partei aber zwang ihn, Farbe zu bekennen und damit auch jene Richtungsentscheidung zwischen den nur Autoritären und den Subversiven im Faschismus zu treffen, die seit längerem auf der Tagesordnung stand. Die Hardliner des Squadrismus waren bereits im Sommer nervös geworden und hatten überall dort dazwischengeschlagen, wo sich Kritik am Faschismus regte. Mussolini hatte sie in den zurückliegenden Monaten bereits häufiger enttäuscht, vor allem durch seinen Verzicht auf eine »zweite Welle« der Revolution. Nun begriffen sie ihn überhaupt nicht mehr. Wie konnte er nur tatenlos zusehen, wie die Opposition immer frecher wurde? Wie konnte er es nur zulassen, daß einzelne Faschisten, die angeblich mit dem Mord an Matteotti zu tun hatten, öffentlich angeprangert und sogar vor Gericht gestellt wurden? Wäre es nach ihnen gegangen, sie hätten mit der Opposition gnadenlos aufgeräumt und auch auf die Absetzbewegung der eigenen Leute die richtige Antwort gegeben.

Die Unruhe der Squadristen wurde schließlich so groß, daß sie Mussolini am 31. Dezember 1924 nicht nur zur Rede, sondern vor ein Ultimatum stellten. Entweder er tat, was sie von ihm erwarteten und was sie für seine Pflicht als »Duce« des Faschismus hielten, oder sie würden die Dinge selbst in die Hand nehmen und für klare Verhältnisse sorgen – und, wenn es sein mußte, auch ihn selbst beiseite stoßen. Das Vakuum, das sich um Mussolini herum schon in den Wochen zuvor gebildet hatte, drohte nun noch größer zu werden; wenn sich auch noch seine Privatarmee gegen ihn wandte, verlor er den stärksten Rückhalt, den er hatte, und auch das militärische Potential, das ihn allen anderen politischen Kräften überlegen machte. Mussolini blieb deshalb keine andere Wahl, als sich auf die Seite des intransigenten Flügels seiner Partei zu schlagen und zu versprechen, daß er am 3. Januar 1925 ein klares Bekenntnis zum Faschismus ablegen und zugleich gegen die Opposition, die »fiancheggiatori« und die Lauen im Faschismus hart vorgehen würde.

Das war es, was die Subversiven hören wollten: »Wenn der Faschismus nicht Ausdruck der stolzen Leidenschaft der besten italienischen Jugend gewesen ist, sondern nur Rizinusöl und Holzknüppel, dann habe ich dafür die Verantwortung. Wenn der Faschismus eine Verbrecherbande gewesen ist, dann bin ich der Chef davon.«[34] Mit diesen Worten machte Mussolini deutlich, daß die zwei Jahre seit dem Marsch auf Rom nur eine Art Schonzeit gewesen waren. Nun begann eine neue Etappe, eine viel härtere, die Italien in eine Diktatur mit totalitären Zügen verwandeln sollte.

Das Grobe erledigten dabei, wie schon in den Jahren zuvor, die faschistischen Milizen und Squadren, die sich nun mit der Billigung des »Duce« so richtig austoben konnten und alles verfolgten und drangsalierten, was nach Opposition und Dissidenz auch nur roch. Polizei und Präfekten standen dem nicht viel nach, sie waren nur in der Wahl ihrer Mittel etwas vorsichtiger. Schon am 6. Januar 1925, so berichtete das Innenministerium, waren nahezu 100 oppositionelle Clubs aufgelöst, Dutzende von Gruppen und Büros der Organisation »Freies Italien« geschlossen und weit über 600 Hausdurchsuchungen durchgeführt worden.[35] Am härtesten traf es die Sozialisten, das weitgespannte Netzwerk der katholischen Einrichtungen und erstmals auch die Reste der liberalen Partei, deren Zeitungen nicht mehr erscheinen konnten und deren Exponenten nicht mehr sicher waren. Hunderte wurden ins Gefängnis geworfen, viele mißhandelt und einige sogar kaltblütig ermordet.

So ging es weiter, bis sich das Regime 1926/27 endgültig konsolidiert hatte. Takt, Tempo und Intensität dieses Gleichschaltungsprozesses hatten übrigens viel mit den wirklichen oder inszenierten Attentaten auf Mussolini zu tun, die 1925/26 das Land in Atem hielten und natürlich auch den Radikalismus der faschistischen Basis schürten.[36] Der erste Anschlag, den der Sozialist Tito Zaniboni im November 1925 verübte, bot den willkommenen Anlaß zur Auflösung der sozialistischen Partei, zur Schließung der Freimaurerlogen, zur weiteren Einschränkung der Pressefreiheit und zur Stärkung der Stellung des Ministerpräsidenten, der nun ohne Einmischung des Parlaments auf dem Verordnungsweg regieren konnte. Nach den Attentatsversuchen der geistesgestörten Irin Violet Gibson und des Anarchisten Gino Lucetti vom April und September 1926 erließ die Regierung eine Reihe weiterer Gesetze und Verordnungen, die es staatlichen Organen ermöglichten, mißliebige Beamte zu entlassen, die kommunale Selbstverwaltung zu zerstören, in die letzten Winkel von gesellschaftlichen Organisationen hineinzuleuchten und jede Privatsphäre aufzuheben, wenn ein übereifriger Präfekt oder ein Parteifunktionär es aus irgendwelchen Gründen für angebracht hielt.

Die einschneidendsten Konsequenzen aber hatte der nie aufgeklärte Mordversuch vom 31. Oktober 1926, und zwar nicht nur deshalb, weil im Zusammenhang damit ein 16jähriger, wahrscheinlich ganz unschuldiger Junge an Ort und Stelle gelyncht wurde und weil der Squadrismus sich danach erneut von seiner widerwärtigsten Seite zeigte. Hinzu kam, daß die Regierung, die öffentliche Empörung über den Anschlag auf den »Duce« nutzend, die Auflösung aller oppositionellen Parteien und Organisationen verfügte und ein umfassendes Gesetzeswerk zum Schutze des Staates erließ, das die Todesstrafe und die Schaffung eines Sondergerichts zur Aburteilung von Regimegegnern und Dissidenten vorsah und der Exekutive die Kompetenz gab, politisch Unliebsame ohne große Umstände jahrelang in die Verbannung zu schicken.[37] Damit waren auch noch die letzten Reste der liberal-demokratischen Ordnung beseitigt. Parlament und Senat ragten ebenso wie die Institutionen des alten Rechtsstaates wie Fossilien in das neue faschistische Regime hinein, hatten aber keinerlei Sinn und Bedeutung mehr.

Hauptcharakteristikum dieses Gleichschaltungsprozesses war das Zusammenspiel von radikalen Impulsen von unten und legislativen beziehungsweise administrativen Weichenstellungen von oben. Regisseur dabei war unstrittig Mussolini, der sich von den Rückschlägen des Sommers und Herbsts 1924 rasch erholte und es auch verstand, sich dem Einfluß der revolutionären Geister im Faschismus wieder zu entziehen, die ihn aus der prekären Lage nach der Matteotti-Krise herausgepaukt hatten. Mussolini mißtraute den unberechenbaren Revolutionären, weil sie ihm auch selbst gefährlich werden konnten, und stützte sich lieber auf das alte Establishment und die eher pragmatisch-etatistischen Kräfte im Faschismus, die sich – geschockt durch den Radikalismus der intransigenten Faschisten – zwar mit der Errichtung eines autoritären Regimes abfinden konnten, die viel weitergehenden Umsturz- und Umgestaltungspläne der Revolutionäre aber entschieden ablehnten und deshalb doch wieder auf Mussolini setzten. Mit ihrer Rückendeckung und äußerstem taktischen Geschick gelang es dem »Duce« sogar, die neu geschaffenen Instrumente der staatlichen Repressionspolitik so zu gestalten, daß sie sich nicht nur gegen die Opposition, sondern in zunehmendem Maße auch gegen den unruhigen Flügel des Faschismus richten ließen, der so seine zentrale Rolle, die er um die Jahreswende 1924/25 erlangt hatte, Zug um Zug wieder verlor.

Konkret hieß das: Säuberung der Kader, Auflösung der Squadren und vor allem nun fast vollständige Ausrichtung des Faschismus auf Mussolini und die von ihm beherrschte Parteizentrale, die jegliche autonomen Regungen in den Provinzen erstickte und namentlich bei der Besetzung des lokalen und regionalen Parteiapparats das entscheidende Wort sprach. Die Folge davon war eine schrittweise Entmutigung, ja Devitalisierung der aktivsten Kräfte im Faschismus, was die Richtungsentscheidung vom Januar 1925 zwar nicht rückgängig machte, das in ihr steckende subversive und revolutionäre Potential aber doch teilweise lähmte. Die faschistische Partei wurde damit nicht zu einem bloßen Organ des Staates, wie geschrieben worden ist.[38] Sie fraß sich sogar in immer weitere Bezirke der Gesellschaft hinein, zog etwa im Bereich des Erziehungswesens oder bei der Organisation der Freizeit immer größere Kompetenzen an sich und machte sich namentlich bei der Schaffung und propagandistischen Verbreitung des »Duce«-Mythos unentbehrlich. Sie wurde so zu einem allgegenwärtigen Moloch, der aber an nichts mehr litt als am eigenen Gewicht und an Verdauungsstörungen, die aus dem Zugewinn an Aufgaben und Mitgliedern resultierten, und entwickelte sich schließlich zu einem integralen Bestandteil des gesellschaftlichen Systems, das sie zuvor in Frage gestellt und herausgefordert hatte.

Das faschistische Regime war deshalb auch nicht in erster Linie eine Einparteien-Herrschaft. Viel treffender ist es, die sich nach 1925 in Italien herausbildende Herrschaftsform als persönliche Diktatur Mussolinis zu bezeichnen, wobei allerdings Macht und Einfluß des Diktators nicht überschätzt werden sollten. Mussolini war vor 1925 der Vermittler, der das alte Establishment brauchte, um den radikalen Faschismus in Schach zu halten, und der die revolutionären Hitzköpfe nicht entbehren konnte, weil sonst die alten Mächte wieder größere Ansprüche angemeldet hätten, und er blieb es auch danach noch für einige Jahre. Nichts zeigte dies deutlicher als sein Arrangement mit der Krone, sein Kompromiß mit der katholischen Kirche und den Streitkräften und seine auf halbem Wege wieder aufgegebenen Versuche, den öffentlichen Dienst in seinem Sinne umzukrempeln oder eine faschistische Kultur zu schaffen, die schließlich einen neuen, kriegerischen Italiener hervorbringen sollte. Krone, Kirche, Militär und Bürokratie paßten sich den neuen Verhältnissen an und ließen sich auf den »Duce« einschwören – blieben sich ansonsten aber treu. In diesem Sinne gab es in Italien eine vom Faschismus zwar erfaßte, aber keineswegs durchtränkte Gesellschaft, denn das alte Establishment behielt beträchtliche Reservatsrechte, an denen faschistische Reform- und Neuerungsimpulse oft scheiterten.

Auch die Industrie war letztlich stark genug, schädliche Konsequenzen aus der mit großem Gedröhn propagierten Transformation der kapitalistischen in eine korporative Wirtschafts- und Gesellschaftsordnung in engen Grenzen zu halten. Die Schaffung eines korporativen Staates und damit die Überwindung der Klassengegensätze mittels des vom Staat bewirkten Zusammenschlusses von Arbeitgebern und Arbeitnehmern war eine der großen, als besonders modern ausgegebenen Visionen des Faschismus.[39] In der Praxis wurde dennoch nicht viel mehr daraus als ein neues Ministerium und eine riesige Bürokratie. Die Unternehmer verloren zwar einen Teil ihres früheren politischen Spielraums, und auch in Italien machte sich der in den zwanziger und dreißiger Jahren weltweit zu beobachtende Trend zur staatlichen Intervention in der Wirtschaft und zur Umwandlung des marktwirtschaftlichen in einen organisierten Kapitalismus bemerkbar. Die Wirtschaft und besonders die Großindustrie konnten diese Einbußen und Eingriffe aber leicht verschmerzen, weil der faschistische Staat sie andererseits kräftig subventionierte, vor ausländischer Konkurrenz schützte und weil er ihr in den Betrieben nicht nur freie Hand ließ, sondern sie auch vor lästigen Arbeitnehmervertretern bewahrte. Die faschistischen Organisationen, die nach 1925 die Erbschaft der sozialistischen und katholischen Gewerkschaften antraten, mühten sich zwar redlich, eigenes Profil und die Akzeptanz der Arbeiterschaft zu gewinnen. Sie waren und blieben aber letztlich doch vor allem Instrumente zur Kontrolle und Disziplinierung der Arbeiter.[40]

Die Konsolidierung des Regimes

Ganz gelang es Mussolini nie, die Rolle des Vermittlers abzulegen. Im Laufe der Zeit vermochte er sich aber doch zunehmend von den Kräften zu emanzipieren, die ihn 1922 an die Macht gebracht hatten. Das Geheimnis dieses Erfolgs lag in der Tatsache begründet, daß es weder im Faschismus noch in den alten liberalen Eliten eine Alternative zu ihm gab und daß er es verstand, beträchtliche Teile des Volkes zu beeindrucken und für sich zu gewinnen – als seine eigentliche Hausmacht sozusagen, die ihm ein Stück Unabhängigkeit verschaffte. Zugute kam ihm dabei seine außerordentliche rhetorische Begabung, sein Gefühl für die Ängste und Hoffnungen der Menschen und sein unbekümmerter Umgang mit Grundsätzen und dem, was er gerade gesagt und als unabänderlich erklärt hatte. Das allein hätte aber nicht gereicht. Daß er mehr wurde als ein gefeierter Volkstribun, daß sich um ihn bald ein Mythos rankte, der strahlender kaum sein konnte, dazu bedurfte es der totalen Beherrschung und des ebenso skrupellosen wie virtuosen Einsatzes der Massenmedien, die alle auf ihn ausgerichtet waren. Jens Petersen und August Bernhard Hasler haben in glänzenden Aufsätzen herausgearbeitet, wie der »Duce«-Mythos erzeugt wurde, welche Mittel dabei zum Einsatz kamen und welche penetrante Phantasie dabei aufgeboten wurde: Mussolini als »neuer Cäsar«, als »totales Genie«, als »Messias des Vaterlandes«, als »Motor des Jahrhunderts«, als »Meister des Glaubens« und als »erhabener Heiland in den Himmeln Roms«. Nichts war zu heilig und nichts war zu billig, als daß es nicht als Stoff zur »Duce«-Verherrlichung hätte herhalten müssen.[41]

Freilich war nicht alles Phantasie und bloße Manipulation. Mussolini und sein Regime hatten auch Erfolge, die von den Propagandisten des »Duce«-Mythos natürlich übertrieben und in ständiger Repetition als einzigartig gefeiert wurden. Die Realität sah bescheidener aus; aber doch: Die Regierung vermochte die riesigen Löcher im Staatshaushalt zu stopfen, die Wirtschaft anzukurbeln, die Arbeitslosigkeit zu senken und die Lira zu stabilisieren – was wiederum dem faschistischen Dogma, der Korporativismus sei *das* Allheilmittel bei wirtschaftlichen Krisen, Glaubwürdigkeit verlieh und auch internationale Aufmerksamkeit sicherte. Die Jahre 1922 bis 1929 waren eine Phase des Wachstums; insbesondere in den modernen, zukunftsorientierten Branchen wie Chemie, Eisen, Stahl und Energiewirtschaft verzeichnete man große Umsatzsteigerungen und satte Gewinne, die zunächst ausschließlich den Arbeitgebern zugute kamen. In der zweiten Hälfte der zwanziger Jahre entspannte sich sogar die Lage der

Arbeiter; die Löhne zogen etwas an, und außerdem machte sich nun (und in der Zukunft) eine Reihe sozialpolitischer Reformen wie die Einführung des bezahlten Urlaubs, die Garantie des Arbeitsplatzes im Krankheitsfall und die Ausweitung des Versicherungsschutzes bemerkbar, die, aufs Ganze gesehen, doch mehr waren als ein Trostpflaster für das Verbot der alten Gewerkschaften und auch für die drastischen Lohnkürzungen der ersten Jahre nach 1922 teilweise entschädigten.

Den größten Erfolg erzielte Mussolini aber 1929 mit dem Abschluß der Lateranverträge, die das Verhältnis zwischen Kirche und Staat zu entgiften versprachen und damit Fragen lösten, die seit mehr als einem halben Jahrhundert wie eine schwere Hypothek auf dem jungen Nationalstaat gelastet hatten. Der Vatikan betrachtete die »römische Frage«, so Inhalt und Botschaft des Hauptvertrages, als beigelegt, und der italienische Staat respektierte die Souveränität und die Regierungshoheit des Papstes über den auf die Vatikanstadt reduzierten Kirchenstaat. Im Konkordat machte das faschistische Regime beträchtliche Zugeständnisse, die sich etwa auf die Bestätigung der katholischen Religion als Staatsreligion und die zivilrechtliche Geltung kirchlich geschlossener Ehen bezogen, während der Vatikan seine politischen Vorhutbastionen räumte und sich ganz in den kirchlich-seelsorgerischen Raum zurückzog. Im Grunde waren die Lateranverträge weniger Ausdruck besten Einvernehmens oder auch nur eines Waffenstillstandes zwischen zwei Mächten, die sich in vielem feindlich gesinnt waren, aber einander nicht abschütteln konnten, als Produkt einer großen Fehlperzeption: Der Vatikan machte sich Hoffnungen, den Faschismus katholisieren und mit seiner Hilfe die Rechristianisierung der italienischen Gesellschaft vorantreiben zu können, und das Regime wiegte sich in dem Glauben, die Kirche werde seinen Kredit im Ausland heben und vor allem die imperialistischen Abenteuer gutheißen. Daraus wurde nichts; das tat dem Jubel aber keinen Abbruch, der sich in Italien und in der gesamten katholischen Welt erhob, als die Meldung vom Abschluß der Verträge die Runde machte. Papst Pius XI. erkannte in Mussolini sogar einen Mann, den die »Vorsehung« geschickt habe, um sein Land von der Irrlehre des Liberalismus zu befreien.[42]

Mussolini war spätestens 1929 als eine der Normalität weit enthobene Lichtgestalt allgegenwärtig. Kritik an ihm und seiner Politik war schon seit längerem kaum mehr möglich. Radio, Zeitungen und Zeitschriften waren gleichgeschaltet, und überdies wurde Kritik immer riskanter, denn parallel zur Erzeugung des exzessiven »Duce«-Mythos vollzog sich der Aufbau eines kapillaren Unterdrückungs- und Überwachungsapparates, der schon 1926/27 aus mehr als 100000 Mann bestand.[43] Dieser Apparat ist oft mit der deutschen Gestapo verglichen und wegen mangelnder Durchschlagskraft belächelt worden – ganz zu Unrecht: Wenn die Umstände es erforderten, griffen die faschistischen Polizisten und Geheimpolizisten ebenso brutal zu wie die Gestapo. Vor allem gilt dies für die Phase der Regimestabilisierung, als die Opposition mit unnachsichtiger Härte verfolgt und zerschlagen wurde. Danach konnte das faschistische Regime es sich leisten, von Repression auf Prävention umzuschalten und subtilere Methoden anzuwenden: einschüchtern, bedrohen und vor allem korrumpieren.

Dennoch wäre es falsch zu meinen, Mussolinis Herrschaft sei nach dem Abschluß der Lateranverträge krisensicher gewesen und habe tatsächlich jene totalitäre Durchdringungskraft gewonnen, von der in der faschistischen Selbstbespiegelung ständig die Rede war. Vieles war nur Fassade, Macht und Ohnmacht lagen oft sehr nahe beieinander. Mussolini war daran nicht unschuldig. Er zog alles an sich und delegierte nichts, weil er zu mißtrauisch war. Zeitweilig stand er, der Regierungschef und Parteivorsitzende, acht Ministerien und mehreren Regierungskommissionen gleichzeitig vor; selbst nebensächliche Detailfragen ließ er sich zur Entscheidung vorlegen. Außerdem hatte er eine ausgesprochen unglückliche Hand bei der Auswahl seiner Mitarbeiter, die sich vor allem durch Mediokrität und Unterwürfigkeit auszeichneten. Das konnte nicht gutgehen, denn der »Duce« war impulsiv und oberflächlich und jeder Form systematischen Arbeitens herzlich abgeneigt; viel lieber verließ er sich auf sein Genie und seine Improvisationsgabe. Die Folgen waren fatal: Die extreme Kompetenzkonzentration an der Spitze garantierte nicht Effizienz und Effektivität, sondern sorgte für Leerlauf, anarchische Doppelarbeit und einen stupenden Entscheidungsrückstau, den man mit noch mehr Konzentration und Improvisation zu kaschieren versuchte.

Hinzu kam, daß Mussolini auch nach der Errichtung und Festigung der Diktatur mit den alten Eliten und den revolutionären Strömungen im Faschismus rechnen mußte. Kaum weniger prekär war der öffentliche Konsens, der Mussolini umgab und es ihm erlaubte, sich ein wenig aus der Belagerung seiner Partner zu befreien. Keine Frage, das Maß an Zustimmung zu Person und Politik des »Duce« war hoch. Viele Italiener standen tatsächlich im Banne des Mannes aus der Romagna, der aus dem gesellschaftlichen Nichts aufgestiegen war und – so mußte es ihnen angesichts der Dauerpropaganda scheinen – getrost zu den führenden Figuren der Weltpolitik gezählt werden durfte. Daneben gab es aber auch viel äußere Anpassung, Resignation, die traditionelle Skepsis gegenüber allem, was von oben und aus Rom kam, und die großen Resistenzbezirke im sozialistisch-kommunistischen und im katholischen Milieu, die sich selbst dem »Duce«-Mythos gegenüber als immun erwiesen. Entscheidend aber war, daß der Konsens vom Erfolg oder der Inszenierung dessen, was als Erfolg ausgegeben werden konnte, abhängig blieb. Mussolini und das faschistische Regime kamen deshalb nie zur Ruhe. Bei Stillstand drohte Verfall, und so jagten sie denn von Kampagne zu Kampagne – und mußten sich doch um so unsicherer fühlen, je größer die wirklichen und angeblichen Triumphe ausfielen, denn trotz aller Anstrengungen ließ sich die Einsicht nicht betäuben, daß vieles auf Manipulation, Täuschung und leeren Versprechungen aufgebaut war und – vor allem – daß der Faschismus kein gesellschaftspolitisches Endziel hatte, das für die heterogenen Kräfte des 1922 geschmiedeten Machtkartells verbindlich gewesen wäre.

Wie alle modernen Diktaturen, die von plebiszitärer Unterstützung leben und infolgedessen auf die ständige Mobilisierung der Gesellschaft angewiesen sind, entdeckte auch der Faschismus sehr rasch, daß die zur Konsens- und Machterhaltung nötigen Dauererfolge schwerlich im Innern zu erringen waren, weil dabei die Gefahr bestand, mit etwaigen Reformen ebenso viele Anhänger vor den Kopf zu stoßen wie zu gewinnen. Anders lagen die Dinge auf dem Felde der Außenpolitik; hier gab es relativ gefahrlose Profilierungschancen, und hier herrschte auch die größte Übereinstimmung zwischen den alten Eliten, breiten, schon seit längerem vom Bazillus des Nationalismus infizierten Schichten des Volkes und den Revolutionären im Faschismus, die den Expansionismus ja gewissermaßen in den Genen hatten.

Mussolini muß das schon frühzeitig gespürt haben. Schon 1921 sagte er, das außenpolitische Programm des Faschismus bestehe in einem »einzigen Wort: Expansionismus. Wir haben genug von der rachitischen Pantoffelheldenpolitik.«[44] Italien war denn in den zwanziger Jahren unter allen europäischen Mächten auch diejenige, die am energischsten und bedenkenlosesten auf eine Revision der Friedensverträge von 1919, ja auf eine noch weitergehende Umgestaltung der Machtverhältnisse in Europa und Afrika hinwirkte. Mussolini war fast besessen von dem Gedanken, eine italienische Vormachtstellung im mediterranen Raum zu errichten, das Mittelmeer zum »mare nostrum« zu machen und für Italien freie Zugänge zu den Weltmeeren zu gewinnen. »Erst wenn es ihm gelungen sei«, so hat Dennis Mack Smith die ehrgeizigen Pläne Mussolinis zusammengefaßt, »eine vom Indischen bis zum Atlantischen Ozean reichende Kette von Kolonien zu bilden und mit zehn Millionen Italienern zu besiedeln, dürfe Italien aufatmen.«[45] Wohin Mussolinis begehrlicher Blick aber auch fiel, überall standen ihm die »westlichen Plutokratien« und vor allem die wichtigste Garantiemacht der europäischen Nachkriegsordnung, Frankreich, im Wege, die Italien 1919 angeblich betrogen und um die Früchte des Sieges gebracht hatten. Das galt für das jugoslawische Adria-Ufer nicht weniger als für das Horn von Afrika und für Nordafrika ebenso wie für Südosteuropa, wo Italien die Erbschaft des untergegangenen Habsburgerreiches antreten wollte. Frankreich ließ Mussolinis weit ausgreifenden imperialistischen Phantasien keinen Raum, am meisten erzürnte den »Duce« jedoch, daß die französische Hegemonialstellung ihm und der übrigen Welt ständig vor Augen führte, daß auch das faschistische Italien nicht über den Status einer zweitrangigen Nation hinauszukommen vermochte.

Mussolini setzte deshalb alle Hebel in Bewegung, um die von Paris stabilisierte Friedensordnung zum Einsturz zu bringen und Platz zu schaffen für sein Land. Schon im August 1923, also nur zehn Monate nach seinem Machtantritt, versetzte er Europa in Unruhe, als er nach der Ermordung eines italienischen Generals in Griechenland die Insel Korfu angreifen und besetzen ließ – ohne einen ernsthaften Versuch zu machen, sich mit den Griechen zu einigen, und ohne den Völkerbund einzuschalten, dem Italien und Griechenland angehörten und der bei internationalen Konfliktfällen dieser Art als Schieds- und Schlichtungsinstanz dienen sollte. Die Besetzung Korfus, so Mussolini in höchst eigenwilliger Interpretation der Regeln des Völkerbundes, sei kein kriegerischer Akt, sondern eine Sache der nationalen Ehre.[46]

Niemand hat das Wesen von Mussolinis Außenpolitik klarer erkannt und treffender charakterisiert als der südafrikanische Premierminister Jan Christian Smuts, der Ende 1923 meinte: Mussolini »rennt herum und beißt jeden«[47]. In der Tat! Italien gab nicht eher Ruhe, bis es Albanien unter seine Kontrolle gebracht hatte. Es zündelte und wühlte in Jugoslawien, ja auf dem ganzen Balkan und im Donauraum, wo es etwa Ungarn in seinem Bestreben ermutigte, die Slowakei und Siebenbürgen an sich zu bringen. Außerdem lieferte der Staat Mussolinis Waffen an Aufständische in Syrien und im Libanon, die dort gegen die Franzosen kämpften, und er unterstützte den Jemen, damit die Briten mit einem weiteren Unruheherd beschäftigt waren. Schließlich förderte Italien die geheime deutsche Wiederaufrüstung, und es stärkte dem spanischen Diktator Primo de Rivera den Rücken, der die britisch-französische Hegemonie im westlichen Mittelmeer in Frage stellen sollte. Generell wird man sagen können, daß Mussolinis Außenpolitik eine eindeutig aggressive Note hatte. Überall, wo es brannte in Europa und in Afrika, war er zur Stelle und goß Öl ins Feuer.[48]

In den zwanziger und frühen dreißiger Jahren hatten die Garantiemächte der europäischen Nachkriegsordnung keine allzu große Mühe, Mussolini im Zaum zu halten. Frankreich und Großbritannien zeigten ihm die außenpolitischen Grenzen auf, so wie ihn die alten Eliten vor innenpolitischen Abenteuern zurückschrecken ließen. Dort aber, wo der Faschismus sich ungehindert entfalten konnte, wo er der britisch-französischen Aufsicht enthoben war und auch die Beharrungskräfte der »fiancheggiatori« nicht zur Geltung kamen, da zeigte sich, welche Aggressivität ihn trieb und welches Maß an Rassenhybris in ihm steckte. Nirgends wurde das deutlicher als in Libyen, das seit 1912 italienische Kolonie war, im Ersten Weltkrieg aber der italienischen Kontrolle fast ganz entglitt und dann von 1921 bis 1931 erst wieder zurückerobert werden mußte. Italien führte in Nordafrika regelrecht Krieg. Die italienischen Soldaten und ihre afrikanischen Hilfskräfte gingen dabei gegen einheimische Aufständische und arabische Nomaden mit einer Brutalität zu Werke, die das europäische Normalmaß im Umgang mit unterworfenen Kolonialvölkern weit übertraf: Die Italiener setzten Giftgas ein, sie deportierten ganze Volksstämme, die im Verdacht der Kollaboration mit Rebellen standen, sie errichteten Konzentrationslager, in denen Zehntausende zu Tode kamen, sie griffen zu Folter und anderen Repressalien und schreckten auch vor Massenhinrichtungen zum Zwecke der Einschüchterung nicht zurück. Der Faschismus, so heben zahlreiche Historiker nicht zu Unrecht hervor, zeigte in Afrika sein wahres Gesicht. Zu ihm gehörte ein penetrantes Sendungsbewußtsein, ein maßloses Überlegenheitsgefühl und eine beträchtliche Portion Rassismus, die sich später auch in der Apartheid- und Vernichtungspolitik in Abessinien wieder äußerte.[49]

Kapitel 2

»Italia Docet«: Faschistische Bewegungen vor 1933

Nirgends sonst in Europa wurde in den zwanziger und frühen dreißiger Jahren ein Regime etabliert, das ähnliche Wesensmerkmale aufgewiesen hätte wie die Diktatur Mussolinis, der die Gesellschaft mit polizeistaatlichen Mitteln unter Kontrolle hielt, sie aber gleichzeitig für die Zwecke des Faschismus zu mobilisieren verstand und nach vagen totalitären Rezepten so umformen wollte, daß Italien in der Lage wäre, sich im Konzert der europäischen Großmächte seinem Rang entsprechend zu behaupten. Doch überall in Europa entstanden nach dem Ersten Weltkrieg politische Gruppen und Zirkel, die sich weder links noch rechts einordnen ließen, aber mit Mussolinis Faschismus sympathisierten. Der ideologische Zuschnitt, das soziale Profil und die Art des öffentlichen Auftretens dieser zunächst oft nur wenige hundert Aktivisten umfassenden »Bewegungen« variierten zwar von Land zu Land erheblich, denn alle trugen sie den Stempel der Geschichte, in der sie wurzelten. Daneben aber gab es eine Reihe von so großen Gemeinsamkeiten, daß das Gefühl der Verwandtschaft, das sich in den zwanziger Jahren fast automatisch einstellte, nicht unberechtigt war: Alle »Faschisten« waren radikale Nationalisten und glühende Imperialisten, die an der Realität ihrer Völker litten, weil sie ihren Träumen von nationaler Größe und historischer Mission nicht entsprach. Eine Roßkur tat not, so glaubten sie, eine große Homogenisierungs- und Entgiftungsaktion, die sich gegen das Erbe von Aufklärung und französischer Revolution, also Demokratie, Liberalismus und Parlamentarismus, ebenso richtete wie gegen die Emanzipations- und Partizipationsbestrebungen der Arbeiterbewegung und gegen ethnische Minderheiten, die – alle zusammen – die völkische Geschlossenheit störten und die nationale Kraftentfaltung behinderten. Ziel dieser umfassenden Aktion war die Mobilisierung aller Ressourcen zur nationalen Erneuerung und schließlich zur imperialen Expansion, die alle Faschisten als die eigentliche Aufgabe und Bewährungsprobe ihrer Völker ansahen – und mit aller Gewalt bestehen wollten. Kein Mittel war ihnen dabei zu kraß; sie führten Krieg im Frieden und gingen mit derart skrupelloser, von Revolutionsfuror und Rassenhybris getränkter Radikalität zu Werke, daß man durchaus sagen könnte, sie seien die letzten Krieger Europas gewesen.

Es versteht sich von selbst, daß dies nur Stichworte sind. Viele Gelehrte haben sich zu diesen Fragen geäußert, aber keine der von ihnen entwickelten Definitionen des Gesamtphänomens Faschismus hat sich in der Wissenschaft durchzusetzen vermocht, weder Ernst Noltes »faschistisches Minimum«[1], noch Stanley A. Paynes weit aufgefächerte »typologische Beschreibung«[2]. Am plausibelsten erscheint noch immer Wolfgang Schieders These, ob »eine politische Bewegung oder ein politisches Regime faschistisch genannt werden können oder nicht, kann [...] am präzisesten durch den historischen Vergleich mit dem italienischen Faschismus entschieden werden«[3]. Aber auch sie wirft viele Fragen auf; denn welcher italienische Faschismus dient als Urmeter des Vergleichs? Der Ursprungsfaschismus von 1919/20, der davon grundverschiedene Faschismus von 1921/22, Mussolinis Regime von 1923 oder das von 1938? Und was ist überhaupt das Faschistische am Faschismus?

Die Debatte über einen allgemein gültigen Faschismusbegriff ist nach über siebzig Jahren steril geworden.[4] Vieles deutet sogar darauf hin, daß man sie unter dem Rubrum Aporie abbuchen muß. Das braucht freilich kein Schaden zu sein, denn die übermäßige Konzentration auf Vergleich und Definition hat ja nicht selten zu einer unverbundenen Parzellierung der Forschung und dazu geführt, daß noch die kleinste, im Faschismusverdacht stehende Splittergruppe der politischen Rechten in der Schweiz oder in Dänemark untersucht und auf der Faschismusskala verortet worden ist. Viel relevantere Fragen der Real- und Beziehungsgeschichte der europäischen Faschismen sind dagegen oft vernachlässigt worden: etwa die nach der Entstehung, der Wirkungsweise und der politischen Bedeutung des Netzwerkes, das sich in den zwanziger und dreißiger Jahren unter den faschistischen Parteien herausbildete, oder die nicht minder wichtige Frage nach dem fatalen Zusammenspiel der faschistischen Bewegungen und Regime mit den »nur« autoritären, also beispielsweise den Königs- und Militärdiktaturen oder den Gruppen, die in deren Umfeld existierten. Diese Fragen müssen vor allem untersucht werden, denn erst daraus, aus dem »natürlichen« Zusammenspiel der Rechten und der Faschisten, resultierte auch die faschistische Herausforderung, die zu einer wesentlichen Signatur der Zwischenkriegszeit geworden ist.

1918 deutete nichts auf eine solche Herausforderung hin. Europa wurde im Krieg und nach Kriegsende von einer mächtigen Welle der Demokratisierung erfaßt, die sich namentlich auch in den Nachfolgestaaten der großen untergegangenen Reiche durchzusetzen vermochte. Von Sowjetrußland abgesehen, gab es überall gewählte parlamentarische Regierungen. Hatte sich Giovanni Giolitti, der bestimmende Mann der italienischen Politik, also doch nicht geirrt, als er im November 1918 prophezeite: »[...] die Demokratie hat die letzte und schrecklichste Prüfung bestanden und triumphiert jetzt in der ganzen Welt«?[5]

Doch! Schon wenige Jahre später dürfte Giolittis zukunftsgewisser Optimismus verflogen gewesen sein, denn in den übrigen Teilen Europas gärte es nicht weniger als in seinem Heimatland: Die Wirtschaft war aus dem Gleis gekommen und produzierte Arbeitslosigkeit und Not. Das nationalistische Fieber der Kriegszeit sank nur langsam. In vielen Ländern stieg es sogar weiter an, weil die Friedensordnung nicht so ausgefallen war, wie man es erwartet hatte. Auch das Beben der bolschewistischen Revolution von 1917 fesselte noch immer die Phantasie der Menschen; die einen ängstigten sich und sahen nur noch schwarz, während die anderen sich durch das russische Vorbild zu den kühnsten Hoffnungen verführen ließen. Kein Staat Europas blieb von diesen inneren Spannungen unberührt, überall wurde das demokratische System auf eine harte Probe gestellt – in fast allen Fällen mit negativem Ergebnis. Die Demokratie befand sich schon bald wieder auf dem Rückzug.[6]

Die größte Gefahr drohte ihr eigentümlicherweise nicht von links. 1918/19, nach den Revolutionen in Ungarn und Bayern, hatte es zwar zeitweise so ausgesehen, als sauste das alte Europa in »tollem Tempo [...] der proletarischen Revolution entgegen«[7]. Doch ließ der linke Schwung rasch nach, und bald war klar, daß die gefährlichsten Feinde von Demokratie und Liberalismus bei den Rechten zu finden waren, die den demokratischen Neubeginn nach dem Krieg nur zähneknirschend mitgemacht hatten und nun die Krise nutzten, um ihren eigenen politischen Vorstellungen zum Durchbruch zu verhelfen.

Eric Hobsbawm hat überzeugend herausgearbeitet, daß diese Vorstellungen ebenso heterogen waren wie die Formationen, die das große Lager der politischen Rechten bildeten.[8] Das größte Gewicht und die größte Durchsetzungskraft besaßen die alten Konservativen und Reaktionäre, die in Ungarn einen Horthy, in Finnland einen Mannerheim, in Polen einen Piłsudski und in Spanien einen Primo de Rivera an die Macht brachten – mit der Folge, daß in diesen Ländern in den zwanziger Jahren autoritäre Regime entstanden, die den ernsthaften Versuch machten, die Zeit zurückzudrehen und alle Spuren der Moderne auszutilgen. Nicht ganz so einflußreich waren die Verfechter einer korporativen Gesellschaftsordnung, die vor Entsetzen über die Auswüchse der säkularisierten Welt sogar noch weiter zurück wollten als die Konservativen und die Reaktionäre. Sie orientierten sich an dem Bild, das sie sich vom Mittelalter machten, und jagten dem Ideal einer Feudalgesellschaft nach, »in der die Existenz von Klassen oder wirtschaftlichen Interessengruppen zwar anerkannt wurde, die schreckliche Vorstellung eines Klassenkampfes jedoch [...] gebannt war«, weil der Staat dafür sorgte, daß jeder »Stand« den ihm zugewiesenen Rang akzeptierte.[9] António de Oliveira Salazar war der erfolgreichste Vertreter dieser Richtung im rechten Lager, die auch in Spanien und Österreich zahlreiche Anhänger hatte. Er zwang Portugal nach 1928 in das Korsett seines »Estado Novo«, wobei das einzige Zugeständnis an den modernen Zeitgeist darin bestand, daß er seinen Staat als neu ausgab.

Sieht man von Italien ab, wo sie 1922 die Macht erobert hatten, so wird man sagen müssen, daß die Faschisten lange Zeit am wenigsten in der Lage waren, die demokratische Welt in Verlegenheit zu bringen. Erst in den dreißiger Jahren entpuppten sie sich als die eigentlichen Todfeinde von Demokratie und Liberalismus. Die Faschisten waren gleichsam die mißratenen, wegen ihrer Wildheit anfangs oft auch belächelten Söhne der Reaktionäre und Konservativen, deren Vorurteile und Ressentiments sie teilten, deren Dominanz und rückwärts gewandte Utopien sie aber fast genauso scharf ablehnten wie den Liberalismus, der nur Verfall erzeugte, und den Kommunismus, der nur Unruhe und Anarchie stiftete. Sie wollten nicht blind zurück, sondern etwas Neues, etwas Revolutionäres, nicht nur die Institutionen des Staates, sondern die Gesellschaft als ganze und die einzelnen Individuen umkrempeln und sie auf große Wagnisse vorbereiten.

Bescheidene Anfänge ...

Bis zur Weltwirtschaftskrise Ende der zwanziger Jahre fand die Botschaft der Faschisten in Europa nur ein schwaches Echo. Gewiß, Mussolini stand im rechten Lager schon damals hoch im Kurs; man blickte nach Italien und staunte über die natürlich aus faschistischer Quelle stammenden Nachrichten über die Tatkraft dieses Mannes, der Italien scheinbar mühelos aus Lethargie und Rückständigkeit zu reißen vermochte. Im eigenen Land aber betrachtete man die Faschisten mit Skepsis. Ihre Radikalität stieß ab, ihr Umsturzwille riet zur Vorsicht – und wie schlecht schnitten die sich faschistisch gebenden Landsleute doch ab, wenn man sie mit dem genialen Staatsmann in Rom verglich.

... in Westeuropa und in Skandinavien

Am geringsten waren die Erfolgsaussichten der Faschisten vor 1929 in Westeuropa und in Skandinavien. Auch hier hatte der Krieg tiefe Wunden geschlagen, und auch hier steckte die Wirtschaft in einer ernsten Krise, die sich aber – im Gegensatz zu Italien – nicht zu einer Staatskrise ausweitete. Dazu waren die Fundamente einfach zu stabil: Großbritannien und Frankreich, Holland oder Schweden blickten auf eine gefestigte demokratische und parlamentarische Tradition zurück. Das Bürgertum hatte sich dort längst aus dem Schatten der alten feudalen Führungsschichten gelöst, und auch die Arbeiterschaft war auf dem Weg der Emanzipation und der Integration in den Staat schon ein so großes Stück vorangekommen, daß ihre politischen Exponenten die alten Umsturzforderungen vergaßen und sich mit Demokratie und Liberalismus anzufreunden begannen. Hinzu kam, daß keines dieser Länder (von Großbritannien abgesehen) mit ernsten Religionskonflikten oder Minderheitenproblemen belastet war und daß ihr nationales Selbstbewußtsein im Krieg keinen Schaden genommen hatte; ihr imperialistischer Ehrgeiz war ja ohnehin befriedigt oder längst erlahmt. Diese Länder waren mithin homogener, weniger von sozialen Verwerfungen durchzogen und damit auch flexibler, wenn es galt, neue Herausforderungen im Rahmen des bestehenden politischen Systems zu meistern.

Die Faschisten blieben in Westeuropa und Skandinavien eine Randerscheinung, die in ihren einzelnen Varianten nicht näher dargestellt zu werden braucht. Eine gewisse Ausnahme bildeten in Frankreich die »Faisceau« und in Großbritannien die »British Fascisti«, an deren Namen schon zu erkennen war, daß sie sich dem italienischen Faschismus verwandt fühlten. Die British Fascisti traten 1923 hervor – einem Krisenjahr der britischen Nachkriegsgeschichte, denn nach dem Sieg der Labour Party in den Unterhauswahlen und der Bildung der ersten Labour-Regierung mit Premierminister Ramsay MacDonald an der Spitze steigerten sich die Unruhe und die Unzufriedenheit, die aus der sozialen Misere nach Kriegsende, nicht weniger aber aus dem Verdruß über die Unentschlossenheit von Parlament und Parteien resultierten. Vor allem im Mittelstand und in den besseren Kreisen verloren manche den Kopf. War das parlamentarische System noch zeitgemäß, und war es in der Lage, die Misere zu beenden und die »rote Gefahr« zu bannen, so lauteten die bangen Fragen, die sich viele stellten. Die britischen Faschisten und ihre Gründerin, Miss Rotha Lintorn-Orman, die energische Enkelin eines Feldmarschalls, griffen alles auf, was in diesem Klima an Ressentiments und Ängsten gedieh.[10] Sie forderten härteste Maßnahmen gegen Kommunisten und Sozialisten, sie wetterten gegen die Farbigen im Land und insbesondere gegen die Juden, die angeblich den Kapitalmarkt beherrschten und gleichzeitig mit den Bolschewisten paktierten, und sie propagierten die Etablierung eines korporativen Systems, das in ihren Augen am besten geeignet war, die Egoismen der Klassen zu überwinden und Großbritannien wieder zu alter Stärke zu verhelfen. Solche Parolen, der radikale Nationalismus, der sich in ihnen ausdrückte, und der militante Aktivismus der Faschisten blieben nicht ohne Wirkung. 1924/25 gab es in Großbritannien mehr als tausend Ortsgruppen der faschistischen Partei, die einige zehntausend Mitglieder hatten. Mehr wurden es vor allem deshalb nicht, weil die seit Ende 1924 amtierende konservative Regierung Stanley Baldwins jede engere Zusammenarbeit strikt ablehnte. Sie schlug sogar das Angebot der Faschisten aus, ihr im großen Generalstreik des Jahres 1926 als »Hilfspolizei« zur Hand zu gehen, und schritt selbst zur Tat. Ihr hartes Auftreten gegenüber den Gewerkschaften festigte ihre Autorität und leitete den Verfall der Faschisten ein, die sich fortan nur noch mit sich selbst und zahlreichen internen Querelen beschäftigten und Anfang der dreißiger Jahre schließlich ganz auflösten.

Nicht sehr viel anders verlief die Lebenslinie der Faisceau[11], die 1925 von Georges Valois, einem stark vom revolutionären Syndikalismus geprägten ehemaligen Exponenten der »Action française«, ins Leben gerufen wurden. Auch die Faisceau wuchsen binnen kurzem zu beachtlicher Stärke an, auch sie orientierten sich in ihren öffentlichen Auftritten stark am italienischen Faschismus, und auch sie verschwanden rasch wieder in der Versenkung, ohne daß es ihnen gelungen wäre, das politische System Frankreichs ernstlich zu gefährden. Die auffallendste Parallele zwischen den Faisceau und den britischen Faschisten aber bestand darin, daß auch die Faisceau in gewisser Hinsicht eine Antwort auf eine doppelte Herausforderung waren: zum einen auf den Sieg der politischen Linken in den Nationalwahlen von 1924, der viele Anhänger der bürgerlichen Mitte ebenso erschreckte wie der Radikalismus der kommunistischen Partei, und zum anderen auf die Verkrustungs- und Verschleißerscheinungen des gesamten politischen Systems, das selbst bei der Bewahrung des Status quo zu versagen schien. Valois wollte dieses System nicht etwa reformieren, sondern überwinden und damit auch die demokratische Hinterlassenschaft der Französischen Revolution beseitigen. Er zielte auf die Schaffung einer Diktatur, auf die Etablierung einer korporativ gegliederten Wirtschaft und auf den optimalen Einsatz von Technik und Planung in einer modernen, von Interessengegensätzen gesäuberten Industriegesellschaft. Dieses autoritäre Konzept und der militante Antikommunismus, wie er namentlich von paramilitärischen Gliederungen der Faisceau gepflegt wurde, fanden 1925/26 in besitzbürgerlichen Kreisen und vor allem bei den parteipolitisch ungebundenen aufsteigenden Mittelschichten beträchtlichen Anklang. Zeitweise sollen die Faisceau mehrere zehntausend Mitglieder gezählt haben, die freilich rasch wieder auseinanderliefen, als sich Mitte 1926 mit der Bildung eines Kabinetts der konservativen »Union Nationale« und dem Regierungsantritt von Raymond Poincaré die »politisch-psychologische Großwetterlage« änderte.[12] Poincaré hielt die Kommunisten in Schach, er stabilisierte den schwindsüchtig gewordenen Franc und gewann damit das Vertrauen des Juste milieu in die Funktionsfähigkeit des Staates wieder zurück. Das war das Todesurteil für die Faisceau. Anfang 1927 ging Valois das Geld aus, und in den Monaten danach kehrten ihm so viele Aktivisten und Sympathisanten den Rücken, daß er sich 1928 gezwungen sah, das Experiment der Faisceau für gescheitert zu erklären und zu beenden.

... in Ost- und Südosteuropa

In Ost- und Südosteuropa kamen die faschistischen Bewegungen vor der Weltwirtschaftskrise von 1929 ebenfalls nur schwer voran – und zwar aus den umgekehrten Gründen, die ihren Aufschwung in Westeuropa behindert hatten: War der Westen zu lange parlamentarisch und zu modern, so waren Länder wie Ungarn, Bulgarien, Rumänien oder auch Polen noch zu rückständig, in vielem sogar zu archaisch, als daß sich dem Faschismus eine Erfolgschance geboten hätte. Hier fehlte ihm gewissermaßen der Wurzelboden, der nur dort bestand, wo die Industrialisierung schon ein solches Tempo und eine solche Intensität erreicht hatte, daß sie viele Menschen aus ihren traditionellen Bindungen riß und in ihrer Lebensweise, ja sogar ihrer Existenz bedrohte, wo – mit einem Wort – die Massengesellschaft nicht nur Feindbild war, sondern partiell auch schon konkrete Gestalt gewonnen hatte.

Dabei muß hervorgehoben werden, daß die große Krise, die nach dem Ersten Weltkrieg allgegenwärtig war, in Ost- und Südosteuropa ganz andere Dimensionen erreichte als in Westeuropa oder in Skandinavien. Der Staatengürtel vom Baltikum bis zum Schwarzen Meer und zur Adria war ja im beziehungsweise nach dem Krieg erst entstanden. Jedes seiner Glieder hatte also mit mindestens drei Großproblemen gleichzeitig fertig zu werden, die im Westen Europas im Laufe von Jahrhunderten sukzessive gelöst worden waren: mit der Staatsgründung, mit der Etablierung von Rechtsstaat und Demokratie und mit der Überwindung einer noch ganz von der Landwirtschaft geprägten, vielfach noch feudalen Wirtschaftsstruktur, die Länder wie Bulgarien oder Albanien fast völlig vom Weltmarkt ausschloß. Hinzu kamen etwa im Falle von Rumänien und Jugoslawien gravierende Minderheitenprobleme und im Falle von Ungarn der Verlust von fast 70 Prozent des Staatsgebietes, der so große Wunden hinterließ, daß eine gedeihliche Entwicklung kaum vorstellbar war.

Angesichts solcher Probleme war es kein Wunder, daß den nach 1918 gestarteten demokratischen Experimenten kein dauerhafter Erfolg beschieden war. Lediglich in der Tschechoslowakei vermochten sich Demokratie und Rechtsstaat zu halten. In allen übrigen Ländern Ost- und Südosteuropas aber kam es in den zwanziger und frühen dreißiger Jahren zur Errichtung autoritärer Regime, die zentrifugale und subversive Kräfte bändigen und die überkommene Ordnung festigen sollten. Faschistischen Bewegungen boten sich in diesen Ländern kaum Anknüpfungspunkte, denn die Anliegen, die sie sich üblicherweise auf ihr Banner schrieben, waren ja bei den Königs- und Militärdiktatoren in guten Händen. Nicht einmal als Hilfstruppen gegen die »rote Gefahr« wurden die Faschisten hier gebraucht. Antibolschewismus war in Ost- und Südosteuropa zwar weit verbreitet, aber doch vor allem in seiner außenpolitischen Variante, als Angst vor der Sowjetunion, der sich am besten mit starken Streitkräften begegnen ließ, während die innere Bedrohung durch kommunistische Parteien in den Ländern ohne Arbeiterschaft gering blieb – und dort, wo sie nach 1918 bestand, wie etwa in Ungarn oder in Jugoslawien (wo die KP 1920 die drittstärkste Partei war), mit eiserner Faust beseitigt wurde.

Faschistische Parteien hatten also in Ost- und Südosteuropa vor 1929 weder eine breite gesellschaftliche Basis noch eine wirkliche gesellschaftliche Funktion. Dafür hatten sie aber eine ebenso übermächtige wie schlagkräftige staatliche Konkurrenz, die fest im Sattel saß und nicht daran dachte, ihre Macht zu teilen – schon gar nicht mit irgendwelchen revolutionären Hitzköpfen, die sich auf Mussolini beriefen und alles umkrempeln wollten. Wirkliche Bedeutung erlangte deshalb keine der faschistischen Gruppen, die in den zwanziger Jahren die politische Szene Budapests, Bukarests, Warschaus oder Belgrads bevölkerten. Drei von ihnen – die »Legion Erzengel Michael« in Rumänien, die »Ustascha« in Kroatien und die »Rassenschutzpartei« in Ungarn – ragten aber schon damals wegen der Radikalität ihres Auftretens und der charismatischen Potenz ihrer Führer aus der buntscheckigen Vielzahl faschistischer Organisationen heraus; und später, in den dreißiger Jahren, machten sie tatsächlich Geschichte.

Ungarn hätte, wäre es denn moderner gewesen, den idealen Resonanzboden für faschistische Parteien geboten. Das Land stand 1919/20 unter dem Schock der gerade niedergeschlagenen Räterepublik. Es war durchzogen von nationalistischen Leidenschaften, die aus den riesigen, im Friedensvertrag von Trianon festgeschriebenen territorialen Verlusten resultierten, und seine politische Klasse und seine Intellektuellen lehnten in ihrer Verärgerung über die rücksichtslosen Siegermächte des Ersten Weltkriegs alles ab, was aus dem Westen kam, auch Demokratie und Liberalismus, die nun oft nur noch als westliches Exportgut denunziert und schon bald weitgehend beseitigt wurden.

Nutznießer dieser Entwicklung war ein Exponent des alten Ungarn, der frühere k. und k. Konteradmiral Nikolaus von Horthy, der die Nationalarmee gegen die Räterepublik geführt hatte und im November 1919 an ihrer Spitze in Budapest eingeritten war. Horthy ließ sich im März 1920 von der Nationalversammlung zum »Reichsverweser« mit außerordentlichen Vollmachten wählen und baute diese Position in den zwanziger Jahren auf Kosten des Parlaments so weit aus, daß er schließlich eine beherrschende Stellung erlangte. Faschistisch wird man Horthys Regime dennoch nicht nennen können, denn die Partei, auf die er sich stützte, glich eher einem Honoratiorenclub als dem italienischen »Partito Nazionale Fascista«, die Instrumente des Polizeistaats wurden mit größerer Zurückhaltung eingesetzt als in anderen autoritären oder gar faschistischen Regimen, Parlament und Opposition behielten wenigstens ein Mindestmaß an Rechten und Einflußmöglichkeiten, und Horthy war gänzlich immun gegenüber den Revolutionsträumen eines Mussolini oder eines Hitler, die sich immer wieder um die Schaffung einer »neuen« Gesellschaft oder gar eines »neuen« Menschen drehten. Die raison d'être von Horthys Politik war die bewußte Bewahrung oder Restauration des alten Ungarn mit seiner in vieler Hinsicht ständisch-feudalen Gesellschaftsordnung, die nur im Großraum Budapest schon von einer modernen Industrie- und Dienstleistungsgesellschaft verdrängt worden war.

In einem Land, dessen Gegenwart schmerzlich und dessen Zukunft düster war, konnte eine Politik, die sich an der Vergangenheit orientierte, kaum scheitern. Horthy befand sich im Einklang mit den Interessen derer, die zählten in dieser noch stark vom Adel geprägten »Herrengesellschaft«: mit der Bürokratie, die er vor Entlassungen bewahrte, mit den Großgrundbesitzern, denen er eine Bodenreform ersparte, und mit der kleinen Schicht von Unternehmern, die weiter mit staatlicher Hilfe und Protektion rechnen durften. Vor allem aber hütete er sich davor, auch nur einen Schritt zu tun, der ihm als »Erfüllungs«- oder Verzichtspolitik ausgelegt werden konnte – und damit den nationalistischen Grundkonsens beschädigt hätte, der ihn nicht weniger trug als seine gesellschaftliche Restaurationspolitik.

Horthy blieb so bis zu seiner Absetzung durch Soldaten der deutschen Waffen-SS im Jahr 1944 Herr der Situation. Unmut und Protest, die sich auch im krisengeschüttelten Ungarn überall regten, konnten von der Regierung aufgefangen oder mit polizeistaatlichen Mitteln unterdrückt werden. Schwierig war das nur an den rechten Rändern der Gesellschaft, wo Dutzende von nationalistischen, militaristischen und auch faschistischen Zirkeln blühten, die eine gewisse Verwandtschaft mit dem Horthy-Regime nicht verleugnen konnten, es aber zugleich scharf kritisierten und aus den Angeln heben wollten. Als Zentrum dieser unruhigen Kräfte galt die Stadt Szegedin, ihr Führer war Gyula Gömbös, und ihre gesellschaftliche Basis bildeten demobilisierte Militärs, kleine Beamte, verarmte Adelige und Handwerker, deren Existenz bedroht war oder die in der erstarrten Gesellschaft Ungarns nicht zum Zuge kamen.[13]

Gyula Gömbös, der sich schon 1919 als Nationalsozialist bezeichnete, verkörperte dieses Verhältnis von Kooperation und Konkurrenz, das zwischen dem autoritären Regime und seiner Herausforderung von der politischen Rechten bestand. Der 1886 geborene Hauptmann im ehemaligen österreichisch-ungarischen Generalstab begann seine politische Karriere im Kampf gegen Revolution und Räterepublik und im Dickicht der paramilitärischen Geheimbünde, die mit ihrem Radikalismus zeitweise auch die Regierung in Verlegenheit brachten, und wurde rasch eine der zentralen Gestalten in der rechtsradikalen Szene Europas: Er hatte Kontakte zu Mussolinis Faschisten, als diese noch auf Mailand beschränkt waren, stand in Verbindung zu den deutschen Nationalsozialisten, die er vor dem Hitler-Putsch finanziert haben soll, arbeitete mit der »Organisation Consul« zusammen und beherbergte die Mörder von Matthias Erzberger.[14]

Das hinderte ihn aber nicht daran, in der moderaten Regierungspartei mitzuarbeiten, die er auch im Parlament vertrat. Schon 1923 kehrte er ihr aber den Rücken, weil sie ihm zu gemäßigt erschien. Er bildete zusammen mit einigen Gleichgesinnten die parlamentarische Gruppe »Rassenschutzblock«, ehe er im November 1924 eine eigene Partei, die »Ungarische Nationale Unabhängigkeitspartei«, gründete, die als »Rassenschutzpartei« bekannt wurde. Die militant antikommunistische und ultranationalistische Rassenschutzpartei nahm alles auf, was an den Randbezirken der Gesellschaft gärte. Sie forderte die Errichtung einer radikalen Diktatur, die Ablösung der alten adeligen Machtelite durch die »christliche Mittelklasse« und die Zurückdrängung des großen Kapitals und der Großagrarier, die zu einer Bodenreform gezwungen werden sollten. Außerdem schwebte ihr ein Industrialisierungs-, Urbanisierungs- und Modernisierungsstop vor, der der Bewahrung des ländlich-agrarischen Charakters Ungarns dienen sollte, und schließlich verlangte sie energische Maßnahmen zum Schutz des ungarischen Volkstums, das angeblich durch fremde Einflüsse zersetzt zu werden drohte. Hinter diesem Programm stand das Idealbild einer korporativ geordneten, nach strengen rassischen Kriterien organisierten und deshalb auch wehrhaften Volksgemeinschaft, in der vor allem die jüdische Minderheit keinen Platz hatte. Fünf Prozent Juden störten offenbar die rassische Geschlossenheit, sie waren der katholischen Mehrheit fremd und unheimlich. Sie standen den aufstrebenden akademischen Schichten im Wege, weil sie im Bildungswesen und im kulturellen Leben dominierten, und sie zogen alle antikapitalistischen Ressentiments auf sich, weil sie unter »den Reichen und sehr Reichen« stark überrepräsentiert waren.[15]

Bei ihrer Gründung 1924 war die Rassenschutzpartei mit sieben Abgeordneten im Parlament vertreten, in vorgezogenen Neuwahlen zwei Jahre später landete sie bei mageren 2,9 Prozent der Stimmen und konnte nur noch vier Abgeordnete stellen. Das Horthy-Regime, so mußte man das Ergebnis deuten, war zumal nach der leichten wirtschaftlichen Erholung Mitte der zwanziger Jahre zu stabil und im übrigen auch zu flexibel, so daß es ihm immer wieder gelang, dissidente politische Strömungen in sich aufzunehmen und zu neutralisieren. Gömbös machte sich darüber keine Illusionen, die Zeit war noch nicht reif. Er löste deshalb 1928 seine Partei auf und schloß sich erneut der Regierungspartei an – ohne freilich seine Ansichten und Pläne aufzugeben. 1932 betraute Horthy ihn schließlich mit dem Amt des Ministerpräsidenten, das Gömbös nutzte, um nun von oben durchzusetzen, was ihm von unten mißlungen war: die Faschisierung von Staat und Gesellschaft.

Die Selbstauflösung blieb der 1927 in Rumänien gegründeten Legion Erzengel Michael[16] erspart. Aber auch sie war in den zwanziger Jahren nur eine Randerscheinung, und auch sie mußte sich mit staatlichen Abwehrkräften auseinandersetzen, die stark genug waren, subversive Strömungen im Zaum zu halten. Rumänien gehörte zu den großen Siegern des Ersten Weltkriegs. Es erhielt Bessarabien, die Bukowina, Siebenbürgen und Teile des Banat zugesprochen und handelte sich damit nicht nur die unversöhnliche Feindschaft fast aller Nachbarstaaten ein, die diese Gebiete verloren hatten oder für sich beanspruchten, sondern auch große »fremdvölkische« Minderheiten (29 Prozent), deren Integration die Kräfte des Landes, das gerade die ersten Schritte in Richtung Industrialisierung tat und dessen Bevölkerung zu mehr als drei Vierteln im Zustand der Armut lebte, auf das äußerste beanspruchte.

Die Regierung bemühte sich, das Minderheitenproblem durch Zentralisierung und Repression zu lösen, und sie versuchte, die Rückständigkeit des Landes durch Demokratisierung und eine forcierte Industriepolitik zu überwinden. Die Erfolge dieser Politik blieben zwar weit hinter den Erwartungen zurück, sie konnten sich aber doch sehen lassen: Das parlamentarische System erwies sich trotz zahlreicher Funktionsstörungen als stabil, die politischen Parteien schlugen langsam Wurzeln, die Zahl der Analphabeten ging zurück, die Bodenreform linderte die Nöte der Landbevölkerung, und auch die Wirtschaftspolitik trug erste Früchte; vor allem die überwiegend in ausländischer Hand befindliche Ölförderung stieg an. Rumänien, so wird man ohne Übertreibung sagen können, wurde in den zwanziger Jahren von einer ersten größeren Modernisierungswelle erfaßt, die freilich nicht nur positive Effekte hatte. Viele Menschen, vor allem auf dem Lande, wo noch fast mittelalterliche Verhältnisse herrschten, kamen mit dem neuen Tempo nicht mit. Sie fühlten sich überfordert und griffen deshalb auf mystische Heils- und Erwekkungsvorstellungen zurück, in denen sich Aberglaube und christlicher Fundamentalismus verbanden, während zahlreiche Angehörige der Mittelschichten und die Schützengrabengeneration sich von der neuen Zeit zu viel erhofft hatten und schnell enttäuscht waren, als sie sahen, daß sie im Gewerbe, im Staatsdienst oder im akademischen Leben nicht zum Zuge kamen, weil die Posten rar oder oft von besser ausgebildeten Juden besetzt waren.

Die Folge war ein giftiger Antisemitismus, viel wirtschaftlicher Verdruß und ein düsterer Kulturpessimismus, der vor allem in der Korruption und Ineffizienz der Bürokratie Nahrung fand. In den zwanziger Jahren entstand daraus noch kein großer Schaden, unter der Oberfläche aber brodelte es, und in diesem Reizzustand gediehen auch in Rumänien zahlreiche Gruppen der äußersten Rechten, die ihren ungarischen Pendants in puncto Nationalismus, Judenhaß, Antikommunismus und Antiliberalismus in nichts nachstanden, sie aber in ihrem Aktionismus und ihrer enthemmten Gewaltbereitschaft weit übertrafen. Die radikalste und schillerndste unter ihnen war die 1927 gegründete Legion Erzengel Michael, deren Wurzeln in die rabiat-antisemitischen Studentenbünde zurückreichten, die Anfang der zwanziger Jahre an fast allen rumänischen Universitäten entstanden waren. Corneliu Zelea Codreanu, der führende Kopf der Legion und ihr Motor, war in diesen Organisationen groß geworden und hatte ihre zuweilen auch blutigen Aktionen gegen jüdische Studenten und Geschäftsleute mitgemacht. 1924 hatte er nationale Berühmtheit erlangt, als er einen Präfekten erschoß, der versucht hatte, Ruhe und Ordnung an den Universitäten herzustellen und dabei auch Codreanu und seine Gesinnungsgenossen hart angefaßt hatte.[17]

Dem glatten Mord folgte ein skandalöser Freispruch, den der 1899 geborene Rechtsanwalt natürlich nicht zum Anlaß nahm, die Wahl seiner Mittel im politischen Kampf zu überdenken. Im Gegenteil, er fühlte sich bestätigt und löste sich deshalb später auch von der »Liga zu Christlich-Nationaler Verteidigung«, der bedeutendsten Partei im studentischen Protestmilieu, die immer wieder pragmatische Zugeständnisse an die Regierung gemacht und wohl nicht zuletzt deshalb in den Wahlen von 1926 mit knapp fünf Prozent einen überraschenden Achtungserfolg errungen hatte. Die Liga war Codreanu zu behäbig und zu zahm, der Cãpitan, wie er sich von seinen Anhängern nennen ließ, hatte anderes im Sinn: die Gründung eines elitären Kampfordens, der strengen Regeln gehorchte und ganz auf ihn ausgerichtet war. Rumänien, glaubte er, sei von dem Weg abgewichen, den Gott ihm gewiesen habe. Es sei verderblichen fremden Einflüssen ausgesetzt und müsse sich einem Reinigungsprozeß unterziehen, in dem er die entscheidende Voraussetzung einer nationalen »Wiederauferstehung« erblickte. Er selbst, so konnte er seiner Gefolgschaft weismachen, sei von Gott geschickt worden, um Rumänien zu erlösen und auf den rechten Weg zu führen.

Was Codreanu unter »Wiederauferstehung« genau verstand, blieb ebenso im dunkeln wie die politischen Maßnahmen, die er ergreifen wollte, um sein Ziel zu erreichen. Die Legion Erzengel Michael legte sich anfangs im Konkreten nie fest und vermied präzise Stellungnahmen zu tagespolitischen Problemen oder zu einzelnen Sachfragen. Klar war nur: Codreanus aus der Vergangenheit und archaischer Religiosität gewonnene Visionen kreisten um die Schaffung eines neuen Menschen, der ganz im Dienst an der Nation aufgehen sollte. Die Hauptfeinde, die Rumänien im Innersten bedrohten und eine Umkehr verhinderten, waren aus der Sicht Codreanus die alte politische Klasse, die Rumänien wirtschaftlich, politisch und kulturell an den »sündigen« Westen verkauft hatte, und vor allem die Juden, die überall saßen und wühlten und alles zersetzten, was Codreanu und seinem Orden heilig war. Ihnen das Handwerk zu legen war deshalb nicht nur ein Erfordernis praktischer Politik, sondern ein Akt nationaler Notwehr, der beim Einsatz der Mittel zu allem berechtigte.

Die schwärmerische Utopie nationaler und sittlich-religiöser Erweckung und die pompöse Inszenierung des von der Vorsehung gesandten Führers vermochten in den zwanziger Jahren nur wenige zu überzeugen. Die Zeichen der Zeit wiesen zumal ab 1928 in die entgegengesetzte Richtung, als mit Iuliu Maniu, dem Führer der Nationalbäuerlichen Partei, ein aufgeklärter Mann an die Spitze trat, der die Nöte der breiten Massen ernst nahm und Reformen und eine gewisse Dezentralisierung in Aussicht stellte, die vor allem den Minderheiten sehr am Herzen lag. Lediglich einige Studenten, junge Akademiker und Offiziere, die ihren Platz in der Gesellschaft noch nicht gefunden oder ihn gerade verloren hatten, begeisterten sich damals für Codreanu. Auch im ländlichen Proletariat waren einige verzweifelt genug, daß sie seinen Heilsversprechungen auf den Leim gingen. 1929 soll die Legion Erzengel Michael nur etwa 400 aktive Mitglieder und einige hundert Sympathisanten gezählt haben, die zunächst nicht einmal eine leise Bedrohung des im ganzen recht stabilen parlamentarischen Systems darstellten und von der Polizei und anderen staatlichen Organen leicht in Schach gehalten werden konnten.[18]

Mit dem gleichen Recht wird man das von der kroatischen Ustascha nicht sagen können; sie entstand aber auch in einer ungleich zugespitzteren Situation. Im 1918 geschaffenen Königreich der Serben, Kroaten und Slowenen herrschte anders als in Rumänien eigentlich zu keinem Zeitpunkt so etwas wie Normalität. Die überwiegende Mehrheit der Kroaten, die immerhin etwa ein Viertel der Gesamtbevölkerung stellten, konnten sich mit dem neuen Staat, der kein Staat der Serben, aber doch von diesen dominiert war, nur schwer anfreunden. Sie wetterten gegen den erdrückenden Anteil von Serben in Militär und Verwaltung, sie schimpften über den Belgrader Zentralismus und forderten weitreichende Autonomierechte, die der »Eigenart der historischen Länder und der Nationalitäten«[19] Raum geboten hätten.

Die wichtigste kroatische Oppositionspartei war die Bauernpartei unter der Führung von Stjepan Radić, der bis 1924 alles ablehnte, was aus Belgrad kam, danach aber auf einen pragmatischen Kurs einschwenkte und schließlich sogar in die Regierung eintrat, wo er tatsächlich einige Erleichterungen für Kroatien erwirken konnte. Der ultranationalistischen Staatspartei, die weit rechts von der Bauernpartei angesiedelt war und dort ein Schattendasein fristete, war das zu wenig. Sie träumte von einem eigenen großkroatischen Staat, dem auch Dalmatien und Bosnien angehören sollten, und wachte daraus auch nicht auf, als ihr nach dem Kurswechsel der Bauernpartei die Anhänger davonliefen und sie sich in der Sackgasse der politischen Isolation wiederfand. Ihr Anführer, der 1889 geborene Rechtsanwalt Ante Pavelić, saß zwar als einer der beiden Abgeordneten der Staatspartei noch im Belgrader Parlament; sein Einfluß aber war gering. Pavelić' Stunde schlug erst 1928, als sich nach einem blutigen Anschlag im Parlament der serbisch-kroatische Konflikt zu einer gefährlichen Staatskrise auszuweiten begann. Der Kurs der Bauernpartei, so hämmerte er seinen Anhängern ein, war falsch, mit den Serben konnte es keine Verständigung geben, jetzt mußten terroristische Mittel angewendet werden, nachdem politische ja offenkundig nicht halfen.

Solchen Worten folgten opferreiche Taten, und schließlich sah König Alexander im Januar 1929 keinen anderen Ausweg mehr, als die Verfassung zu suspendieren, die Parteien aufzulösen und eine »Königsdiktatur« auszurufen, die dem alleinigen Zweck der Befriedung und Erhaltung des Staates dienen sollte. Pavelić sah es anders. Die Königsdiktatur war für ihn ein serbisches Terrorregime, das mit aller Gewalt zu bekämpfen war. Noch am selben Tag, als Alexander die Macht an sich riß, gründete er den nationalrevolutionären terroristischen Geheimbund Ustascha, der sich dem bewaffneten Volksaufstand zur Befreiung Kroatiens verschrieb, das in seinen Augen als Bollwerk der christlichen Welt gegen die östlich-slawische Tyrannei und den Kommunismus fungieren sollte. Pavelić selbst und seine engsten Vertrauten verließen kurz darauf das Land, um bei Exilkroaten und verwandten ausländischen Bewegungen und Parteien für ihre Pläne zu werben. Sie machten Station in Ungarn, wo sie ein Ausbildungslager für Ustascha-Kämpfer aufbauen konnten. Pavelić suchte (und fand) Kontakt zu mazedonischen Terrorbanden, die von Bulgarien aus gegen Jugoslawien operierten, und schlug schließlich sein Hauptquartier in Italien auf, dessen faschistische Regierung wie er die Zerschlagung Jugoslawiens im Auge hatte.

Trotz der intensiven Förderung, die Mussolini der Ustascha angedeihen ließ[20], und trotz mancher habitueller Anleihen beim italienischen Faschismus fällt es schwer, Pavelić' Geheimbund bereits in seiner Frühform als wirklich faschistisch zu bezeichnen. Gewiß, der Nationalismus, der die Ustascha-Gefolgschaft beseelte, war nicht minder stark ausgeprägt als der der Faschisten oder der Legion Erzengel Michael, und auch im ekstatischen Führerkult, im fanatischen Antisemitismus und in der Absage an demokratische Gepflogenheiten, die vor allem in der durch nichts gebremsten Gewaltbereitschaft zum Ausdruck kam, zeigen sich auffallende Parallelen zu den Hauptcharakteristika anderer faschistischer Parteien. Im Kern aber war die Ustascha 1929 doch eine terroristische Unabhängigkeitsbewegung, die sich mit dem italienischen Faschismus nicht wegen ideologischer Affinität, sondern vor allem deshalb verbündete, weil sich die machtpolitischen Ziele von Mussolini und Pavelić deckten – wenn auch nur zeitweise, wie sich später zeigen sollte.

... in Südeuropa

Ähnlich ungünstig wie in Ost- und Südosteuropa waren die Ausgangs- und Wachstumsbedingungen für faschistische Bewegungen vor der Weltwirtschaftskrise in Südeuropa, genauer in Portugal, Spanien und Griechenland, in Ländern also, die auf dem Weg der Industrialisierung noch kaum vorangekommen und deren Gesellschaften (wie in den Staaten Ost- und Südosteuropas) gerade erst zum politischen Leben erwacht waren. Faschistische

Gruppen gab es auch hier, sie standen aber noch ganz im Schatten des alten Establishments, das zwar angeschlagen und orientierungslos war, aber immer noch Kraft genug besaß, sich allein gegenüber den von unten herandrängenden sozialen und politischen Bewegungen zu behaupten, die freilich auch keine existentielle Bedrohung darstellten und in der Regel untereinander bis zur Selbstlähmung zerstritten waren.

Besonders deutlich trat diese den faschistischen Zirkeln alles andere als förderliche Gesamtkonstellation in Spanien zutage: Der älteste Nationalstaat Europas war zu Beginn des 20. Jahrhunderts ein erschöpftes und in sich zerrissenes Land, das gewissermaßen den Kompaß nationaler Selbstgewißheit verloren hatte. Spanien, so meinte Ortega y Gasset, gleiche einem »Haufen welker Blätter am Wegrand«[21]. Die Erschöpfung rührte aus dem Verlust des Kolonialreiches und aus den militärischen Niederlagen, die ihm in Mittelamerika und Afrika beigebracht worden waren, und die Zerrissenheit hatte ihren hauptsächlichen Grund in der unversöhnlichen Konfrontation zwischen den Liberalen und den Traditionalisten, die das Land schon im 19. Jahrhundert in eine Serie von Bürgerkriegen, Putschen und Revolten gestürzt hatte. Zu diesen Hypotheken aus der Vergangenheit kamen nach der Jahrhundertwende neue, nicht minder schwere Belastungen: der Separatismus der Basken und Katalanen, die sich von Madrid benachteiligt fühlten und weitreichende Autonomierechte forderten, die aufbegehrende Unruhe der noch kleinen, aber kampfeslustigen Industriearbeiterschaft und vor allem des riesigen ländlichen Proletariats, das kaum besser gehalten wurde als im Mittelalter und kaum mehr Rechte hatte als damals und deshalb eine leichte Beute anarchistischer Propaganda werden konnte. Allein 1920 zählte man in Spanien 1316 Streiks, und in Straßenkämpfen und bei Terroraktionen kamen 757 Menschen ums Leben[22] – etwa so viele wie in Italien im gleichen Jahr.

Eine Wende war fällig, wie Intellektuelle wie Ortega, Miguel de Unamuno oder Salvador de Madariaga unablässig forderten. Aber wer hatte die Kraft dazu? Gewiß nicht die Traditionalisten, die ihre ganze sterile Phantasie auf die Restauration der mehr als zweihundert Jahre zuvor untergegangenen Herrschaft der Habsburger richteten. Mit Sicherheit auch nicht die in Gemäßigte und

Fortschrittliche gespaltenen Liberalen, die sich nur noch an Privilegien und Posten klammerten und fast völlig taub waren gegenüber der sozialen und der ethnischen Frage, und schon gar nicht die Organisationen des sozialen Protests, die in Sozialisten, Kommunisten und Anarchosyndikalisten zerfallen waren und einen erheblichen Teil ihrer Energie darauf verwandten, sich gegenseitig zu bekämpfen.

Das liberale parlamentarische System war diesen Spannungen schließlich nicht mehr gewachsen. Wäre das Land – und hier liegt eine auffallende Parallele zu Ost- und Südosteuropa – moderner und schon in stärkerem Maße industrialisiert gewesen, hätte es also bereits breite Mittelschichten gegeben, die den Schutz des Staates gefordert und dessen Versagen nicht toleriert hätten, dann wären die Aufstiegschancen für faschistische Gruppen groß gewesen. So aber stieß, wie in Jugoslawien die Krone oder in Ungarn ein Ersatzkönig, die stärkste innenpolitische Kraft in das Machtvakuum und stellte im Herbst 1923 Ruhe und Ordnung wieder her: das Militär, das schon im 19. Jahrhundert in vergleichbarer Weise gehandelt und in Krisenzeiten eingegriffen hatte. Anführer des unblutigen Militärputsches war General Miguel Primo de Rivera, ein Bewunderer Mussolinis, der sich vom italienischen Faschismus allerdings nur die polizeistaatlichen Seiten entlehnte. Primo de Rivera löste das Parlament auf, verhängte ein Verbot aller Parteien und setzte den Separatisten nicht weniger zu als den Linken. Er vermochte damit den staatlichen Verfall aufzuhalten und die Macht des alten Establishments vorübergehend zu stabilisieren. Nolens volens sorgte er durch den Einsatz faschistischer Mittel von oben aber auch dafür, daß ein Faschismus von unten nicht einmal den geringen Spielraum nutzen konnte, den ihm die gesellschaftlichen Verhältnisse geboten hätten[23] – allerdings nur bis zu seinem Sturz 1930. Danach löste sich die Erstarrung, und in der Krise der Zweiten Republik (ab 1931) war es ausgerechnet sein Sohn José Antonio, der die faschistischen Energien bündelte und zu einem nennenswerten innenpolitischen Faktor formte.

Drei Jahre nach Primo de Rivera putschte Gomes da Costa, ein portugiesischer General, der sein Land damit auf einen ähnlichen Entwicklungspfad führte, den Spanien 1923 eingeschlagen hatte. Auch in Portugal waren die liberal-elitären politischen Parteien nach 1918 mit ihrem Latein am Ende. Sie wurden mit den alten Krankheiten des Landes nicht fertig, die Rückständigkeit, Analphabetismus und Glaubenskrieg hießen, und sie fanden kein Mittel gegen die Protestbewegung der Linken, die hohe Inflation und die riesigen Schulden. Auch sie bedurften des Beistandes, und auch in Portugal fand er sich im Militär, das im Mai 1926 einen Marsch auf Lissabon startete, dort das ineffiziente und instabile Parteienregime beseitigte und die Diktatur ausrief.

Die einzig nennenswerte portugiesische Partei, die mit einigem Recht als faschistisch zu betrachten wäre, war daran so gut wie nicht beteiligt. Es handelte sich um den »Nacionalismo Lusitano«, eine 1923 von Joao de Castro Osório ins Leben gerufene Bewegung, deren Parteiblatt ›A Ditatura‹ nicht ganz zufällig den Untertitel ›Zeitschrift des portugiesischen Faschismus‹ trug.[24] Die jungen im Nacionalismo Lusitano versammelten Kräfte aus den Randbezirken der Gesellschaft orientierten sich tatsächlich in allem an den Grundprinzipien des italienischen Faschismus, von deren Übernahme sie sich eine stark vitalisierende Wirkung auf ihr Land versprachen. Im Zentrum ihres diffusen Programms standen die Ersetzung der Republik durch eine Diktatur, das Bekenntnis zu einer starken Nation und die Ablehnung des Parlamentarismus, der dem Nacionalismo Lusitano freilich (ohne daß dessen Repräsentanten es gewußt hätten) die Lebens- und Entfaltungsgrundlage bot. Der Putsch von 1926 und erst recht der Machtantritt von António de Oliveira Salazar im Jahr 1932 und die Etablierung eines ständisch-autoritären Staates schnürten dem Nacionalismo Lusitano nämlich den Atem ab – und zwar bezeichnenderweise mit denselben, wenn man so will, quasi-faschistischen Mitteln von oben, die in Spanien eingesetzt wurden und auch dort den Faschismus von unten an der Entfaltung hinderten.

... in Mitteleuropa

In Mitteleuropa (oder besser Österreich und Deutschland) bestanden die besten Voraussetzungen für die Entstehung und rasche Ausbreitung faschistischer Bewegungen. Beide Länder hatten den Krieg verloren und damit eine nationale Demütigung erlitten, die durch beträchtliche Gebietsabtretungen so sehr verschlimmert wurde, daß Revision und Vergeltung in das Zentrum der Politik, aber auch der Empfindungen breiter Gesellschaftsschichten rückten. Diese nationalen Tiefschläge waren um so schmerzlicher, als die Gesellschaften Österreichs und Deutschlands sich schon seit längerem in einem Zustand hochgradiger Verunsicherung befunden hatten, der vor allem mit dem raschen Wandel zusammenhing, dem die beiden Länder, vielleicht mehr als andere Regionen Europas, unterworfen waren. Industrialisierung und Modernisierung hatten hier nämlich seit dem letzten Drittel des 19. Jahrhunderts ein Tempo und eine Intensität erreicht, die besonders in den Städten umwälzende Wirkungen entfalteten, mit ihren Ausläufern aber auch die ländliche Welt erreichten und hier wie dort für Unruhe und Konfliktstoff sorgten. Eine Begleiterscheinung dieser tiefgreifenden Prozesse war in Österreich so gut wie im Deutschen Reich die Herausbildung einer mächtigen Arbeiterbewegung, deren Ansprüche nach dem Ersten Weltkrieg unabweisbar geworden waren und mit der Einführung von Acht-Stunden-Tag und anderen sozialen Reformen befriedigt werden mußten – sehr zum Leidwesen konservativer, eher auf Bewahrung denn auf Neuerung bedachter Schichten, die mit den Veränderungen nicht Schritt halten konnten und zumal in den Ambitionen der Linken kecke Herausforderungen erblickten.

Die Spannungen, die Österreich und Deutschland seit längerem durchzogen, wurden dadurch noch stärker. Parlamentarismus und Liberalismus, die hier ohnehin weniger tief verankert waren als etwa in Frankreich oder Großbritannien, standen so nach 1918 von Beginn an auf dem Prüfstand. Beträchtliche Teile der Gesellschaft lehnten sich gegen alles auf, was nach Fortschritt roch und nach vorne wies, und zeigten sich für alles empfänglich, was sich gegen den neuen, nun auch von der Linken mitgestalteten Staat ins Feld führen ließ und was als Heilmittel gegen das Unbehagen an der Gegenwart angepriesen wurde: Rassistische und nationalistische Ideen hatten Hochkonjunktur, der Antisemitismus blühte, und Prediger von Irrationalismus und Gewalt fanden ein Massenpublikum, während besonnene Stimmen, die zum Ausgleich und zur Mäßigung rieten, sich kaum Gehör verschaffen konnten.

In Österreich[25] ging die allgemeine Krise noch tiefer als in Deutschland, das erst im nächsten Kapitel genauer betrachtet wird. Die Gründe dafür sind (neben den genannten) zum einen in der verheerenden wirtschaftlichen Misere zu suchen, die das von seinen natürlichen Absatzgebieten abgeschnittene Land nach 1918 heimsuchte und sich selbst Mitte der zwanziger Jahre, als anderswo deutliche Anzeichen einer Konsolidierung spürbar wurden, nur geringfügig abschwächte. Zum anderen haben sie mit der Tatsache zu tun, daß Österreich eigentlich nicht sein wollte, was es war, sondern mit überwältigender Mehrheit deutsch zu werden wünschte, daran aber von den Alliierten gehindert wurde. Keine der zahlreichen Regierungen, die sich nach 1918 in rascher Folge abwechselten, vermochte mit dem nationalen Handicap fertig zu werden. Keine fand ein Rezept gegen die Wirtschaftskrise, und keine schaffte den Brückenschlag zwischen den drei großen gesellschaftlichen Lagern der Sozialisten, der Großdeutschen und der Christlichsozialen, die sich noch am ehesten gegen die Anziehungskraft des großen deutschen Magneten wehren und mit dem Status quo eines eigenständigen Österreich anfreunden konnten.

Die Schwäche der Regierung bot Raum für mannigfaltige außerparlamentarische Bewegungen der politischen Rechten, die freilich vor der Weltwirtschaftskrise ihr an sich großes Potential nicht ausschöpfen und zum konzertierten Einsatz bringen konnten, weil sie sich immer wieder in den Begrenzungen zwischen den großen gesellschaftlichen Lagern verfingen oder an der »deutschen Frage« entzweiten. Die größte und vor 1929 einflußreichste dieser Gruppierungen war ohne Zweifel die »Heimwehr«[26]. Sie entstand nach 1918 als eine Art Grenzschutz und Hilfspolizeitruppe zur Wahrung von Ruhe und Ordnung und wurde aus vielen lokalen und regionalen Initiativen erst langsam zu einer schlagkräftigen Organisation mit allerdings immer angefochtener zentraler Leitung. Faschistisch wird man die fast zahllosen Varianten der Heimwehr in der Frühphase nur schwerlich nennen können, auch wenn die radikale Frontstellung gegen alles, was links hieß, schon damals eine große Rolle spielte. Das änderte sich aber Mitte der zwanziger Jahre, und es waren vor allem zwei Ereignisse, die den Faschisierungsprozeß der Heimwehr in Gang setzten: zum einen das in seinem Verbal-Radikalismus kaum zu übertreffende Linzer Programm der Sozialisten von 1926 und zum anderen die blutigen Straßenschlachten in Wien 1927, die im Bürgertum eine fast panische Angst vor der »roten Gefahr« auslösten. »Das Resultat war«, so hat Francis L. Carsten treffend geschrieben, »eine Mobilisierung der Mittelschichten und der Bauernschaft gegen die Bedrohung durch den ›Marxismus‹ und das ›rote Wien‹«[27], von der vor allem die Heimwehr profitierte. Diese konnte nun nicht mehr über Geld- und Waffenmangel klagen und sich auch der Unterstützung durch die christlichsoziale Regierung so sicher sein, daß sie die Konfrontation mit dem bewaffneten Arm der Sozialisten, dem Republikanischen Schutzbund, nicht zu scheuen brauchte.

Die Heimwehr wurde so zu einer Massenbewegung mit mehr als 300000 Anhängern (1928), die der Kontrolle ihrer Ziehväter, der Christlichsozialen Partei, dem Landbund und der Großdeutschen Partei, entglitt und eigene politische Ambitionen zu entwickeln begann, die weit über den Antimarxismus der Anfangsjahre hinausgingen. Zunehmend größer wurde vor allem die Abneigung gegen Demokratie und Parlamentarismus, und auch die bürgerlichen Parteien erschienen vielen Aktivisten der Heimwehr bald nur noch als Hindernisse auf dem Weg in eine neue Zeit, die ganz im Zeichen von Diktatur und Ständestaat stehen sollte. Vor der Weltwirtschaftskrise war diese Entwicklung noch längst nicht abgeschlossen. Es zeigte sich aber schon damals, daß die Heimwehr größte Mühe haben würde, diese ambitiösen Ziele zu erreichen, ja daß nicht einmal die Ziele selbst unumstritten waren, weil sich in der Heimwehr fast alles tummelte, was als Verkörperung der in der österreichischen Gesellschaft angelegten Gegensätze gelten konnte: Republikaner und Monarchisten, Demokraten und Revolutionäre, Großdeutsche und Deutschösterreicher, wobei erstere auf Hitler schauten, während letztere sich an Mussolini orientierten, der in der Heimwehr das Fundament eines unabhängigen Österreichs erblickte und sie als Hebel zur autoritären Umgestaltung von Staat und Gesellschaft benutzen wollte – und deshalb mit finanzieller Unterstützung nicht geizte.

Zahlenmäßige Stärke und politische Schwäche lagen mithin nahe beieinander. Dieses Hauptcharakteristikum der Heimwehr trat noch deutlicher zutage, als Ende der zwanziger Jahre, parallel zur Entwicklung in Deutschland, die österreichischen Nationalsozialisten[28] von sich reden machten, die anders als die Heimwehr im Hinblick auf die »deutsche Frage« eindeutig Position beziehen konnten. Die Nationalsozialisten gingen aus einem komplizierten Spaltungs- und Zerfallsprozeß der »Deutschen Nationalsozialistischen Arbeiterpartei« (DNSAP) hervor, die sich schon seit Anfang der zwanziger Jahre heftigster Einwirkungsversuche Hitlers ausgesetzt sah, der die österreichische Partei unter seine Kontrolle bringen wollte – und dies 1926 auch schaffte, als sich der radikale Flügel der DNSAP selbständig machte und als Verband der NSDAP konstituierte.

Mit der Hitler unterstellten NSDAP kam neues Gift in die ohnehin schon stark angegriffene österreichische Innenpolitik. Es schädigte zunächst aber nicht den gesamten Staatsorganismus, sondern fast ausschließlich die Heimwehr. Ein nicht unbeträchtlicher Teil, namentlich die rebellischen Heimwehr-Verbände aus der Steiermark, liebäugelte mit dem Radikalismus und der großdeutschen Orientierung der NSDAP und stand fast schon mit einem Bein im Lager der Hitler-Anhänger, während andere Verbände in den Nationalsozialisten ihren Hauptgegner erblickten. Die Heimwehr war deshalb schon bald in eine kraftraubende Konflikt- und Kooperationsgeschichte mit der NSDAP verwikkelt, die auch letzterer schadete, weil sie es nicht nur mit den feindlichen Regierungsparteien aufnehmen mußte, sondern auch noch wesensverwandte Kräfte der Heimwehr gegen sich hatte. Die österreichische NSDAP kam so nur langsam voran und bildete ebensowenig wie die Heimwehr eine ernsthafte Bedrohung des demokratischen Systems, das wohl nur in einer gemeinsamen Kraftanstrengung zu gefährden gewesen wäre. 1927 hatte sie 1350 Mitglieder, 1928 2250, und 1929 waren es gerade einmal 3150.[29] Sie bot, wie ein führender Funktionär im Frühjahr 1930 schrieb, »das Bild eines in sich zerkämpften Haufens von Bolschewiken«, der erst in den dreißiger Jahren größere Bedeutung erlangen sollte – dann allerdings unter anderen Vorzeichen.[30]

Zusammenfassend wird man also sagen können, daß faschistische Bewegungen vor der Zäsur der Weltwirtschaftskrise überall in Europa – mit der Ausnahme Italien – Randphänomene blieben, die zwar lästig waren, aber niemanden ernstlich zu bekümmern brauchten. Europa marschierte zwar nach rechts, und vor allem in Ost- und Südeuropa hatte man dabei schon ein beträchtliches Stück auf diesem Weg zurückgelegt, letztlich mit der Errichtung von Militär- und Königsdiktaturen aber doch immer vor einer Grenze haltgemacht, jenseits derer das begann, was man Faschismus nennen muß. Das alte politisch-gesellschaftliche System bewies eine erstaunliche Lebens- und Anpassungsfähigkeit, sei es, daß es sich in der Krise der Nachkriegszeit für von »unten« kommende Partizipationsbestrebungen öffnete, sei es, daß es sich abschloß und links wie rechts die Zähne zeigte, wenn es gefährdet schien. Die Erschütterungen des Krieges und die soziale Misere der Zeit danach vermochten es ebensowenig zum Einsturz zu bringen wie die Ausläufer der bolschewistischen Revolution, die Mitte der zwanziger Jahre ja auch kaum mehr spürbar waren. Vor 1929 gab es keine faschistische Bedrohung und eine faschistische Herausforderung nur in dem höchst eingeschränkten Sinne, daß neben dem bolschewistischen Modell ein radikaler rechter Gegenentwurf zum liberalen System existierte, auf den man im Notfall zurückgreifen konnte.

Aufschwung nach der Weltwirtschaftskrise

Vermutlich wäre es dabei geblieben, vermutlich hätten die faschistischen Bewegungen sich wieder verlaufen, wenn 1929 nicht die Weltwirtschaftskrise über Europa hereingebrochen wäre. Der »Schwarze Freitag« und das, was auf ihn folgte, war eine Katastrophe, die in Europa so ähnlich wirkte wie ein schwerer Rückfall bei einem Patienten, der nach lebensbedrohlicher Krankheit das Stadium der Rekonvaleszenz erreicht, wieder Mut zu schöpfen beginnt und dann unverhofft erneut die Beute seiner Krankheit wird, der er nichts mehr entgegenzusetzen hat. Weltwirtschaftskrise, das hieß für die meisten Menschen vor allem Arbeitslosigkeit. »Zur schlimmsten Zeit (1932–33) hatten 22–23 Prozent der britischen und belgischen Arbeiter, 24 Prozent der schwedischen, 27 Prozent der nordamerikanischen, 29 Prozent der österreichischen, 31 Prozent der norwegischen, 32 Prozent der dänischen und sogar 44 Prozent der deutschen keine Arbeit.«[31]

Welche Dramen müssen sich hinter diesen dürren Zahlen verbergen! Millionen standen vor dem Nichts und hungerten in dumpfer Verzweiflung, weil das soziale Netz noch nicht geknüpft oder so weitmaschig war, daß es nur die wenigsten vor dem Sturz ins Bodenlose zu bewahren vermochte. Die Weltwirtschaftskrise führte nicht notwendig zum Faschismus, wie vor allem das Beispiel der Vereinigten Staaten zeigte, aber sie erzeugte ein solches Maß an Zukunftsangst und Gegenwartsverdruß, daß alles in Frage gestellt wurde: Normen, Konventionen und Werte, die bis dahin Halt und Orientierung geboten hatten, und natürlich vor allem das kapitalistische System, das nur noch Arbeitslosigkeit zu erzeugen schien, und die parlamentarische Demokratie, die kein Rezept gegen die Krise fand und wie gelähmt war.

Das italienische Modell gewann so fast automatisch an Attraktivität. Mussolini hatte eine Alternative aufgezeigt, die zu Beginn der dreißiger Jahre immer größere Zustimmung fand. Joseph Goebbels beispielsweise begeisterte sich für den Faschismus und verfiel zugleich in einen »Duce«-Rausch: »Herrlich, dieser Mussolini! Mein großes zeitgenössisches Vorbild. An ihm kann man sich hochranken«, schrieb er im Januar 1930 in sein Tagebuch, und im Oktober desselben Jahres notierte er: »Dann sprach im Tonfilm Mussolini. Wirklich der Duce! Es ist hinreißend. In welch einer großen Zeit leben wir!«[32] Auch Winston Churchill feierte den »Duce«; er nannte ihn im Februar 1933 den »größten lebenden Gesetzesschöpfer«, der vielen Nationen einen Ausweg gewiesen habe.[33] Selbst in antifaschistischen Kreisen gab es nicht wenige, die Mussolini nun in einem anderen Licht sahen. Lord Ponsonby, der führende Mann der Labour Party im britischen Oberhaus, meinte im Juli 1933: »In Rom hat man ein Jahr gebraucht, um einen beträchtlichen Teil der Stadt neu zu gestalten, wir dagegen haben es in drei Jahren nicht fertiggebracht, zwei neue Brücken in London zu bauen.«[34]

In Italien, so ließen sich diese und zahlreiche ähnliche Äußerungen deuten, hatte man eine erfolgreiche Therapie gegen die Leiden der westlichen Welt gefunden: Sie bestand in den Augen vieler, die mit den Verhältnissen in Italien oft gar nicht wirklich vertraut waren, in der autoritären Überwindung von Parlamentarismus und Demokratie und in der scharfen Abgrenzung vom Sowjetsystem, das zu barbarisch und der westlichen Tradition fremd war. Wesentlicher Bestandteil dieser Therapie war in dieser Sicht die Einführung des Korporativismus, der ein Allheilmittel gegen die Gebrechen von Kapitalismus und Sozialismus zu sein schien, in Wirklichkeit aber nur eine nutzlose Großbürokratie war. David Lloyd George etwa, der große alte Mann des englischen Liberalismus, sagte im Januar 1933 in einem Interview mit dem ›Manchester Guardian‹, der Korporativismus italienischer Prägung sei die »größte Sozialreform der neueren Zeit«, und in einem Gespräch mit Dino Grandi soll er sogar ausgerufen haben: »Entweder entscheidet sich die Welt dafür, Mussolinis Beispiel zu folgen, oder sie ist verloren.«[35] Der deutsche Nationalökonom Werner Sombart ließ sich ebenfalls täuschen und äußerte sich 1932 nicht weniger enthusiastisch: »[...] ich betrachte das neue Italien und seine äußerst bemerkenswerte Neuerung, den korporativen Staat, als Zeitgenosse mit Bewunderung und als Wissenschaftler mit Interesse. Er ist in meinen Augen in der Tat die erste konstruktive Leistung nach dem Krieg, die unweigerlich auch einen Meilenstein darstellt, an dem sich jede Nation, die auf die politische und wirtschaftliche Vervollkommnung bedacht ist, orientieren muß.«[36]

»Italia docet«, dieses Diktum des jungkonservativen Schriftstellers Arthur Moeller van den Bruck[37] aus dem Jahr 1922 war nun in aller Munde. Tatsächlich erlebte der gesamteuropäische Faschismus parallel zur Weltwirtschaftskrise ein Breiten- und Tiefenwachstum, das erstmals genauer erkennen ließ, wie gefährlich das war, was sich hier zusammenzubrauen begann. Dieser Wachstumsschub hatte im wesentlichen zwei Varianten: Neue Bewegungen und Parteien entstanden, ältere gewannen an Kraft und Bedeutung und radikalisierten sich.

Die Entstehung neuer faschistischer Bewegungen war ein Phänomen, das in fast allen Ländern Europas zu beobachten war. Auch dort, wo bereits faschistische Parteien bestanden, kamen nach 1929 neue hinzu und machten den alten ebenso scharfe wie lautstarke Konkurrenz. Selbst in den Ländern Westeuropas, die sich bis dahin als fast ganz immun gegen faschistische Anfechtungen erwiesen hatten, begann sich nach 1929 eine Trendwende anzubahnen, wie das Beispiel der Mussert-Bewegung in den Niederlanden und von Oswald Mosleys »British Union of Fascists« zeigte.

Die »Nationaal-Socialistische Beweging« (NSB) hatte einen steinigen Weg vor sich, als sie im Dezember 1931 von der Öffentlichkeit fast unbemerkt von dem Ingenieur Anton Mussert in Utrecht ins Leben gerufen wurde.[38] Die Niederlande waren ja nicht nur eine seit langem gefestigte parlamentarische Monarchie, die mit ihren gegeneinander abgeschotteten gesellschaftlichen Lagern neuen politischen Kräften wenig Spielraum ließ, sondern nach 1918 von vielem verschont geblieben, was anderswo in Europa die Gemüter bewegte. Das vom Glück begünstigte Land kannte keine Rätebewegung, keine blutigen Umsturzversuche, und auch die Wirtschaftskrise, die nach dem Ersten Weltkrieg überall in Europa grassierte, fiel hier weniger dramatisch aus. Erst nach 1929 änderte sich das Bild, erst jetzt machten sich Haarrisse in der kompakten niederländischen Gesellschaft bemerkbar, die sich rasch in so große Sprünge verwandelten, daß nun auch hier eine faschistische Bewegung einzudringen und sich dauerhaft festzusetzen vermochte. Der Wurzelgrund, auf dem die Mussert-Partei entstand, war das städtische und ländliche Kleinbürgertum, das in der großen Krise um seine Existenz fürchtete. Das Erscheinungsbild der neuen Partei war geprägt von paramilitärischen Schlägertrupps, die an die deutsche SA erinnerten, und die politischen Forderungen Musserts entstammten alle dem Vademekum, das nach 1922 sämtliche faschistischen Führer in der Tasche trugen, die sich auf das Vorbild Mussolini beriefen: Abschaffung des parlamentarischen Systems, das nur Dekadenz erzeugte, Schaffung eines starken korporativen Staates, der allein in der Lage sei, die Krise und die Klassengegensätze zu überwinden, und Initiierung einer neuen selbstbewußten Außenpolitik, die auf die Gründung eines großniederländischen Reiches zielte.

Diese Forderungen und der neuartige, von Dynamik und unbekümmerter Vitalität zeugende Politikstil, den Mussert, der »Leider«, sich von Mussolini abgeschaut hatte, fanden anfangs nur geringe Resonanz. Ende 1932 zählte die NSB gerade einmal 1000 Mitglieder. Als die Weltwirtschaftskrise jedoch immer längere Schatten warf, die sich mit den herkömmlichen Mitteln nicht vertreiben ließen, nahm die Attraktivität der Mussert-Bewegung stetig zu: 1933 hatte sie bereits 10000 Mitglieder, ein Jahr später sogar 30000, und in den Provinzwahlen von 1935 errang sie immerhin acht Prozent der Stimmen.[39] Die NSB war damit ein Faktor in der niederländischen Innenpolitik, der von der Regierung, den Kirchen und den Gewerkschaften auch so ernst genommen wurde, wie er es angesichts des zerstörerischen Potentials, das in ihm steckte, verdiente. Die NSB wurde gleichsam geächtet. Jeder, der es wagte, ihr beizutreten, riskierte seine berufliche Stellung, ja sogar sein Seelenheil, denn die Kirche drohte damit, Gläubigen, die der NSB angehörten, die Sakramente vorzuenthalten.

Die große Entschlossenheit der Regierung und der wichtigsten Interessenverbände, die etwa auch in Italien 1922 und in Deutschland 1933 dringend geboten gewesen wäre, trug rasch Früchte. Schon 1935 hatte die NSB ihren Höhepunkt überschritten. Sie war isoliert und hatte nun auch unter der wirtschaftlichen Erholung zu leiden, die ihr einen erheblichen Teil des Anhangs wieder entzog, den ihr die Krise wenige Jahre zuvor zugetrieben hatte.

Großbritannien hatte in Gestalt der British Fascisti bereits in den zwanziger Jahren eine ähnliche Herausforderung bestanden, wie die Niederlande sie Mitte der dreißiger Jahre meisterten. Im Oktober 1932 tauchte die zweite auf, die allerdings sehr viel ernster war, weil sie von einem hochkarätigen Politiker ausging, der zu den großen Hoffnungen des Landes zählte: Gemeint ist der 1896 geborene Oswald Mosley[40], der aus einer alten Adelsfamilie stammte, im Krieg gewesen war und in den Schützengräben auf dem europäischen Festland die Überzeugung gewonnen hatte, daß sein Land von Grund auf renoviert werden mußte, wenn es die vor ihm liegenden Prüfungen bestehen wollte. Mosley schwebte nichts weniger als eine neue Gesellschaft vor, in der seine Generation, die Generation der Frontkämpfer, die alte, nach rückwärts gewandte Garde der Parteipolitiker ablösen und weitreichende Reformen ins Werk setzen sollte. Was er im einzelnen wollte, wußte er anfangs selbst nicht genau. Seine Anregungen liefen aber im wesentlichen auf ein stärkeres Engagement des Staates in der Wirtschaft, eine forcierte Modernisierung der Gesellschaft und die Konzentration der britischen Ressourcen auf das Empire hinaus.

1918 als jüngster Abgeordneter in das Unterhaus gewählt, versuchte Mosley seine vagen Pläne zunächst bei den Konservativen durchzusetzen, scheiterte aber und schloß sich 1924 der Labour Party an, die ihn 1929 als Minister in die Regierung MacDonald schickte und mit der Aufgabe betraute, einen Plan zur Reduzierung der Arbeitslosigkeit vorzulegen. Das war eine große Chance, aber der knapp Dreißigjährige scheiterte erneut – nicht an seiner Inkompetenz, denn sein Plan enthielt zahlreiche vernünftige Vorschläge, sondern im Kabinett und dann auch in seiner verkrusteten Partei, der er schließlich 1930 den Rücken kehrte.

Mosley hatte recht, so sah er es jedenfalls, aber er bekam nicht recht und scheiterte sogar noch ein drittes Mal, als er die als große Integrationspartei der Kriegsgeneration gedachte »New Party« gründete und in den Wahlen von 1931 durchfiel.[41] Darüber wurde Mosley bitter, pessimistisch und radikal: Er rechnete mit einem unmittelbar bevorstehenden wirtschaftlichen Zusammenbruch, dem in seinen Augen eine kommunistische Machtergreifung folgen mußte, weil das parlamentarische System keine Kraft zur Gegenwehr mehr besaß. Wenn es überhaupt noch ein Abwehrmittel gab, dann bestand es in einer starken, mit eiserner Hand geführten und streng hierarchisch organisierten Bewegung, die die kommunistische Gefahr bannen und Großbritannien die alte Stärke zurückgeben sollte.

Von diesen Überlegungen, die Anfang 1932 auf einer Studienreise durch das faschistische Italien Konkretion gewannen, war es nur noch ein kleiner Schritt zum definitiven Bruch mit Liberalismus und Parlamentarismus und zur Gründung der British Union of Fascists, die im Oktober 1932 erstmals von sich reden machte. Schwarzes Hemd, faschistischer Gruß und Rutenbündel – diese Äußerlichkeiten erinnerten ebenso an das italienische Vorbild wie die paramilitärischen Stoßtrupps, die den »roten« Gegnern Angst einflößen sollten. Auch die wichtigsten politischen Forderungen unterschieden sich nicht vom faschistischen Standardrepertoire (autoritärer und korporativer Staat). Selbst die Idee, eine weitgehend autarke, imperiale Wirtschaftssphäre zu schaffen, die Großbritannien vom Weltmarkt unabhängig machen sollte, war nicht ganz neu.

Anders als Mussert, der anfangs fast ganz allein stand und Mühe hatte, sich Gehör zu verschaffen, konnte sich Mosley nicht über mangelnde Beihilfe und Aufmerksamkeit beklagen. Seiner Union schlossen sich nicht nur heimatlose Faschisten an, die zuvor zu den British Fascisti und zur Imperial Fascist League gehört hatten. Auch zahlreiche jüngere Konservative fühlten sich angesprochen, ferner Intellektuelle wie George Bernard Shaw und Mitglieder der Oberschicht wie Lord Rothermere, der sein riesiges Zeitungsimperium in den Dienst der neuen Partei stellte. Im Februar 1934 hatte die Union, die frischen Wind und neue Gesichter versprach, bereits 17000 Mitglieder, im August desselben Jahres sollen es sogar 50000 gewesen sein.[42]

Mit der Sympathie, die ihren Start begleitet hatte, war es allerdings rasch vorbei, als klar wurde, daß die British Union of Fascists mehr wollte als simple Erneuerung, daß ihr Antisemitismus ernst gemeint war und daß sie auch vor dem Einsatz brachialer Gewalt nicht zurückschreckte, um ihre subversiven Ziele zu erreichen, wie sich insbesondere bei einer Massenversammlung in der Londoner Olympia Hall im Juni 1934 zeigte, die in blutigen Ausschreitungen endete. Lord Rothermere wandte sich danach ebenso von Mosley ab wie viele seiner konservativen Sympathisanten und zahlreiche einfache Parteimitglieder, die nun ebenfalls erkannten, daß die »Union« sich in ihrem Namen nicht zufällig zum Faschismus bekannte; im Oktober 1935 zählte die Mosley-Bewegung nur noch 5000 Mitglieder und war damit fast schon in die Bedeutungslosigkeit zurückgesunken, zu der sie auch in den folgenden Jahren verurteilt war. Großbritannien hatte damit auch den zweiten faschistischen Anschlag abgewehrt – und zwar nicht nur durch staatliche Repression, sondern auch durch einen Akt des entsetzten Umdenkens bei denen, die sich in Mosley getäuscht hatten.

Ähnlich bittere Erfahrungen wie Mosley und Mussert mußten auch Ramiro Ledesma Ramos[43], der Führer der »Juntas de ofensiva Nacional-Sindicalista« in Spanien, und Rolão Preto, der Gründer der »Nationalsyndikalisten« in Portugal[44], machen: Die Erschütterungen der Weltwirtschaftskrise hatten den Boden zwar gelockert und auch in jenen Ländern bessere Wachstumsbedingungen geschaffen, die zuvor nur zarte faschistische Pflänzchen hervorgebracht hatten. Aber keine der faschistischen Parteien, die nach 1929 neu hervortraten, hatte eine wirkliche Chance, die Macht oder auch nur einen Zipfel von ihr zu erringen. In dem einen Fall scheiterten die neuartigen Bewegungen am Behauptungswillen des liberalen Systems, im anderen schnürten ihnen autoritäre Königs- oder Militärdiktaturen die Lebensadern ab.

Eine Ausnahme bildete lediglich Finnland. Dort tauchte Ende der zwanziger Jahre eine faschistische Bewegung auf, die binnen kurzem beträchtliche Energien entwickelte und die Macht nur um Haaresbreite verfehlte. Finnland kam nach 1917/18 nur schwer zur Ruhe. Verständlicherweise, denn der Befreiungskrieg gegen die russischen Truppen und der Bürgerkrieg gegen die roten Garden der Sozialisten hatten in allen politischen Lagern tiefe Wunden gerissen, die nur langsam verheilten; hinter der Fassade der Normalität, die sich Mitte der zwanziger Jahre schließlich dann doch einzustellen begann, nagten viele alte Gegensätze weiter. Die Kommunisten, die den Bürgerkrieg verloren hatten und dann mit äußerster Brutalität dezimiert worden waren, wurden nach 1918 in den Untergrund gedrängt, gaben aber nicht auf. Sie sannen auf Rache und bereiteten sich mit sowjetischer Hilfe und von sowjetischem Boden aus auf eine günstige Gelegenheit zum Umsturz vor, während die radikale Rechte ebenfalls keinen Anlaß sah, sich zu dem aus dem Bürgerkrieg hervorgegangenen demokratischen Staat zu bekennen. Sie hatte sich nach dem primär von ihr erfochtenen Sieg viel mehr erwartet, eine noch blutigere Abrechnung mit den »Roten« und eine noch straffere antikommunistische Organisation des Staates, und war murrend in die innere Emigration gegangen, als sie nicht zum Zuge gekommen war.

Von links bedrängt, von rechts im Stich gelassen und von der großen schwedischen Minderheit ohnehin mit Argwohn betrachtet, kamen die finnischen Regierungen der gemäßigten bürgerlich-bäuerlichen Parteien über den Zustand des prekären Krisenmanagements nicht hinaus. Sie waren fast ständig auf die stillschweigende Kooperation der Sozialdemokraten angewiesen und ziemlich ratlos, als Ende der zwanziger Jahre ernste wirtschaftliche Störungen auftraten, die kurz darauf in der Weltwirtschaftskrise eskalierten. In dieses Vakuum stießen zuerst die Kommunisten, die das ganze Land mit einer subversiven Kampagne überzogen und ihren ganzen Einfluß aufboten, um die Gewerkschaften gegen die Regierung in Bewegung zu setzen – und damit alte, nie ganz verstummte Ängste stimulierten, die noch aus der Zeit des Bürgerkriegs herrührten.

Teile der Regierung und die gemäßigte Rechte versuchten zunächst noch, mit den herkömmlichen parlamentarischen Mitteln der Lage Herr zu werden, hatten aber keinen Erfolg. Daraufhin nahm die radikale Rechte das Heft in die Hand. Sie war, wie angedeutet, nicht im Parlament vertreten, hatte aber starken Rückhalt bei den Konservativen, in Arbeitgeberverbänden, in Bauern- und Bürgerwehren sowie in nationalistischen Studentenvereinigungen und wartete schon seit langem auf einen günstigen Moment für die Rückkehr auf die politische Bühne. Ihre Stunde schlug im November 1929 in dem kleinen, landwirtschaftlich geprägten Ort Lapua, der Schauplatz heftiger Auseinandersetzungen zwischen jungen Kommunisten und Aktivisten der radikalen Rechten wurde, bei denen die Linken den kürzeren zogen.

Lapua war das lange ersehnte Fanal, und Lapua machte Schule. In ganz Finnland bildeten sich ähnliche Gruppen, die schon bald als Lapua-Bewegung[45] in aller Munde waren und in Vihtori Kosola, einem Bauern aus Lapua, den manche den »finnischen Mussolini« nannten, ihren Führer fanden. Die Lapua-Bewegung war anfangs nicht sehr viel mehr als die radikalste Eingreiftruppe im Kampf gegen den Kommunismus. Ihre zerstörerische Energie richtete sich zumal im Sommer und Herbst 1930 gegen alles, was auch nur im Verdacht stand, der Linken zuzugehören: gegen Abgeordnete und Stadträte ebenso wie gegen Gewerkschaftssekretäre und Betriebsräte, die zum Rücktritt gezwungen und nicht selten sogar schwer mißhandelt wurden. Ihre eigentliche Spezialität aber waren Entführungen; mehr als tausend Protagonisten der Linken ereilte dieses Schicksal. Sie wurden gefangengesetzt und jenseits der finnisch-sowjetischen Grenze »deponiert«, wie zum Zeichen dafür, daß sie in ihrer Heimat nichts mehr zu suchen hatten.[46]

Die Regierung und namentlich die konservative Rechte hatte der Lapua-Bewegung anfangs sehr viel Sympathie entgegengebracht, deren antikommunistische Radikalforderungen aufgegriffen und selbst vor einer Reihe ihrer Schandtaten die Augen verschlossen. Das änderte sich, als die Lapua-Bewegung sich nicht mehr mit Maßnahmen gegen die Kommunisten zufriedengab, sondern die Unterdrückung der gesamten Arbeiterbewegung, die Etablierung eines autoritären Staates und eine neue aggressive Außenpolitik verlangte, die auf die Schaffung von Groß-Finnland zielte – als die Lapua-Bewegung, mit einem Wort, faschistisch wurde.

Die Lapua-Bewegung brachte damit nicht nur die Linke und die demokratische Mitte gegen sich auf, sondern entfremdete sich auch einem beträchtlichen Teil der gemäßigten und konservativen Rechten und der bäuerlichen Organisationen, die den Status quo, so wie er sich 1930/31 nicht zuletzt unter dem Druck der Lapua-Bewegung herausgebildet hatte, nicht antasten und vor allem die parlamentarische Demokratie nicht aufgeben wollten. Kosola und seine Bewegung reagierten darauf nicht mit Rückzug oder Anpassung, sondern mit einer weiteren Verschärfung ihrer antidemokratischen Politik, die schließlich im Februar 1932 im offenen Staatsstreich gipfelte.

Damit hatten die finnischen Faschisten den Bogen endgültig überspannt. Die Regierung hielt dem Druck stand, die Armee blieb loyal, und die konservative Rechte erkannte nun ebenfalls, daß sie sich mit der Unterstützung der Lapua-Bewegung auf ein äußerst riskantes Manöver eingelassen hatte. Der Staatsstreich brach so fast geräuschlos in sich zusammen. Die Lapua-Bewegung, die als eine der wenigen faschistischen Parteien schon vor dem Zweiten Weltkrieg bis in die Vorhöfe der Macht vorstoßen konnte, war gescheitert und hatte ausgespielt, während die Regierung und das parlamentarische System letztlich auch hier, wie in Großbritannien und in den Niederlanden, gestärkt aus der Konfrontation hervorgingen.

Die zweite Variante des Wachstumsschubs, den die Faschismen nach 1929 überall in Europa erlebten, handelte von den faschistischen Bewegungen, die schon vor der Weltwirtschaftskrise existierten und also mit längerem Anlauf ihren Zielen entgegenstrebten. Auch sie profitierten von der Unsicherheit und der düsteren Stimmung, die sich nach dem »Schwarzen Freitag« wie ein Flächenbrand ausbreiteten. Am spektakulärsten und, wie die Zukunft bald zeigen sollte, verhängnisvollsten waren dabei der Aufstieg und die Erfolgsgeschichte der NSDAP, die im Januar 1933 an die Macht gelangte und kurz danach ganz Europa in Angst und Schrecken versetzte. So große Durchsetzungskraft entwikkelte keine andere der älteren faschistischen Bewegungen, aber manche mauserten sich nach 1929 doch zu einflußreichen Faktoren, die in ihren Ländern großen Schaden anrichteten.

In besonderem Maße gilt dies für die österreichische Heimwehr und für die österreichischen Nationalsozialisten, deren Verhältnis aber auch weiterhin von Konflikt und Kooperation geprägt blieb. Die Heimwehr erhielt in der Weltwirtschaftskrise so großen Zulauf, daß viele politische Beobachter meinten, die Wehren seien die stärkste Kraft im Lande und zur Übernahme der Regierung berufen. Das Problem war nur, daß es noch immer keinen Konsens darüber gab, was sie mit ihrer Kraft anfangen sollten. Die einen orientierten sich am italienischen Faschismus, der die Heimwehr im übrigen großzügig unterstützte, weil er sie als Gegner des »Anschlusses« an das Deutsche Reich betrachtete, die anderen am deutschen Nationalsozialismus, und die dritten wollten nicht mehr sein als der militärische Arm der Christlichsozialen, ansonsten sich aber von der Politik so weit wie möglich fernhalten.

Die Folge war Halbherzigkeit und vor allem fahrige Ambivalenz, die schließlich zum Hauptkennzeichen der Politik der Heimwehr wurde: Die Wehrverbände bekannten sich im Mai 1930 zum Faschismus und initiierten damit den von Mussolini geforderten Prozeß der Radikalisierung, der aber bei vielen Protagonisten nur verständnisloses Kopfschütteln erntete, weil sie mit Mussolini wegen Südtirol über Kreuz waren oder weil ihnen der Faschismus überhaupt als zu roh erschien. Eine ähnlich zwiespältige Aufnahme fand die Entscheidung der Führung vom Herbst 1930, sich als Partei zu konstituieren und an Wahlen teilzunehmen. Ein Teil war enthusiastisch dafür und träumte bereits von den Posten und Pfründen, die eine Präsenz im Parlament mit sich brachte, während der andere Teil skeptisch blieb und lieber auf Listen der Christlichsozialen Partei kandidierte oder am Wahltag ganz zu Hause blieb. Alles andere als eindeutig war schließlich die Haltung in der Frage der Regierungsbeteiligung, die angesichts der Schwäche der von den Christlichsozialen geführten Kabinette und der partiellen programmatischen Affinität von Heimwehr und Regierung immer drängender wurde; auch hier sagten die einen vorbehaltlos ja und zögerten nicht, im Herbst 1930 und dann wieder 1932 wichtige Posten im Kabinett zu übernehmen. Die anderen hingegen gingen in ihrer Fundamentalopposition so weit, daß sie im Herbst 1931 einen Putsch starteten, der allerdings kläglich scheiterte, weil sich, abgesehen von den steierischen, stark von den Nazis infizierten Verbänden, niemand fand, der dieses Abenteuer mitgemacht hätte.[47]

Verkörpert wurde diese Ambivalenz von Ernst Rüdiger Fürst von Starhemberg, der 1930 primär wegen seines klingenden Namens an die Spitze der Heimwehrbewegung gelangte. Starhemberg war ein subversiver Luftikus, der »sich die faschistische Revolution als einen innenpolitischen Spaziergang vorstellte«[48] und sich vom Feuer der eigenen Rede immer wieder zu revolutionären Phrasen hinreißen ließ, die er entweder nicht ernst meinte oder gleich wieder dementierte. So war es kein Wunder, daß die Heimwehr von Krise zu Krise stolperte und eigentlich nie in der Lage war, ihren enormen Rückhalt in der Gesellschaft in dauerhafte politische Stärke umzumünzen. Sie vertat die Chance, die sie 1930/31 hatte, und wurde schließlich in dem Magnetfeld zwischen den immer herrischer auf Anschluß pochenden Nazis und den staatstragenden Christlichsozialen zerrissen. Eine Minderheit schloß sich der NSDAP an, während die Mehrheit den Ratschlägen Mussolinis folgte und sich auf die Seite der Regierung Dollfuß schlug, die sich nach 1932 in einen zähen Kampf mit den Sozialisten und insbesondere den Nazis verwickelt sah, bei dem es nicht nur um das Überleben der Regierung, sondern um die Existenz des Staates ging. Die Heimwehr wurde dabei gebraucht: Sie schirmte die Regierung militärisch ab, bestärkte und drängte sie, als sie 1933/34 zu immer bedenklicheren Mitteln griff und Österreich in einen autoritären Ständestaat verwandelte – kam aber über die Rolle eines Juniorpartners nicht hinaus, der schließlich lästig und 1936 ganz aufgelöst wurde.

Von der Krise und vom Niedergang der Heimwehr profitierten vor allem die Nationalsozialisten, die in der Nationalratswahl von 1930 noch bei kümmerlichen drei Prozent gelandet waren, zwei Jahre später, in den Regionalwahlen, bei durchschnittlich 16 Prozent lagen und im April 1933 in Kommunalwahlen schon bis zu 40 Prozent der Stimmen gewinnen konnten.[49] Die Regierung sah dem raschen Aufstieg der österreichischen Nazis nicht tatenlos zu. Sie löste die Partei im Juni 1933 auf, und es ist nicht ausgeschlossen, daß sie auch der »braunen« Gefahr schließlich mit den Mitteln Herr geworden wäre, die sie sich in einem Prozeß der partiellen Selbstfaschisierung geschaffen hatte, wenn es sich bei der NSDAP um eine einheimische Partei gehandelt hätte, die nicht auf ausländische Hilfe hoffen durfte.

Die Legion Erzengel Michael war nicht ganz so erfolgreich wie die österreichische NSDAP, die 1933 in manchen Regionen schon als die bestimmende politische Kraft gelten konnte. Doch auch sie schaffte nach 1929 den Durchbruch zur Massenpartei. Die Gründe dafür liegen auf der Hand: In Rumänien herrschte bittere Not, vor allem die Bauern und der Mittelstand standen vor dem Nichts und wußten weder aus noch ein. Die Legion griff diese Empfindungen auf, und sie machte sich zum Sprachrohr des Hasses gegen die Juden, der in der Weltwirtschaftskrise paranoide Züge annahm, und der Angst vor kommunistischer Unterwanderung, die Ende der zwanziger Jahre kräftige Nahrung erhielt, weil nun auch die Arbeiter in den Erdölgebieten rebellisch wurden und auf die Straße gingen. 1929 noch eine Splitterpartei mit nicht einmal 1000 Mitgliedern und Sympathisanten, nahmen die Legionäre danach kontinuierlich zu, bis sie Ende 1933 fast 30000 Mitglieder zählten und damit die drittstärkste Partei in Rumänien waren, die 1932 auch in Wahlen zu reüssieren vermochte, als sie fünf Mandate errang.[50]

Hand in Hand mit diesen Erfolgen ging eine ständige Zunahme des Terrors, der schon von Beginn an zu den Hauptmerkmalen der Legion gehört hatte. Die Regierung täuschte sich nicht über die Gefahr, die von Codreanu und seinen Fanatikern ausging. Sie verbot die Legion, behinderte ihre Zeitungen und ließ Codreanu und andere führende Figuren hinter Gitter bringen; sie vermochte damit allerdings nur deren Wahlerfolg in Grenzen zu halten. Gegen den Terror war sie machtlos. Die Legionäre schlugen ab Ende der zwanziger Jahre immer häufiger zu: Sie verübten Attentate auf ihnen verhaßte Politiker, überfielen Juden und legten sich mit Arbeiterführern an. Daß sie dabei mit seelenloser Kaltblütigkeit und Brutalität zu Werke gingen, nützte ihnen mehr, als daß es ihnen geschadet hätte, so groß war der Haß und das Bedürfnis nach Rache in der rumänischen Gesellschaft, die keinen Halt mehr fand und so verzweifelt war, daß sie sich schon von planlosem Mord Besserung versprach.

Die kroatische Ustascha hätte eine ähnliche Entwicklung nehmen und wie die Legion Erzengel Michael zur Massenpartei aufsteigen können, wenn König Alexander nach dem Zusammenbruch des parlamentarischen Systems 1929 nicht eine ganz auf seine Person zugeschnittene Diktatur errichtet hätte. Die Ustascha wurde damit, wie alle anderen Parteien, in den Untergrund gedrängt, letztlich aber doch nicht all ihrer Spielräume beraubt, denn die auch in Jugoslawien katastrophalen Folgen der Weltwirtschaftskrise und insbesondere die Unzufriedenheit der Kroaten mit dem nur mühsam bemäntelten serbischen Zentralismus bildeten dort, wo parlamentarische Möglichkeiten fehlten, einen um so günstigeren Nährboden für terroristische Aktivitäten, die schon lange zu den Spezialitäten Pavelić' zählten. Die Ustascha rekrutierte nach 1929 Tausende von Kämpfern, die sie im Land selbst oder in Italien und Ungarn zu militärischen Kadern schulen ließ und dann in Aufstandsabenteuer jagte, die angesichts der Überlegenheit der jugoslawischen Truppen völlig aussichtslos waren. Mehr Erfolg hatte die Ustascha bei Sabotageaktionen in Kroatien und bei Anschlägen auf serbische Politiker, die schließlich im Oktober 1934 in einem Attentat auf König Alexander gipfelten. Die Ermordung des Königs zeigte einmal mehr, daß Pavelić zwar über keine Bürgerkriegsarmee gebot, aber doch Kraft genug besaß, um die Königsdiktatur zu treffen und in Atem zu halten.[51]

Rom – das Gravitationszentrum der faschistischen Bewegungen

Alle faschistischen Bewegungen, die vor oder nach 1929 auf der politischen Bühne Europas auftauchten, orientierten sich am italienischen Modell. Mussolinis Faschismus erlangte damit eine historische Bedeutung, die den machtpolitischen Rang des Landes, aus dem er stammte, weit übertraf. Was anzog und beispielhaft wirkte, war dabei nicht primär die Beschaffenheit des faschistischen Regimes. Nur die wenigsten hatten ja eine klare Vorstellung davon, was in Italien nach 1922 wirklich vor sich ging und was sich dort unter vielen Konflikten herauszubilden begann. Was zur Nachahmung reizte, war Mussolinis epochale »Großtat«, die Zertrümmerung des Marxismus, die Aufhebung der Demokratie und die Etablierung einer neuartigen Diktatur, das war der politische Stil, den Mussolini pflegte, und das war die Herausforderung der europäischen Nachkriegsordnung, die der »Duce« verkörperte.

Um Rom als Mittelpunkt entstand so ein faschistisches Netzwerk, das ganz Europa umspannte und allmählich immer dichter wurde. Die faschistischen Führer kannten einander oder standen miteinander in Kontakt. Vor allem Mussolini war ein gesuchter Gesprächspartner. Eine Audienz bei ihm war nicht nur eine Gelegenheit zum Meinungsaustausch, sondern ein Akt der Akkreditierung in der faschistischen Welt, der sich auch gegen Rivalen im eigenen Lager ins Feld führen ließ. Mosley und Valois pilgerten zu ihm, Starhemberg und Pavelić fragten ihn um Rat, und auch Hitler bemühte sich ab 1927/28 intensiv um einen Termin beim »Duce«, der ihm aber bis 1934 die kalte Schulter zeigte.

Ähnliches läßt sich über die Beziehungen zwischen den Parteien sagen. Auch hier wurden die Kontakte immer enger, und auch hier war es vor allem das italienische Original, die Zentrale des Partito Nazionale Fascista, das zahlreiche Delegationen anderer faschistischer Parteien anlockte, die das Mutterland ihrer Bewegung studieren und hier Anregungen für den Hausgebrauch finden wollten – und oft genug auch fanden: etwa wenn Mosleys Leute und viele andere Splittergruppen Uniform, Gruß und Auftreten nachahmten, wenn die Heimwehr ganze Partien ihres Korneuburger Eides von 1930 mit Anleihen aus Italien bestritt oder wenn die litauische Nationalisten-Union sich nach einem Besuch in Italien einen faschistischen Großrat gab und Gewerkschaften und Jugendorganisationen ins Leben rief, die dem italienischen Vorbild aufs Haar glichen.[52]

Wesentlicher Bestandteil dieses faschistischen Netzwerkes war schließlich auch die ebenso intensive wie wohlwollende Berichterstattung der einzelnen Parteiblätter über ihre Bruder- und Schwesterparteien in anderen Ländern: Der ›Völkische Beobachter‹ rückte Mussolini ins rechte Licht, Hitler kam im ›Popolo d'Italia‹ zu Wort, die Organe der finnischen Lapua-Bewegung priesen die Errungenschaften des italienischen Korporativismus, ganz zu schweigen davon, daß Mussolinis Reden und Artikel natürlich in alle europäischen Sprachen übersetzt und namentlich in den Organen der faschistischen Bewegungen wie Offenbarungen verkauft wurden.

Niemand vermag zu ermessen, worin die historische Relevanz des faschistischen Netzwerkes genau bestand. Beträchtliche Teile dieser multilateralen Beziehungsgeschichte liegen ja auch noch ganz im dunkeln und können wegen der Bemühungen der Protagonisten, abseits der üblichen diplomatischen Kanäle zu verkehren und nur ja keine Spuren zu hinterlassen, wohl auch kaum ganz aufgehellt werden. Klar ist aber: Europa sprach über den Faschismus. Der publizistische Diskurs ließ ein Meinungsklima entstehen, das der Akzeptanz und Ausbreitung faschistischer Grundideen überaus förderlich war. Vor allem im wirtschaftlich bedrohten Bürgertum und unter der katholischen, von den Lateran-Verträgen begeisterten Landbevölkerung wuchs die Bereitschaft, das italienische Modell oder dessen Propheten im eigenen Land mit Sympathie zu betrachten. Ebenso klar ist, daß an dieser internationalen Vernetzung nicht nur wirklich faschistische Parteien beteiligt waren. Die Breitenwirkung war größer und erreichte auch nationalkonservative und autoritäre Kräfte, die sich ebenfalls partiell am Faschismus orientierten: Der spanische Alleinherrscher Primo de Rivera etwa war ein Bewunderer Mussolinis und legte ihm 1929 sogar einen Verfassungsentwurf zur Prüfung vor. Der ungarische Reichsverweser Nikolaus von Horthy war von den Errungenschaften in Italien so angetan, daß er eine Regierungskommission zum Zwecke des Studiums des Faschismus einrichten ließ. Der jugoslawische König Alexander und sein rumänischer Kollege Carol beriefen sich ebenso auf das faschistische Modell wie Salazar in Portugal, der tschechische General Rudolf Gajda, der 1926 eine kleine quasifaschistische Partei gegründet hatte, oder der deutsche Stahlhelm, der zahlreiche größere Abordnungen nach Italien schickte, um Kontakte mit faschistischen Jugend- und Frauenorganisationen herzustellen und geistig-politische Aufklärung beim »Duce« zu suchen. Selbst der polnische Diktator Piłsudski, dessen Wertschätzung für Mussolini sich in engen Grenzen hielt, ließ sich vom Faschismus inspirieren, wie Jerzy Borejsza in wegweisenden Studien herausgearbeitet hat.[53]

Nach der Aufzählung dieser Namen und Organisationen versteht es sich von selbst, daß hinter dem faschistischen Netzwerk der zwanziger und frühen dreißiger Jahre keine verschworene Gemeinschaft engverwandter Bewegungen und Parteien stand, die sich einem gemeinsamen Ziel – etwa einem verbindlichen Rassen- oder Klassengesetz – verpflichtet gefühlt hätten. Anders als die kommunistischen Parteien, die sich den Internationalismus auf ihre Fahnen geschrieben hatten, waren die faschistischen vor allem eines: nationalistisch. Daraus konnte von Fall zu Fall temporäre oder partielle, nie aber dauerhafte und komplette Interessenidentität werden. Rom kann folglich auch nicht mit dem gleichen Recht als Hauptstadt der faschistischen Welt bezeichnet werden wie Moskau als Hauptstadt der kommunistischen; denn dort wurde ja tatsächlich der Ton angegeben. Rom war dagegen ein Fixstern, der irisierte, ein ideologisches Zentrum, das ohne Weltgesetz auskam, und eine Zentrale der internationalen Subversion, die Gelder und Waffen lieferte, ohne allerdings bestimmen zu können, wofür sie verwendet wurden.

Diese Art einer eher informellen Internationale entstand nicht nur automatisch, den Gesetzen der Anziehung folgend, die der zur Macht gelangte italienische Faschismus auf kleinere Bewegungen in anderen Ländern ausübte, die sich ebenfalls Großes vorgenommen hatten. Sie wurde auch geschaffen – und zwar vor allem von Mussolini, der sich schon bald als Oberhaupt der internationalen faschistischen Bewegung fühlte und vor 1933 in dieser Rolle tatsächlich auch keinen Konkurrenten fürchten mußte.

Der »Duce« beteuerte zwar bis 1930 immer wieder, der Faschismus sei kein Exportartikel, das faschistische Regime habe nur in Italien und nur unter seiner Regie entstehen können. In der politischen Praxis aber tat er schon seit seiner Machtergreifung alles, um dem Motto zur Durchsetzung zu verhelfen, das er 1930 offiziell ausgab: Der Faschismus, sagte er damals den führenden Funktionären seiner Partei, stehe überall auf der Tagesordnung. Der Faschismus als »Idee, Doktrin und in seiner Durchführung ist universell [...]. Man kann deshalb ein faschistisches Europa voraussagen, ein Europa, das sich in seinen Institutionen an der Doktrin und der Praxis des Faschismus orientiert.«[54]

Dabei muß hervorgehoben werden, daß Mussolini in seiner Rolle als Primus ohne pares ebensowenig als Ideologe handelte wie König Alexander, Ante Pavelić oder Anton Mussert, die sich in ihrer Politik auf ihn bezogen. Er handelte als machtbewußter Pragmatiker und als imperialistischer Nationalist, dem es vor allem darum ging, den Einflußbereich Italiens auszudehnen und die Grenzen seines Landes neu zu ziehen. Gewiß, er ließ sich kaum einmal lange bitten, wenn Delegationen litauischer, tschechischer oder skandinavischer Faschisten empfangen werden wollten, und er geizte bei diesen Gelegenheiten auch nicht mit Ratschlägen und Gesten der Ermunterung. Wirklich aktiv aber wurde er nur dann, wenn italienische Interessen im Spiel waren, wie sich am Beispiel der Ustascha, der österreichischen Heimwehr und der British Union of Fascists zeigte, die von Mussolini weit mehr als ideelle Unterstützung erhielten.

Die Ustascha hätte ohne Mussolinis Beistand den Schlag, den ihr König Alexander 1929 versetzte, wohl kaum überlebt. Mussolini sah in Jugoslawien einen Störfaktor; er wünschte die Auflösung des heterogenen Königreichs, um dann ganz Dalmatien leichter an sich reißen zu können. Da die Ustascha ebenfalls gegen den Bestand des Zentralstaates operierte, sprang der »Duce« großzügig ein. Er trug die Kosten für das Hauptquartier, das Pavelić nach seiner Vertreibung in Italien aufschlug, und er kam für die etwa 500 kroatischen Kämpfer auf, die sich in italienischen Lagern auf ihre Einsätze vorbereiteten. Wieviel sich Mussolini die Ustascha insgesamt kosten ließ, ist schwer zu sagen. Fest steht aber, daß ein beim Außenministerium ressortierendes »Ufficio

Croazia« zwischen 1929 und 1934 ständig zahlte; 1929 waren es noch bescheidene 70000 Lire im Monat, 1934 dagegen schon 200000 Lire. Dem gleichen Ziel diente übrigens, dies sei nur am Rande erwähnt, die Unterstützung der mazedonischen Untergrundbewegung IMRO, die von bulgarischem Boden aus ihr Ziel eines unabhängigen Mazedonien verfolgte – skrupellos im Stile einer Terrorbande. Den Kontakt zur IMRO hielt Außenminister Dino Grandi, allein 1929 stellte ihr Italien über eine Million Lire zur Verfügung.[55]

Auch die NSDAP soll Geld und sogar Waffen aus Italien erhalten haben. Dies behaupteten zumindest einige hochrangige italienische Diplomaten, denen von anderer Seite, etwa von Grandi, heftig widersprochen wurde – ohne daß aber eine der beiden Seiten wirklich überzeugende Beweise geliefert hätte.[56] Sicher ist hingegen, daß Mosleys Union ihre Kriegskasse mit Geld aus Italien aufbessern konnte. Mussolini ging es hier insbesondere darum, Unruhe in London zu säen sowie die britische Politik in seinem Sinne zu beeinflussen und gegen Frankreich zu mobilisieren, das seinen revisionistischen und imperialistischen Zielen ja vor allem im Wege stand. 1933 erhielt Mosley 15000 Pfund, im Januar 1934 nach einer Audienz beim »Duce« 20000 Pfund, danach sollen, mit einigen kurzzeitigen Unterbrechungen, bis Mitte 1936 mehrere tausend Pfund im Monat gezahlt worden sein, die, wenn nicht alles täuscht, für Propagandazwecke verwendet worden sind.[57]

In der Regel ist kaum etwas bekannt darüber, wie diese Zahlungen erfolgten und an welche Bedingungen die stille Hilfe aus Rom geknüpft war. Nur in seltenen Ausnahmefällen erlauben es die Quellen, den Schleier der Geheimhaltung etwas zu lüften, der über diesen »undercover«-Aktionen lag. Ein Beispiel dafür ist ein Brief Grandis an Mussolini vom 31. Juli 1933. »Gestern«, schrieb der italienische Botschafter aus London, »habe ich Mosley des längeren gesehen. Er ist begierig darauf zu erfahren, wie Du die Politik, die er verfolgt, beurteilst. Ich habe ihm versichert, daß Du die Entwicklung der faschistischen Bewegung in diesem Land mit besonderem Interesse verfolgst. Mosley läßt Dir – über mich – seine tiefe Dankbarkeit bekunden für die wertvolle Hilfe, die Du ihm regelmäßig zukommen läßt. Auch mit Mosley sind wir übereingekommen, daß die beste Methode die folgende ist: das Geld, in beliebiger Währung (mit Ausnahme der italienischen und englischen), wird mir im gewöhnlichen Diplomatengepäck geschickt, dann kommt Dr. Enderle hierher, um es abzuholen und es persönlich an Mosley auszuhändigen. Ich habe Mosley gesagt, daß ich es für besser hielte, ihm selbst und nicht einem anderen das Geld übergeben zu können. Mit diesem Verfahren, glaube ich, könnte man in der nächsten Zeit auch auf die periodischen Fahrten Enderles verzichten [...]. Wir haben zusammen das Aktionsprogramm geprüft, das Mosley sich für den Sommer und Herbst vorgenommen hat. Auf meine Ratschläge und Anregungen hin hat er das Programm vorbereitet, das ich beilege, damit Du es billigst.«[58]

Noch größere Summen waren wohl bei der Förderung der österreichischen Heimwehr im Spiel, die nach Mussolinis Plan dafür sorgen sollte, daß Österreich zu einem faschistischen Staat reformiert würde und vor allem nicht an das Deutsche Reich fiel, das damit unmittelbar auf die Nordgrenze Italiens gedrückt und ferner eine glänzende Ausgangsposition für die wirtschaftliche Penetration Südosteuropas erhalten hätte. Erste Kontakte zwischen den italienischen Faschisten und der Heimwehr gab es schon 1927/28; Mussolini drängte die Heimwehrführung danach unablässig zur Tat und ließ sich die Sache auch einiges kosten, wie man aus verstreuten Aktenhinweisen entnehmen kann: Im August 1929 zahlte die faschistische Regierung etwa 1,4 Millionen Lire an die Heimwehr, die bis Sommer 1930 zusammen rund 2,5 bis 3 Millionen Lire erhielt. Zwei Jahre später genehmigte Mussolini weitere 800000 Schillinge. Der Bitte Starhembergs, ihn zugleich auch mit 15000 Gewehren und 250 Maschinengewehren zu versorgen, wollte Mussolini im Sommer 1932 dagegen noch nicht entsprechen; die Sache war ihm zu riskant. Letztlich ließ er sich aber dann doch umstimmen, wie er im November 1932 dem ungarischen Ministerpräsidenten Gömbös mitteilte, der ihm ebenfalls die Notwendigkeit von Waffenlieferungen vor Augen führte. Die Heimwehr erhielt damit wie das österreichische Heer beträchtliche Mengen an Waffen und Munition, die zur Bekämpfung der Sozialdemokratie und auch der Nazis dienen sollten, deren Agitation für den »Anschluß« immer frecher wurde.[59]

Alles deutet darauf hin, daß Mussolini ab 1931/32 größten Wert darauf legte, die Maschen des europaweiten faschistischen Netzwerkes immer dichter zu knüpfen und seine Position an der Spitze des internationalen Faschismus zu stärken. Er übernahm erneut das Außenministerium, er startete eine propagandistische Großoffensive, in der die weltweite Mission des Faschismus beschworen wurde, und er spornte auch die Auslandsorganisation der faschistischen Partei zu größerem Engagement an. Der Grund dafür liegt auf der Hand: Nach den Wahlerfolgen der NSDAP und dem Aufstieg Hitlers wurden die Umrisse eines grundlegend veränderten Europa am Horizont erkennbar, in dem sich auch für die Politik Mussolinis neue Spielräume öffnen konnten, weil Hitler eine offene Herausforderung Frankreichs bedeutete, das Europa bis dahin den Stempel seiner Außen- und Sicherheitspolitik aufgedrückt hatte. Den »Duce« hat diese Entwicklung nicht bekümmert, wie insbesondere von Renzo De Felice betont worden ist.[60] Im Gegenteil: Er hat die Machtergreifung Hitlers herbeigewünscht, sich zugleich aber auch gerüstet und Sorge dafür zu tragen versucht, daß er die neue Entwicklung aus einer Position der Stärke heraus gestalten konnte – und dazu gehörte selbstverständlich auch die unangefochtene Vorrangstellung im Lager der europäischen Faschisten, die der Realisierung seiner imperialistischen Ziele nur förderlich sein konnte.[61]

Kapitel 3

Der deutsche Sonderfall: Der Nationalsozialismus vor 1933

Es versteht sich von selbst, daß der Nationalsozialismus kein Exklusivprodukt der Krise nach 1918/19 war, sondern ebenso tief in der deutschen Geschichte wurzelte wie der Faschismus in der italienischen oder die Lapua-Bewegung in der finnischen. Dispositionen und historische Belastungen, die einen extremen Nationalismus fördern konnten, gab es genug: Deutschland hatte nach der Reichsgründung 1870/71 einen mächtigen wirtschaftlichen Wachstumsschub erlebt, der das zuvor fragmentierte und in vieler Hinsicht rückständige Land zu einem der modernsten und leistungsfähigsten Industriestaaten Europas aufsteigen ließ. Was sich anderswo in längeren Zeiträumen anbahnte und entwickelte, geschah hier gleichsam über Nacht, in wenigen Jahrzehnten und mit einer Rasanz und Radikalität, die weder in Frankreich noch in Großbritannien eine Parallele fanden.

Historische Vorbelastungen

Das politische System des Kaiserreiches blieb, trotz modernem Parteiensystem und fortschrittlichem Verbandswesen, hinter dieser Entwicklung zurück. In entscheidenden Fragen lag die Macht im Reich bei einer kleinen, meist aristokratischen und überaus konservativen Führungsschicht, die sich von den Umwälzungen und Modernisierungsschüben nur insofern aus dem Tritt bringen ließ, als sie daraus eine Legitimation für eine herausfordernde Außenpolitik bezog, den Anspruch auf einen »Platz an der Sonne«, von dem freilich nur politische Wirrköpfe zu sagen vermochten, wo er war und was die Deutschen dort suchen sollten; »objektlosen Imperialismus« hat Joseph Schumpeter diese Politik genannt.[1] Im Innern aber versuchte sie, die Weichen auf Stillstand zu stellen, die Parlamentarisierung des Reiches zu blockieren und insbesondere die großen Fragen der Außen- und Militärpolitik für sich zu reservieren. Skeptisch gegenüber allen politischen Neuerungen und auch mißtrauisch darüber, was sich angesichts des raschen Wandels im Volk zusammenbrauen und nach Mitsprache drängen mochte, bot die alte Führungsschicht um Kaiser Wilhelm II. nicht einmal den Emanzipations- und Partizipationshoffnungen des Bürgertums größeren Raum, ganz zu schweigen von den noch weiterreichenden Ambitionen der Arbeiterschaft, die als große Herausforderung empfunden und diskriminiert wurde. Sie zementierte damit die Kluft zwischen Staat und Gesellschaft, aber auch zwischen den gesellschaftlichen Schichten, die sich in Lagern gegeneinander abschotteten, fast nur auf ihre Interessen achteten und das, was man damals als das Gemeinwohl bezeichnete, aus den Augen verloren. Nicht Ausgleich war das Programm der Führungsschicht und nicht Befriedung, sondern Bewahrung eines Zustandes, der längst nicht mehr zeitgemäß war, weil er viele dynamische Kräfte vom politischen Leben ausschloß.

Aus dieser Gleichzeitigkeit von wirtschaftlicher Modernität und politischer Rückständigkeit erklärte sich auch die eigenartige Befindlichkeit der deutschen Gesellschaft vor 1914. Die Menschen, so wird man vereinfacht sagen können, wurden mit dem, was ihnen in so kurzer Zeit widerfuhr, nicht fertig, und der Staat ließ sie im Stich, während es doch gegolten hätte, ihnen die Anpassung zu erleichtern. Ein Teil der Gesellschaft setzte auf die Zukunft; er profitierte vom Wirtschaftswunder und strotzte vor Dynamik, stieß sich dabei aber immer wieder an der Volksferne der Obrigkeit, der verkrusteten Bürokratie und den erstarrten Ritualen und Konventionen, die oft nur noch Fassade waren. Ihn störte, mit einem Wort, der politische Reformstau in der Gesellschaft, der die Tüchtigen hemmte und auch die Parvenüs lähmte, die nicht wußten, wohin mit ihrer Kraft und neuen Herrlichkeit. Ein anderer Teil dagegen, der wirtschaftlich nicht mitkam oder in Bedrängnis geriet, wie etwa auch die Großagrarier der Ostgebiete, vermochte sich mit der Gegenwart nicht auszusöhnen. Er wollte zurück und verstrickte sich zunehmend mehr in das Gefühl, daß »die Welt auf einen großen Abweg geraten sei«[2]. Diese durch keine Rationalität erreichbare Empfindung äußerte sich insbesondere in den verschiedenen Strömungen des Kulturpessimismus und der Gesellschaftskritik, die vieles, was – wie etwa Demokratie, Parlamentarismus oder Liberalismus – modern und zukunftsgerichtet war, als hohl, oberflächlich und entartet verwarf und der neuen zerrissenen Zeit das Wunschbild einer intakten Vergangenheit entgegenhielt, die angeblich ganz im Zeichen von Nation, Volk und Rasse gestanden hatte.[3]

Die deutsche Gesellschaft war wie eingekeilt zwischen Vergangenheit und Zukunft, zwischen Fortschritt und Regression und fand nur allzuoft einen »Ausweg« in einem bald auch rassisch definierten Nationalismus, der nicht nur die Führungsschichten ergriff, sondern in die Breite ging und auch die Mittelschichten und Teile der Arbeiterschaft erfaßte. Sich selbst so wenig gewiß, ruhelos, ängstlich und selbstbewußt zugleich, verwandelte die Mehrheit der Deutschen den aggressiven Nationalismus schon vor 1914 in nationale Aggressivität, die sich nach außen gegen die europäischen Nachbarn, nach innen vor allem gegen nationale Minderheiten und namentlich die Juden richtete, denen sogar »die Zugehörigkeit zur deutschen *Volksnation* abgesprochen wurde«[4]. Die einen, so lautete der Nenner, den sich viele Gruppen zu eigen machen konnten, verwehrten Deutschland einen angemessenen Platz im Konzert der Großmächte, die anderen stifteten Unruhe, säten Zwietracht und waren überhaupt verantwortlich für den Irrweg, der im 19. Jahrhundert eingeschlagen worden war.

Wenig spricht dafür, daß diese beunruhigenden Entwicklungen im Kaiserreich den Ausschlag gaben für den Aufstieg und die Machtergreifung des Nationalsozialismus; sie wären folgenlos geblieben oder hätten sich unter nur kleinen Eruptionen verlaufen, wäre es 1914 nicht zum Krieg gekommen. Ebenso evident dürfte aber sein, daß die deutsche Gesellschaft anders, vielleicht gelassener, auf die Katastrophen reagiert hätte, die nach 1918 folgten, wenn ihre Institutionen breiter legitimiert und ihre Binnenstruktur homogener gewesen wäre und wenn der auch in anderen Ländern virulente Nationalismus ein stärkeres Gegengewicht in lange bewährten, allgemein akzeptierten demokratischen Traditionen gehabt hätte.

Die erste Katastrophe war der Krieg, der von vielen im Sommer 1914 enthusiastisch begrüßt worden war, weil man sich von ihm die »volksgemeinschaftliche Verschmelzung von Klassengegensätzen und Standesunterschieden« erhofft hatte.[5] Von diesen Hoffnungen war allerdings bald nichts mehr übrig: Der Euphorie folgte Panik, und auch die zentrifugalen Kräfte, die das Land seit langem durchzogen, machten sich nach der Phase des Burgfriedens wieder bemerkbar, als die Not zunahm, Hunderttausende Soldaten in mörderischen Stellungskämpfen und Materialschlachten verbluteten und der Sieg ausblieb – und als 1918 die Bilanz der schrecklichen Ernte gezogen wurde, die der Krieg in Deutschland gehalten hatte: 1,8 Millionen, vor allem junge Männer im Alter zwischen 20 und 30 Jahren, waren gefallen, 4,2 Millionen verwundet und über eine Million vermißt[6], nicht zu reden von den psychischen Verheerungen und der Verrohung und »Zersetzung des Gewissens«[7], die sich im zermürbenden Stellungskrieg fast automatisch einstellen mußten.

Wunden dieser Art verheilen schwer, und sie taten es damals um so schwerer, als der Krieg mit einer Niederlage endete, alle Opfer also umsonst gewesen waren. Dies war die zweite Katastrophe, und sie traf die Deutschen vielleicht noch härter als die erste, weil sie völlig unvorbereitet kam und fast schlagartig die jahrzehntelang gehegten Träume von nationaler Größe und Überlegenheit zerstörte, die zum Kernbestand des deutschen Selbstbildes gehört hatten. Daß das Volk von der Obersten Heeresleitung, von seinen bewunderten Feldherren Ludendorff und Hindenburg getäuscht und hinters Licht geführt worden war, daß sie es gewesen waren, die schließlich auf einen Waffenstillstand gedrängt hatten, weil die militärischen Kräfte und Reserven restlos erschöpft waren, wollte man namentlich im national gesinnten Bürgertum nicht glauben. Hier mußte anderes geschehen sein, so redete man sich ein und fand auch schnell eine Erklärung, die wenigstens noch half, die Ehre des Heeres zu retten, von dem man glaubte, es sei im Felde unbesiegt geblieben. Jüdische Revolutionäre und »Vaterlandsverräter« seien den Streitkräften in den Rücken gefallen und hätten so die Niederlage herbeigeführt.[8]

Deren Werk, so schien es vielen, die von der Wahrheit nichts wissen wollten, war auch der Sturz des Kaisers und der anderen Monarchen, deren Häuser seit Jahrhunderten geherrscht und vielen Menschen Halt und Orientierung geboten hatten. Gewiß, die alten Autoritäten hatten im Krieg viel von ihrem einstigen Prestige eingebüßt, und insbesondere Wilhelm II. war zuletzt bohrender Kritik ausgesetzt gewesen, der niemand mehr entschieden entgegengetreten war. Das rechtfertigte aber noch lange nicht den Umsturz in dieser Form und vor allem nicht die Ambitionen der revolutionären, als jüdisch und ehrlos diffamierten Linken, die nach dem November 1918 die Straße beherrschten und für kurze Zeit Angst und Schrecken verbreiteten. Nichts war diesen Rebellen heilig, so glaubten nicht nur verschreckte Bürger, nicht die Nation und auch nicht die bürgerliche Gesellschaft, die ähnlich wie in Rußland dem blutigen Untergang geweiht schien. Daß das alte System morsch geworden und unter der Last von Insuffizienz und Arroganz fast von selbst eingestürzt war und daß die jetzt regierenden Sozialdemokraten alles getan hatten, um den großen Umsturz zu verhindern oder ihm wenigstens die revolutionäre Spitze zu nehmen, überstieg das Vorstellungsvermögen vieler. In ihren Augen waren auch die Sozialdemokraten skrupellose Revolutionäre und deshalb nicht besser als die radikalen Linken, die nichts mehr so lassen wollten, wie es war, und sich dabei mehr und mehr auf das Vorbild der Bolschewiki beriefen.

Noch schmerzlicher als Niederlage und Revolution war der Friedensvertrag, der am 28. Juni 1919 in Versailles unterzeichnet wurde. Das Deutsche Reich verlor alle Kolonien, Elsaß-Lothringen, Danzig, das Memelland, den polnischen »Korridor« sowie nach Abstimmungen Eupen-Malmedy, Nord-Schleswig und Teile Oberschlesiens, insgesamt 70000 Quadratkilometer Fläche mit 7,3 Millionen Menschen. Es mußte sich außerdem mit einer fast kompletten Entwaffnung abfinden und durfte künftig nur noch ein Heer mit 100000 Mann und eine kleine Marine mit 15000 Mann unterhalten.[9] So kränkend diese Bestimmungen waren und so sehr sie am Selbstbewußtsein der militärstolzen Nation nagten, sie wären vielleicht noch zu verkraften gewesen. Etwas anderes war es mit dem Entschluß der Siegermächte, Deutschland Reparationen in bislang nicht gekannter Höhe aufzuerlegen, und mit dem Artikel 231 des Vertrages, dem sogenannten Kriegsschuldartikel, der das Deutsche Reich zu dem Eingeständnis zwang, daß es 1914 der alleinige »Urheber« des Krieges gewesen sei. Noch nie, so glaubten viele, sei die geschichtliche Wahrheit auf so eklatante Weise verdreht worden, und noch nie sei eine Großmacht derart gedemütigt, ja mißhandelt worden. Versailles war deshalb die eigentliche Katastrophe im Katarakt der Katastrophen, die binnen kurzem über die Deutschen hereinbrachen.

»Es war vielleicht die verhängnisvollste Wirkung des Versailler Friedensvertrages«, so hat Martin Broszat geschrieben, »daß er die fällige deutsche Selbstkritik an der wilhelminischen imperialistischen Vorkriegs- und Kriegspolitik nach 1919 weitgehend zuschüttete.«[10] Die deutsche Gesellschaft fühlte sich verletzt und den Schiebereien selbstgerechter Sieger ausgesetzt, die in der Tat nicht bereit gewesen waren, den hohen moralischen Erwartungen des amerikanischen Präsidenten Woodrow Wilson zu entsprechen. Sie weigerte sich, die Niederlage als das zu begreifen, was sie war, nämlich die Konsequenz einer ganz und gar verfehlten Politik. Sie sah in ihr nur ein grandioses Mißverständnis und kam so natürlich aus dem Netz von Selbsttäuschungen und hybriden Hegemonieambitionen nicht heraus, die das Deutsche Reich vor 1914 zu einem Unsicherheitsfaktor erster Ordnung in Europa gemacht hatten.

So war es auch kein Wunder, daß nur ein Teil der Gesellschaft die Chance zu nutzen vermochte, die sich bot, als in Berlin die Republik proklamiert und in Weimar die Demokratie aus der Taufe gehoben wurde. Bei diesen gesellschaftlichen Schichten handelte es sich im wesentlichen um den gemäßigten Teil der Arbeiterbewegung, um das linksliberale Bürgertum sowie die Träger des politischen Katholizismus, die im Kaiserreich an den Rand gedrängt und diskriminiert worden waren. Sie waren es in erster Linie, die Republik und Demokratie trugen, und sie waren es auch, die dem neuen Staat anfangs ihren Stempel aufdrückten. Konkret hieß das: Die Väter von Weimar wollten die alte Kluft zwischen Staat und Gesellschaft schließen und schufen einen der fortschrittlichsten Staaten der Welt mit einer Verfassung, die freiheitlicher nicht sein konnte, mit einem parlamentarischen System, das als modellhaft galt, und mit einer sozialpolitischen Grundausstattung, die – Stichwort: Sozialpartnerschaft, innerbetriebliche Mitbestimmung, verbesserte Löhne, Acht-Stunden-Tag – weit über das hinausging, was in anderen Ländern üblich war.[11]

Der andere Teil der deutschen Gesellschaft war durch solche Errungenschaften nicht zu beeindrucken. Im Gegenteil! Er stand der Republik von Weimar im besten Fall gleichgültig und skeptisch, im schlechtesten jedoch feindlich und haßerfüllt gegenüber. Skepsis, Haß und die anderen auf Ablehnung gestellten Regungen hatten im wesentlichen drei Wurzeln: Demokratie und Republik waren Produkte der Revolution, also das Werk derjenigen – »Novemberverbrecher« nannte man sie bald verächtlich –, die dem Heer in den Rücken gefallen waren, die Nation um den Sieg gebracht und die alten Herrscherhäuser gestürzt hatten. Demokratiegründung und der Fall der Monarchie waren außerdem Akte der unwürdigen Anpassung an die Siegermächte und schließlich – und vielleicht vor allem – Emanationen des großen »Abwegs« der modernen Zeit, die mit Tradition und Wesen dessen, was deutsch hieß, nicht vereinbar schienen.

Die Deutschen wagten ihr republikanisches und demokratisches »Experiment zu denkbar ungünstigster Stunde«[12], als beträchtliche Teile der Gesellschaft aufgrund ihrer tradierten Prägungen wie auch der unmittelbar zurückliegenden Erfahrungen wohl gar nicht anders konnten, als es abzulehnen. Gleichwohl hätten sie sich wahrscheinlich angepaßt und schließlich sogar ihren Frieden mit den neuen Verhältnissen geschlossen, wenn der Republik von Weimar nach Niederlage, Revolution und Versailles eine längere Atempause vergönnt gewesen wäre. Doch davon konnte keine Rede sein; nach dem ersten brach sogleich der zweite Katarakt von Katastrophen auf das erschütterte Land nieder – mit der Folge, daß die Befürworter von Demokratie und Liberalismus mehr und mehr in die Defensive gerieten, während ihre Gegner noch weiteren Zulauf erhielten.

Das Deutsche Reich steuerte nach 1918 wirtschaftlich und finanziell dem Abgrund entgegen: Die Industrieproduktion hatte sich gegenüber dem Vorkriegsstand (1913 = 100) nahezu halbiert (1918 = 57). Der Wert der Mark war im selben Zeitraum um 50

Prozent zurückgegangen und ließ bis 1919 noch einmal kräftig nach. 1913 waren 2 Milliarden Reichsmark im Umlauf gewesen, 1919 waren es 45 Milliarden, während die Staatsschulden von 5 Milliarden (1913) auf 153 Milliarden (1919/20) hochschnellten. Das Reich hatte den Krieg über die Notenpresse finanziert, und diese Politik setzte es nun im Frieden fort – fast hemmungslos. Daß auf diese Weise die Inflation angeheizt und hochgetrieben wurde, liegt auf der Hand, hatte zunächst aber auch wohltuende Wirkungen. Mit dem billigen Geld bestritten Regierung und Privatwirtschaft die kräftige Steigerung der Löhne und Gehälter, der Staat finanzierte die riesigen Sozialleistungen für die Hinterbliebenen und Versehrten, und er brachte so indirekt auch die ersten Raten der Reparationen auf. Die Geldentwertung, so Heinrich August Winkler, ersparte »Deutschland zunächst das Schicksal einer schweren Depression mit Massenarbeitslosigkeit und damit eine Entwicklung [...], die die junge Demokratie von Weimar wohl kaum überlebt hätte«[13]. Längerfristig aber war die Geldentwertung ruinös – und zwar für die Wirtschaft ebenso wie für beträchtliche Teile der Gesellschaft. Vor allem der alte Mittelstand in Handel und Gewerbe verlor in der Zeit der Hyperinflation von 1922/23 alles – auch das letzte Vertrauen in den neuen Staat, der ja als der Schuldige an diesem beispiellosen Akt der Enteignung und des Betruges angesehen werden mußte.[14]

In dieser aufgewühlten Situation kam auch das Beben, das die Revolution vom November 1918 ausgelöst hatte, nicht zur Ruhe. Berlin, Hamburg und München, aber auch Mitteldeutschland und das Ruhrgebiet waren die Epizentren dieser Nachbeben. In vielen anderen Städten gingen Arbeiter ebenfalls auf die Straße und erinnerten die Regierung daran, daß sie mit dem, was nach der Umwälzung von 1918 für sie abgefallen war, nicht zufrieden waren. Sie hatten sich, wie viele ihrer Genossen in Europa, von den Ideen der russischen Oktoberrevolution anstecken lassen, waren fasziniert vom Rätegedanken und enttäuscht von der neuen sozialdemokratischen Staatsführung, die – so vernünftig das alles war, was sie machte – doch auch recht bieder und schwunglos wirkte. Es war nicht die Mehrheit der Arbeiterschaft, die so dachte, aber doch eine ernstzunehmende Gruppe, die sich zur USPD oder zur KPD bekannte und der Politiker wie

Friedrich Ebert, Philipp Scheidemann und Gustav Noske nicht länger das Gefühl zu geben vermochten, daß die Sache der Revolution bei ihnen in guten Händen war.

Also handelte sie selbst oder ließ sich von der KPD in Aufstandsaktionen treiben, die aussichtlos waren, aber gemacht werden mußten, weil man in Moskau glaubte, das Deutsche Reich sei reif für die Revolution. Die Folge waren Straßenkämpfe, die im März 1919 allein in Berlin mehr als 1200 Tote forderten, Massenstreiks, die Ausrufung von Räterepubliken in Braunschweig, Mannheim und in ganz Bayern und schließlich der Aufstand einer Rote Armee genannten proletarischen Massenbewegung im Ruhrgebiet im Frühjahr 1920, die tatsächlich für einige Zeit die ganze Region beherrschte. Daß es der Regierung immer wieder gelang, das revolutionäre Feuer zu ersticken, brachte ihr kaum Pluspunkte ein. In der Arbeiterschaft litt ihr Ansehen sogar weiter, weil man ihr das brachiale Vorgehen von Reichswehr und Freikorps ankreidete, die sie zur Niederschlagung der Aufstände zu Hilfe gerufen hatte, und im Mittelstand und bei der Landbevölkerung saß der Schock über den Umsturz und die revolutionären Wirren so tief, daß diese Erfolge sozialdemokratischer Politik meist nicht einmal zur Kenntnis genommen wurden. Hier traute man der Regierung sogar zu, mit den Revolutionären unter einer Decke zu stecken. Fleisch von ihrem Fleische war sie auf alle Fälle, wie schon die Tatsache zeigte, daß ihre führenden Männer an der Revolution mitgewirkt, den Friedensvertrag unterzeichnet und danach Maßnahmen ergriffen hatten, die nur als gefährlich zu bezeichnen waren; das alte Regime, soviel stand in ihren Augen fest, hatte ihnen solche Prüfungen nicht zugemutet.

Diese irrigen Ansichten waren weit verbreitet. Sie bildeten gleichsam den Resonanzboden der gegenrevolutionären Kräfte, die 1919/20 an Einfluß und Selbstbewußtsein gewannen. Wie und wo diese Kräfte sich sammelten, ob in kämpferischen Freikorps und Einwohnerwehren, in militanten Bürgerkomitees oder in völkischen Parteien, hing von vielen lokalen und persönlichen Faktoren und nicht zuletzt auch davon ab, wie stark die Revolution in die örtlichen und regionalen Gesellschaften eingegriffen und wie viele Opfer sie gefordert hatte. Generell gilt aber, daß die gegenrevolutionären Kräfte in manchen Gegenden schon 1919 die Meinungsführerschaft hatten, daß sie oft mit der Unterstützung der Honoratiorenschaft rechnen konnten und insbesondere in Teilen der Reichswehr einen verläßlichen Rückhalt hatten, wie sich vor allem beim reaktionären Kapp-Lüttwitz-Putsch vom März 1920 zeigte, als die Reichswehrführung die Stirn besaß, sich für neutral zu erklären – in einer Stunde, wohlgemerkt, in der sie verpflichtet gewesen wäre, die Verfassung zu verteidigen und der Regierung beizustehen.[15]

Die NSDAP und Hitler

In diesem Reizklima entstand im Januar 1919 auch die völkisch-antisemitische »Deutsche Arbeiterpartei«, die 1920 den Namen wechselte und unter der neuen Bezeichnung »Nationalsozialistische Deutsche Arbeiterpartei« (NSDAP) Karriere machen sollte. Die Initiative zu ihrer Gründung war von dem Werkzeugschlosser Anton Drexler ausgegangen, der sich – wie damals viele – der Jahrhundertanstrengung verschrieben hatte, Sozialismus und Nationalismus miteinander zu versöhnen. Ihre Mitglieder waren kleine Leute, und ihr Aktionsradius war anfangs ganz auf München beschränkt. Dabei wäre es vermutlich auch geblieben, wenn im September 1919 nicht der Gefreite a. D. Adolf Hitler dazugestoßen wäre und sogleich den Posten des Werbeobmanns übernommen hätte.[16]

Hitler paßte zu dieser Runde, die sich in verrauchten Hinterzimmern traf und dort ihre Ressentiments pflegte, er fiel aber andererseits doch ganz aus dem Rahmen. Hitler paßte zu ihr, weil ihre Nöte und Ängste die seinen waren, weil er ihren Geschmack und ihre Vorlieben teilte und weil auch er an der Welt litt, wie sie 1918 geworden war. 1889 im oberösterreichischen Braunau geboren, deutete nichts darauf hin, daß Hitler einmal eine größere Rolle spielen würde. Er stammte aus kleinen Verhältnissen, sein Vater war Zollbeamter, seine Mutter Dienstmagd. Bis 1907 kam Hitler aus der behüteten provinziellen Enge Oberösterreichs nicht heraus. Seine Familie lebte, mit Ausnahme der Jahre 1892 bis 1895, als der Vater in Passau zu tun hatte, immer in der näheren Umgebung von Linz. Hitler ging dort fünf Jahre in die Volksschule, wechselte dann auf die Realschule in Linz, später in Steyr, kam aber weder hier noch dort zurecht und verließ schließlich 1904 ohne Abschluß die Schule, um sich zwei Jahre lang – lesend, zeichnend und sich an Wagner oder Schiller berauschend – einer Art Frührentnertum zu widmen. 1907 zog er, den Kopf voller Pläne, nach Wien. Er wollte Künstler werden, wurde aber von der Akademie für Bildende Künste nicht akzeptiert.

Hitler lebte in Wien von einer betrügerisch erworbenen Waisenrente, einer kleinen Erbschaft, die er nach dem Tod seiner Mutter 1907 erhielt, und von Zuwendungen einer Verwandten. Anfangs konnte er damit wenigstens einen gewissen Lebensstandard wahren, allerdings nur ein, zwei Jahre, danach ging ihm das Geld aus. Ab 1908 war er ständiger Gast von Wärmstuben, er fiel der Armenfürsorge zur Last und war obdachlos, ehe er 1910 im Männerheim in Brigittenau wenigstens eine Bleibe fand. Hitler hauste dort bis 1913 in einer reinen »Männergesellschaft von Einzelgängern, Arbeitern der umliegenden Fabriken, aber auch verkrachten und heimatlosen Existenzen, Gelegenheitsarbeitern und Arbeitslosen«[17]. Erstmals ging er nun auch einer geregelten Arbeit nach. Er malte Postkarten und kleinere Gemälde, die ein Mitbewohner verkaufte, und konnte damit immerhin seinen Lebensunterhalt selbst bestreiten.

Im Mai 1913 siedelte Hitler nach München über. Der Grund dafür war einfach: Er entzog sich dem Wehrdienst, weil er es ablehnte, in der k. und k.-Armee und damit der Sache Österreichs zu dienen, das er haßte und nie als sein Heimatland betrachtete. Auch in München kam Hitler nicht voran. An der Isar lebte er zwar etwas besser, weil ihm kurz zuvor das väterliche Erbteil ausgezahlt worden war. Aber beruflich gelang ihm nichts, so daß er bald wieder bei der Detailmalerei landete. Aus dieser erneuten Sackgasse befreite ihn der Krieg, den Hitler, so als hätte er geahnt, daß er sein Glück nur in einer großen Katastrophe machen konnte, herbeigesehnt hatte. Er meldete sich freiwillig zur bayerischen Armee, wurde an die Westfront abkommandiert und bewährte sich dort als tapferer Soldat. Mehrfach ausgezeichnet, unter anderem mit dem Eisernen Kreuz I. Klasse, geriet Hitler im Oktober 1918 in einen Gasangriff, er erblindete vorübergehend und wurde in ein Lazarett in Pommern eingeliefert, wo er bis Ende des Jahres blieb.

Hitler, mittlerweile fast dreißig Jahre alt, mußte damit nach Kriegsende wieder von vorne beginnen. Nur womit? Er hatte keinen Beruf, keine Familie, kein Geld, und selbst das Stück Heimat, das das Militär ihm geboten hatte, war gefährdet. Das Beste, was er tun konnte und auch tat, war die Rückkehr zum Ersatzbataillon seines Regiments nach München. Hier erhielt er wenigstens Kost und Logis, und hier bot man ihm auch eine Beschäftigung. Er sollte Soldaten aufspüren, die sich zur Räterepublik bekannt hatten, ideologisch unzuverlässige Heimkehrer wieder auf Linie bringen und rechte Grüppchen, solche wie Drexlers DAP, beobachten.[18]

Was Hitler von den schlichten Gründungsmitgliedern der Deutschen Arbeiterpartei unterschied, war dreierlei: Er konnte reden wie kein zweiter, sein Rednertalent ist vielfach bezeugt. »Ein ›geborener Volksredner‹, ›meisterhaft‹, ›äußerst geschickt‹, so lauteten schon die frühen Urteile.«[19] Hitler wußte, was die Menschen bedrückte, was sie quälte und verstörte, und er wies den Ängsten und Depressionen ein leicht faßliches Ziel: die »Novemberverbrecher« in der Regierung und den Parteien und vor allem die Juden und ihre »Knechte«, die überall saßen und das deutsche Volk ausbeuteten und drangsalierten. Sie griff er an, sie überzog er mit Hohn und Spott, in ihrer Vernichtung erblickte er die Voraussetzung zur Wiederauferstehung der Nation, deren Stolz und Kraft er mit fast religiösem Pathos beschwor. Es war ein fast expressionistischer Redestil, wobei sich Sequenzen rasender Erregung mit Passagen feierlicher Inbrunst rasch abwechselten und eine Mischung ergaben, die nur die wenigsten gleichgültig ließ.

Der zweite Punkt, der Hitler von seinen frühen Parteigenossen trennte, betraf die Einschätzung der Vergangenheit. Drexler und seine Leute trauerten dem Kaiserreich nach, Hitler nicht. Er hatte die Hohlheit des alten Systems erkannt, den Immobilismus und die soziale Exklusivität, die beträchtliche Teile des Volkes dem Staat entfremdete. Insbesondere verachtete er die dröhnende Kraftmeierei der wilhelminischen Führungsschicht, die in Wahrheit so ausgelaugt und müde war, daß sie selbst ihren eigenen Sturz widerstandslos hingenommen hatte. An die Stelle des Alten und Verbrauchten sollte etwas Neues treten, eine echte

Volksgemeinschaft, die gemeinsame Ziele hatte und dafür zu kämpfen verstand.

Hitler hatte also (und das ist der dritte Punkt) eine relativ genaue Vorstellung von den ideologischen Grundsätzen, an die sich die Politik künftig halten sollte. Wo und wann sie entstanden, welche Einflüsse Hitler aufnahm und an welchen Vorbildern er sich orientierte, war in der Forschung lange nicht ganz geklärt; vieles davon wird auch im dunkeln bleiben müssen, weil die historischen Quellen fehlen. Nach Brigitte Hamanns akribischer Studie über Hitlers Wien[20] ist aber doch nicht mehr zu bestreiten, daß Hitler in weltanschaulicher Hinsicht fast fertig war, als er 1913 nach München übersiedelte. Krieg und Revolution brachten ideologisch keine neuen Varianten mehr hinzu, höchstens die Einsicht, daß der Zweck jedes Mittel heiligte und kein Einsatz zu hoch sein durfte, wenn das Ziel nur richtig war.

In Oberösterreich und in der von Nationalitätenstreit geschüttelten Hauptstadt des Habsburgerreichs, wo Hitler die Elemente seiner Weltanschauung aufschnappte, lag um die Jahrhundertwende vieles in der Luft. Es herrschte eine Atmosphäre der politischen, sozialen und kulturellen Zerrissenheit. Alles strebte auseinander, nichts schien mehr von längerem Bestand. Hitler spürte das, sog aber nur solche Ideen auf, die ohne größere intellektuelle Anstrengungen zu haben waren und unmittelbaren Erfahrungen in Linz und im Männerheim entsprachen. Die tiefste Schicht seiner Weltanschauung war ohne Zweifel der Nationalismus, der vor 1914 zahlreiche Deutschösterreicher im Habsburgerreich beseelte. Sie wurde, wie Brigitte Hamann zu zeigen vermag, bereits im Elternhaus und in der Schule gelegt, durch den stramm deutschnationalen Vater und die nicht minder deutschnationalen Lehrer, die Hitler auch mit dem radikalen völkischen Nationalismus von Georg Schönerer bekannt machten, dessen maßloser Liebe zum »Deutschtum« und der damit korrespondierenden haßerfüllten Geringschätzung der »nichtdeutschen« Völker er sich zeitlebens verpflichtet fühlte.[21] Eng verbunden mit dem Nationalismus war in Hitlers Gedankenwelt eine radikal zugespitzte Variante des Sozialdarwinismus, der um die Jahrhundertwende nicht nur in Wien, sondern überall in Europa grassierte und etwa auch einen Mussolini beeinflußt hatte. Wer Hitler diese Ideen nahebrachte, ist nicht mit Sicherheit zu sagen, klar ist aber, daß er schon relativ früh von der Vorstellung beherrscht war, die Geschichte sei vom ewigen Kampf zwischen Rassen geprägt, bei dem die stärksten, gesündesten und rücksichtslosesten schließlich den Sieg davontrügen; daß diese Vorstellung in Hitlers eigener Existenz keine Stütze fand, störte ihn, der in Wien wahrlich nicht zu den Stärkeren zu zählen war und nicht zuletzt von Mildtätigkeit und Nächstenliebe lebte, nicht weiter. Hitler ignorierte die kümmerliche Realität des Männerheims, phantasierte sich in Wahnvorstellungen und Traumwelten hinein, in denen er die Geschicke allein bestimmte. Demokratie und Liberalismus hatten darin keinen Platz, sie waren ebenso Produkte der Schwäche und des schädlichen Egalitätsdenkens wie der Marxismus und die Arbeiterbewegung, die Hitler aber auch deshalb ablehnte, weil er sich – auch hier wieder gegen alle Wirklichkeit – den besseren Schichten zugehörig fühlte.

Der Antisemitismus war schon in Wien integraler Bestandteil von Hitlers Weltsicht; sonst hätte er sich kaum auf einen Karl Lueger, auf einen Lanz von Liebenfels oder gar auf einen Georg von Schönerer berufen können, für den alles Böse der Welt ein Werk der Juden war. Der Antisemitismus war aber, so scheint es, noch nicht die eigentliche Klammer seiner Weltanschauung, die »Weltformel«, mit der er sich alles erklären konnte. Das wurde er erst nach 1918, als das Schlagwort vom »jüdischen Bolschewismus« in aller Munde war und als in Hitlers Umgebung Dietrich Eckart und insbesondere der Deutschbalte Alfred Rosenberg auftauchten. Rosenberg, ein ebenso glühender Antisemit wie Antibolschewist, machte Hitler mit den Protokollen der Weisen von Zion und seiner These von der »jüdischen Weltverschwörung« bekannt.[22] Er erweiterte damit Hitlers Auffassung, der Marxismus sei eine jüdische Erfindung, und radikalisierte dessen Antisemitismus. Die Juden waren in dieser Sicht mehr als ein innenpolitischer Störfaktor, den es auszuschalten galt; sie waren eine tödliche Bedrohung, und zwar nicht nur für einzelne Völker, sondern für das höhere arische Menschentum überhaupt, dessen Blut sie vergiftet und dessen Lebenssubstanz sie schon so weit ruiniert hatten, daß es im ewigen Rassenkampf nur noch schwer bestehen konnte. »Das jüdische Endziel«, so schrieb Hitler in ›Mein Kampf‹, »ist die Entnationalisierung, die Durcheinanderbastardisierung der anderen Völker, die Senkung des Rassenniveaus der Höchsten, sowie die Beherrschung dieses Rassenbreies durch Ausrottung der völkischen Intelligenzen und deren Ersatz durch die Angehörigen des eigenen Volkes.«[23] Rasches und radikales Einschreiten war nötig, sollte die Welt nicht aller schöpferischen Rassekerne beraubt werden und, wie vor der Zeitrechung, »menschenleer durch den Äther ziehen.«

Die Juden hatten dieser Anschauung zufolge seit jeher alles getan, was die Stärkeren und namentlich Deutschland als arische Vormacht schwächte: »Die Ideen der Aufklärung, der Pazifismus, die Demokratie, alles war ihnen recht.«[24] Die Juden waren in Hitlers Augen die treibende Kraft hinter Revolution und Sozialdemokratie, sie trugen die Verantwortung für den Ersten Weltkrieg, die deutsche Niederlage und die Schmach von Versailles. Ihre wirksamsten Hilfsmittel aber waren das Finanzkapital und neuerdings der Bolschewismus, der 1917 in Rußland triumphiert hatte und sich nun anschickte, die Welt zu erobern. Nur er, so versuchte Hitler seiner Umwelt weiszumachen, hatte die Gefahr erkannt, nur er konnte den Siegeszug der Juden in ihren diversen Verkleidungen stoppen, und nur er hatte die Kraft, den bösen Juden »wieder zum Luzifer« zurückzuwerfen[25] und damit das deutsche Volk zur Weltherrschaft zu führen.

Wenn Hitler das Schlagwort vom jüdischen Bolschewismus und Rosenbergs Thesen von der jüdischen Weltverschwörung begierig aufnahm, so war dies gewissermaßen die Konsequenz seiner bisherigen ideologischen Entwicklung. In diesen Theorien gingen sein Antisemitismus und sein Antimarxismus auf, der durch die russische Revolution von 1917 und die deutsche von 1918 verschärft worden sein dürfte. In ihnen fand er ein griffiges Argument, das die Bolschewisten- und Revolutionsfurcht des Bürgertums schürte und mit dem Versprechen, Moskau in die Schranken zu weisen, zugleich beschwichtigte, und in ihnen entdeckte er ein ideologisches Ziel, das bereits in seiner Konzeption vom ewigen Rassenkampf angelegt und ihm auch aus dem Repertoire der Schönerer-Gemeinde im Habsburgerreich ansatzweise vertraut war: die Gewinnung von Lebensraum im Osten für das vom jüdischen »Bazillus« befreite, endlich wieder rassereine deutsche Volk.

An den einzelnen Elementen von Hitlers Weltanschauung war nichts originell, alles war schon vor ihm da. Es stammte, wie Joachim Fest geschrieben hat, aus dem »Ideenschutt« der Epoche. Hitlers Verstand »produzierte kaum Gedanken, wohl aber große Kraft«[26], die sich in der Vehemenz seiner Auftritte ebenso äußerte wie in der fast manischen Monotonie und Penetranz, mit der er an seinen Grundüberzeugungen schließlich sogar bis 1945 festhielt. Das machte ihn zur Attraktion und für die NSDAP bald schon unentbehrlich: als Propagandist, Agitator und Ideengeber.

... vor dem Putsch

Hitler war anfangs noch unschlüssig, ob er sich ganz auf die Politik werfen sollte; eigentlich hatte er in München ja Architekt werden wollen. Je mehr Erfolge er als Redner aber hatte – 1920/21 zog er immerhin schon Tausende von Zuhörern in seinen Bann –, desto süchtiger wurde er nach der Droge, die er aus öffentlichen Auftritten und dem Kontakt mit dem Publikum gewann; bald konnte er nicht mehr von ihr lassen. Hitler sprach unentwegt, und ebenso häufig hetzte er die Leistungsträger der NSDAP in Aktionswochen und Saalschlachten, die nur einem Zweck dienten: Aufmerksamkeit zu erregen.

Der Erfolg gab ihm recht. Die NSDAP war schon bald ein nicht mehr zu ignorierender Faktor im politischen Leben Bayerns. Die Zahl ihrer Mitglieder stieg ab 1919/20 von einigen Hundert kontinuierlich auf 55 000 im November 1923 an. In Hitlers Partei waren, so scheint es, alle Schichten vertreten. Der harte Kern der Aktivisten aber kam wohl doch aus dem Heer der jungen Frontsoldaten und Freikorpskämpfer mit mittelständisch-städtischem Hintergrund, die dem, was sie vom bürgerlichen Leben kannten, oft bewußt den Rücken kehrten; es war ihnen zu eng, zu steif und letztlich auch zu schwer mit seinen mühseligen Verantwortlichkeiten. Sie wollten sich, wie Ernst von Salomon in seinem Roman ›Die Geächteten‹ schrieb, aller Bindungen »an eine versinkende, verrottete Welt [entledigen], mit der der echte

Krieger keine Gemeinsamkeit mehr haben konnte«. Die Nationalsozialisten der ersten Stunde waren Aussteiger, die bei der NSDAP nicht etwa nur deshalb einstiegen, weil sie sich ideologisch verstanden fühlten, sondern weil ihnen mehr geboten wurde als die in anderen Parteien üblichen Debatten und Diskussionen, nämlich Kameradschaft, Kumpanei und ein weites Feld für Aktion und Agitation, auf dem sich ihre Frustrationen und Aggressionen austoben konnten.[27]

Vieles an der frühen NSDAP erinnert an die faschistische Partei, die Mussolini 1919 in Mailand ins Leben gerufen hatte. Beide Parteien waren außergewöhnlich gewaltbereit und zum Sturz des bestehenden Systems entschlossen. Sie hatten ihre Zentren anfangs in den Städten und fanden dort vor allem bei der jungen Generation Anklang. Innerparteiliche Demokratie wurde sowohl im PNF wie in der NSDAP klein geschrieben. Hitler zwang seiner Partei ebenso rasch seinen Willen auf wie Mussolini den Faschisten; neben dem Führer und dem Duce durfte es keine anderen Götter geben. Vor ihrer Autorität zerrannen auch die Grundsatzprogramme, die in beiden Fällen eher linke als rechte Akzente hatten, hier wie dort aber nie ganz ernst genommen wurden und letztlich aus Verlegenheit in den Rang von unabänderlichen Geboten erhoben wurden. Die wichtigste Parallele aber bestand darin, daß PNF und NSDAP nicht einfach nur politische Parteien waren. Sie waren zu großen Teilen Kampfverbände, deren organisatorisches Rückgrat die Milizen bildeten; im Fall der Nationalsozialisten waren das die Sturmabteilungen (SA), die 1920/21 gegründet wurden. Die SA sollte zunächst nur dem Selbstschutz dienen, wuchs sich aber dann rasch zu einer Parteiarmee aus, die militärisch gedrillt, nicht zuletzt aus Beständen der Reichswehr gut bewaffnet und bald schon schlagkräftig genug war, daß sie es mit jeder gegnerischen Formation aufnehmen konnte.[28]

Die NSDAP war anfangs eine weitgehend bayerische Partei. Nördlich der Mainlinie war sie aufgrund des Republikschutzgesetzes meist verboten, nur in Thüringen und Westfalen sowie in Baden und Württemberg vermochte sie wenige kleine Ortsgruppen zu bilden. Aber auch in Bayern schlug ihr mitunter ein rauher Wind entgegen, und Hitler, der ja nach wie vor die österreichische Staatsbürgerschaft besaß, war sogar mehrmals von der Ausweisung bedroht. Daß die NSDAP hier dennoch stetig vorankam, lag an der Protektion zahlreicher alteingesessener Bürger Münchens, die aus ihrer Gegnerschaft zu den neuen politischen Verhältnissen kein Hehl machten und insbesondere die Reichshauptstadt Berlin als einen »Ort geistiger und politischer Verwirrung«[29] betrachteten. Hitlers Radikalismus, seine Attacken auf die »Novemberverbrecher«, den Vertrag von Versailles und die Juden fanden in den Salons der Bruckmanns, Hanfstaengls und Bechsteins ebenso Anklang wie sein Haß auf Bolschewisten und Sozialdemokraten, auch wenn man sein ungehobeltes Auftreten und seinen Fanatismus insgeheim belächeln mochte.

Noch wichtiger für das Fortkommen der NSDAP aber war, daß sie die Rückendeckung von einigen Offizieren der Reichswehr genoß. Ernst Röhm, der spätere Stabschef der SA, war hier die entscheidende Figur. Der Hauptmann der Reichswehr war in München allgegenwärtig, ein wühlender Tausendsassa mit besten Verbindungen, der sich das ehrgeizige Ziel gesetzt hatte, die nationalistischen Kräfte in Bayern zu sammeln und auf den Kampf gegen Republik und Versailles vorzubereiten. Die NSDAP, der er selbst als Mitglied angehörte, spielte dabei eine herausragende Rolle. Röhm hielt die schützende Hand über Hitler, er versorgte die SA mit Waffen aus den geheimen Depots der Reichswehr, und er griff der NSDAP auch finanziell unter die Arme, vor allem 1920 beim Kauf des ›Völkischen Beobachters‹, womit die NSDAP und Hitler die Möglichkeit erhielten, ihre Botschaft zunächst zweimal in der Woche, ab 1923 dann täglich unter die Leute zu bringen.[30]

Die NSDAP war so bereits eine aufstrebende Partei, als ihr 1922/23 die Ruhrkrise und in ihrem Gefolge die Hyperinflation mit ihren ruinösen Folgen sowie ein neuerlicher Streit zwischen Bayern und dem Reich weitere Aufstiegschancen eröffneten. Nach dem Sturz des sozialdemokratischen Ministerpräsidenten Johannes Hoffmann hatten die rechtskonservativen und deutschnationalen bayerischen Kabinette heftigst gegen die Republik von Weimar und die Politik, die im »verjudeten« Berlin getrieben wurde, polemisiert. 1922/23 aber war das Maß voll: Die Wirtschaft steuerte auf den Kollaps zu, die Franzosen hatten das

Ruhrgebiet besetzt, Komintern und KPD rüsteten sich für einen »heißen Herbst« und hatten dafür mit der kommunistischen Regierungsbeteiligung in Sachsen und Thüringen auch schon beste Voraussetzungen geschaffen. So konnte es nach Ansicht der maßgeblichen Kräfte in München nicht weitergehen, das verhaßte Berlin hatte weder die Kraft noch den Willen, den Dingen eine Wende zum Besseren zu geben. »Sie wollten nicht Bayern vom Reich trennen, sondern ein Signal setzen für den ›Marsch auf Berlin‹, der in der Ausrufung der ›nationalen Diktatur‹ im Reich seinen krönenden Abschluß finden sollte.«[31]

Der entscheidende, aber höchst unsichere Faktor in diesem Kalkül war die Reichswehr, deren Spitze mit General Hans von Seeckt ebenfalls schon mehrfach zu erkennen gegeben hatte, daß ihr die ganze Richtung der Reichsregierung nicht paßte und daß sie auf eine diktatorische Krisenlösung – wie sie auch den rebellischen Bayern um Generalstaatskommissar Gustav Ritter von Kahr vorschwebte – zusteuerte. Hitler teilte diese Ziele, hatte aber natürlich ganz andere, weiterreichende Vorstellungen über die Rolle seiner Partei und Person als Kahr, der die NSDAP nur als Fußvolk betrachtete, im übrigen aber den ungestümen Radikalismus der Nazis ablehnte und sie deshalb immer wieder in die Schranken zu weisen versuchte. Das fiel ihm jedoch zunehmend schwerer, denn Hitler gelang es im September 1923, alle rechtsradikalen Wehrverbände in Bayern zum sogenannten Kampfbund zusammenzuschließen und sich selbst an dessen Spitze zu setzen. Gestützt auf diese paramilitärischen Formationen drängte er unablässig auf die »erlösende Tat«, während Kahr und die bayerische Reichswehrführung den Umsturz nur erwogen, letztlich vor einer gewaltsamen Aktion aber doch zurückschreckten.

Schließlich konnte Hitler nicht mehr zurück. Der Druck der schon Monate auf revolutionäre Heldentaten eingestimmten Basis war einfach zu groß, als daß die NS-Führung sie ohne Vertrauensverlust hätte enttäuschen können. Es mußte gehandelt werden, und wenn Kahr nicht von selbst aktiv wurde, so blieb keine andere Wahl, als ihn dazu zu zwingen. Das geschah am Abend des 8. November 1923 im Münchner Bürgerbräukeller, wo sich die honorige »vaterländische Prominenz« der Stadt getroffen hatte, um auf ihre Weise den fünften Jahrestag der Novemberrevolution zu begehen und dabei aus dem Munde Kahrs zu vernehmen, wie die seit 1918 aus den Fugen geratene Welt wieder in Ordnung zu bringen sei.[32] Hitler riß die Regie der Versammlung an sich, ließ Kahr, den Leiter des bayerischen Reichswehrkommandos, General Otto Hermann von Lossow, und den Chef der bayerischen Landespolizei, Oberst Hans Ritter von Seißer, in ein Nebenzimmer führen und bearbeitete sie so lange, bis sie sich bereit erklärten, bei seinem Putsch mitzumachen. »Die nationale Revolution ist ausgebrochen. Die bayerische Regierung ist abgesetzt. Eine provisorische Reichsregierung wird gebildet«, hatte Hitler zuvor mit erregter Stimme verkündet.[33]

Hitler war also der bestimmende Mann. Allerdings nur in der stickigen Bierhalle, an der frischen Luft nahmen sich die Dinge anders aus: Reichswehr und Polizei blieben, von Ausnahmen abgesehen, letztlich doch loyal, und auch Kahr, Lossow und Seißer sprangen schnell wieder ab, als sie auf ihr Ehrenwort, bei der Stange zu bleiben, wieder entlassen worden waren. In den ersten Morgenstunden des 9. November 1923 war deshalb eigentlich schon klar, daß Hitler nur noch vor der Alternative stand: kleinmütiger Rückzug oder aussichtslose Verzweiflungstat.

Hitler entschied sich für einen dritten Weg, für einen Als-ob-Umsturz in der Form eines Marsches der bewaffneten Verbände durch die Stadt, der nur noch dem Ziel diente, ohne größeren Gesichtsverlust aus der verfahrenen Situation herauszukommen. Das ging schief und gelang doch auf eine Art und Weise, die niemand mehr überraschte als Hitler selbst: Der Zug wurde vor der Feldherrnhalle zusammengeschossen, Hitler floh, konnte dann aber verhaftet und vor Gericht gestellt werden. Seine Bewegung hatte damit seit dem 9. November 16 Märtyrer, die – so hieß es bald – ihr Leben dem Vaterland geopfert hatten, und er selbst den unschätzbaren Nimbus des Revolutionärs. Diese Art von »Feuertaufe« hob ihn weit aus dem Kreise seiner völkisch-nationalistischen Rivalen heraus und ließ sich später immer wieder ins Spiel bringen, wenn man ihm Unentschlossenheit und Fahrigkeit vorwarf. Er hatte ja, im Unterschied zu anderen, schon bewiesen, daß er vor nichts zurückschreckte, wenn die Situation es erforderte.

Der Aufstieg nach dem Putsch

Was als Ende erschien, war so in Wirklichkeit der Anfang. Das zeigt sich freilich erst in der historischen Rückschau, Ende 1923 war davon noch nichts zu spüren. Im Gegenteil, alle Indikatoren für die weitere Entwicklung der NSDAP waren negativ: Die Partei war ebenso verboten wie die SA und der ›Völkische Beobachter‹, während Hitler nach dem Prozeß vor dem bayerischen Volksgericht München I, das ihn zu fünf Jahren Festungshaft verurteilt hatte, in Landsberg einsaß und einer ungewissen Zukunft entgegenblickte. Hinzu kam, daß das Katastrophenjahr 1923 nicht ohne Silberstreifen einer Besserung zu Ende ging, die nicht nur der NSDAP, sondern auch anderen Radikalparteien wie der KPD den Resonanzboden zu entziehen schien: Die Reichsregierung hatte die Herausforderungen von links und rechts gemeistert und mit der Einführung der Rentenmark die Inflation beendet. Im Frühjahr 1924 schienen sich auch in der Außenpolitik die Dinge zu beruhigen, wie insbesondere die internationale Abmachung über die Reparationsfrage (Dawes-Plan) bewies, die amerikanische Gelder auf den deutschen Markt lockte und hier das Investitionsklima verbesserte. 1925 folgten dann noch die erste Etappe im Verständigungsprozeß zwischen Berlin und Paris, die im Vertrag von Locarno ihren sinnfälligsten Ausdruck fand, und 1926 schließlich Deutschlands Eintritt in den Völkerbund, der den Schlußpunkt unter die Nachkriegszeit zu setzen schien.[34]

Das Jahr nach dem Hitlerputsch war so für die NSDAP wie für die gesamte völkische Bewegung eine Zeit der Krisen und Konflikte. Die zentrifugalen Kräfte, die für diese Bewegung seit jeher charakteristisch gewesen waren und die Hitler bis dahin gebändigt hatte, strebten nun auseinander und suchten sich neue Fixpunkte. Für Hitler hingegen war es eine Zeit der Exerzitien, in der er sich Klarheit über seine Zukunft verschaffte: In Landsberg wurde Hitler endgültig zum »Führer«, zuerst für sich selbst, dann für seinen Anhang, der ebenfalls im Gefängnis saß. Bis dahin hatte er sich mehr in der Rolle des »Trommlers« gesehen, der einem Größeren, etwa einem Ludendorff, den Weg bereitete; jetzt fühlte er sich selbst berufen, das Deutsche Reich zu retten.

Entscheidenden Anteil daran hatte das Verfahren vor dem Volksgericht, das Hitler – unter maßgeblicher Mithilfe einer zur äußersten Nachsicht entschlossenen Justiz – in einen persönlichen Triumph verwandelte, und vor allem die Niederschrift von ›Mein Kampf‹. Dieses Buch enthielt weit mehr als stilisierte Erinnerungen, es war eher eine Art ideologischer Selbstversicherung. ›Mein Kampf‹ brachte die einzelnen Elemente von Hitlers Weltanschauung in eine definitive Form und sollte dem »Führer« selbst, aber auch seinem Gefolge als Richtschnur künftiger Politik dienen. Hitler zog daraus die Gewißheit, daß nur er ein Rezept zur Wiederaufrichtung der Deutschen hatte, und er gewann im Zuge der Selbstfindung und -klärung in Landsberg auch die Einsicht, daß er künftig vorsichtiger sein mußte und nicht mehr alles auf die Karte von Gewalt und Umsturz setzen durfte. Zu diesem Sinneswandel kann eine realistische Beurteilung der Machtverhältnisse im Deutschen Reich geführt haben, er kann sich aber auch aus der intensiven Beschäftigung mit der Geschichte des Marsches auf Rom ergeben haben, den Hitler bis dahin als revolutionären Gewaltakt mißverstanden hatte und erst jetzt, in Landsberg, als Produkt einer skrupellos eingefädelten Doppelstrategie zu verstehen lernte. Hitler war damit nicht geläutert; aus dem Putschisten wurde kein Demokrat, für den die Beachtung der Verfassung eine Selbstverständlichkeit ist, aber ein Taktiker, der nun nicht mehr mit dem Kopf durch die Wand wollte, sondern auf Geschmeidigkeit setzte, Kompromisse machte und hemmungslos log, wenn es ihm zu nützen schien – ohne allerdings je zu verleugnen, daß der Einsatz roher Gewalt auch weiterhin zu seinem Repertoire gehörte.[35]

Trotz dieser neugewonnenen Sicherheit fiel es Hitler nicht leicht, seine alte Stellung wiederzuerlangen, als er Ende 1924 aus der Haft entlassen und zugleich das Verbot der NSDAP aufgehoben wurde. Das lag zum einen an ihm selbst und seinem herausfordernden Auftreten, das er nicht nur seinen Parteigenossen gegenüber an den Tag legte, sondern auch den bayerischen Behörden gegenüber bewies, die ihn denn auch gleich mit einem öffentlichen Redeverbot belegten, als er anläßlich der Neugründung der NSDAP im Februar 1925 allzu radikale Töne anschlug. Den Schaden hatte niemand anderer als Hitler selbst, der damit seiner wirksamsten Waffe beraubt war – in Bayern bis 1927, in Preußen sogar noch ein Jahr länger. Hitlers Schwierigkeiten, seine frühere Autorität zu behaupten, hatten zum anderen mit der Existenz zahlreicher NSDAP-Gruppen in Nord- und Westdeutschland zu tun, die in einigen Punkten ganz anders dachten als er. Sie nahmen vor allem die im Parteinamen anklingende Sozialismusverpflichtung ernst und wollten ihre linken Positionen auch in einem neuen Programm zum Ausdruck bringen.[36]

Querelen dieser Art behinderten die NSDAP, aber sie lähmten sie nicht, denn Hitler verstand es immer wieder, seine innerparteilichen Kontrahenten ruhigzustellen oder aus der Partei zu drängen.[37] Er mußte sich bei der Bewältigung solcher Krisen ganz auf seine Überredungskunst verlassen – und sie ließ ihn nicht im Stich. Der Fanatismus, der ihn beseelte, sprang auf seine Parteigenossen über, seine ideologische Sicherheit färbte ab, und sein Haß auf die Juden und »Novemberverbrecher« überwältigte sogar manchen Zauderer. Vor allem aber weckte Hitler in seiner Partei die Überzeugung, daß die graue Gegenwart nicht zählte; auf die Zukunft kam es an, und die gehörte den Nationalsozialisten, weil sie ihn, ihren »Führer«, gefunden hatten.

Wer die Keimzelle des Hitler-Mythos sucht, wird vor allem hier, bei solchen Überredungs- und psychischen Überwältigungsszenen, anzusetzen haben. Hier entstand der Glaube an ihn, und hier wuchs wohl auch zuerst die Gewißheit, die später immer weitere Kreise zog, daß Hitler jener »Führer« war, auf den beträchtliche Teile der Nation schon lange gewartet hatten. Denn so richtig es ist, im Hitler-Mythos ein Produkt der Propaganda zu sehen und Goebbels als dessen virtuosen Schöpfer zu betrachten, so wenig ist auch zu bestreiten, daß das »politische Wunsch-Bild von einem künftigen begnadeten, großen ›Führer der Deutschen‹ [...] vorgeformt [war], ehe Hitler in dieses Bild einrückte«. Der Führer sollte dabei nicht, wie in älteren Varianten dieser Sehnsucht, ein »vom Volk losgelöster Monarch oder Diktator« sein, »sondern eine den Volkswillen verkörpernde Figur«[38].

Der Hitler-Mythos verlieh der NSDAP auch in den Jahren nach 1925 eine stupende Kohäsionskraft, und er war in dieser Phase fraglos ihr größtes propagandistisches Kapital. Dessen Einsatz hätte freilich wenig bewirkt, wäre die Entwicklung in

Staat und Gesellschaft längerfristig tatsächlich so verlaufen, wie es 1923/24 den Anschein hatte. Davon konnte aber, trotz mancher Symptome der Entspannung, keine Rede sein: Die Weimarer Republik kam nie wirklich aus der Krise heraus, selbst in ihren »besseren« Jahren stieg das Thermometer, das Zufriedenheit und Zukunftsgewißheit anzeigte, nur geringfügig an; seit 1927 fiel es sogar wieder. Die Gründe dafür sind schnell genannt: Die Volkswirtschaft erholte sich nach 1923 nur langsam. Die Arbeitgeber, namentlich die Konzernherren der Schwerindustrie an Rhein und Ruhr, wetterten deshalb gegen die sozialen Errungenschaften der Republik, gegen den »Gewerkschaftsstaat«, wie es in abfälliger Polemik hieß. Noch düsterer beurteilte man die Lage in der Landwirtschaft, die seit 1927 in einer tiefen Krise steckte. Hier herrschte Untergangsstimmung, die in sinkenden Preisen und zahlreichen Konkursen immer neue Nahrung fand.

Industrie und landwirtschaftliche Interessenverbände starteten deshalb schon 1927/28 einen Großangriff auf das politische System von Weimar, und auch innerhalb der Parteien ließen sich Veränderungen beobachten, die nichts Gutes verhießen: Die Deutsche Volkspartei rückte nach rechts, bei den Deutschnationalen trat 1928 Alfred Hugenberg an die Spitze und legte die Partei auf einen noch entschiedeneren antirepublikanischen und nationalistischen Kurs fest, und im Zentrum übernahm im selben Jahr mit Prälat Ludwig Kaas ein Mann die Parteispitze, der sich zu einer politischen Ordnung mit stark autoritären Zügen bekannte. Überall, so wird man mit Detlev Peukert sagen können, häuften sich die Symptome des »kollektiven Austritts aus dem republikanischen Konsens«[39].

Die NSDAP verstand es in dieser Zeit vor der Weltwirtschaftskrise, das ganze Deutsche Reich mit einem dichten Netz von Ortsgruppen zu überziehen, an deren Spitze hochmotivierte, ideologisch gefestigte, in ihrer Hitlergläubigkeit nicht zu übertreffende Kader standen, die sich für nichts zu schade waren: für keine Saalschlacht, für keine Werbekampagne und für keinen Demonstrationszug, auch wenn dafür Tage geopfert werden mußten. Aus den wenigen tausend Mitgliedern bei der Neugründung 1925 wurden so bis 1928 etwa 70000 und bis 1929 über 120000 Mitglieder.[40] Bei der Reichstagswahl von 1928 blieb der

Erfolg zwar noch aus; die NSDAP landete bei 2,6 Prozent der Stimmen und konnte nur 12 Abgeordnete in den Reichstag schikken. Danach aber ging es bergauf: Die NSDAP legte bei den Landtagswahlen in Baden und Thüringen zu, sie erzielte Gewinne in den Wahlen zur Lübecker Bürgerschaft und zu den preußischen Provinziallandtagen, und sie ging auch aus den Kommunalwahlen in Hessen und Berlin gestärkt hervor. Eine NS-Domäne waren damals bereits die Universitäten, der Nationalsozialistische Deutsche Studentenbund triumphierte im Wintersemester 1929/30 an fast allen Hochschulen.

Der Durchbruch

Den eigentlichen Durchbruch aber schaffte die NSDAP erst 1930, also etwa zum selben Zeitpunkt, an dem auch in anderen Ländern Europas ältere faschistische Parteien an Bedeutung gewannen oder neue Bewegungen und Parteien ähnlichen Zuschnitts entstanden. Der Grund für diesen Aufschwung ist hier wie überall in Europa in den verheerenden Folgen der Weltwirtschaftskrise zu suchen, die nicht nur im Deutschen Reich die Attraktivität Mussolinis und seiner faschistischen Konzepte – sei es der Korporativismus, sei es die Diktatur – erhöhten. Der fatale Unterschied bestand nur darin, daß sich die deutsche Variante des Faschismus 1933 durchzusetzen vermochte, während anderswo die demokratischen Institutionen hielten oder faschistische Bewegungen von autoritären Regimen aufgefangen werden konnten.

Im Deutschen Reich stieg die Zahl der Arbeitslosen von Februar 1930 bis Februar 1932 von 3,2 Millionen auf über 6 Millionen, wobei noch eine Dunkelziffer von 1 bis 2 Millionen hinzugerechnet werden müßte, und blieb bis Februar 1933 auf diesem hohen Niveau.[41] Das soziale Netz riß unter diesen Belastungen, zahllose Menschen standen vor dem Nichts und wußten nicht mehr, wie sie über die Runden kommen sollten. Hunger und Elend waren ihre ständigen Wegbegleiter. Die Weltwirtschaftskrise erklärt aber nicht alles, und auch der zusätzliche Hinweis darauf, daß die Krise nach 1929/30 nicht die erste war, sondern auf eine ganze Serie von Erschütterungen folgte, die die Widerstandskraft der Menschen zermürbt und ihre Leidensfähigkeit überstrapaziert hatten – auch dieser Hinweis, so wichtig er ist, vermag den Durchbruch der NSDAP nicht ganz plausibel zu machen, denn mit ähnlichen Kumulationen mußten auch andere Länder fertig werden; die Weltwirtschaftskrise war dort nicht weniger scharf, und auch dort traf sie auf bereits schwer geprüfte Gesellschaften.

Man wird deshalb noch wenigstens zwei weitere Faktoren in Betracht zu ziehen haben. Als erster ist die nationale Demütigung zu nennen, die mit der Niederlage im Krieg und dem Frieden von Versailles zusammenhing. Der deutsche Wille zur Führung Europas und zur imperialen Expansion auf dem europäischen Kontinent war nach 1918 ungebrochen. Um so mehr schmerzte es die alten Eliten, aber auch breite bürgerliche Schichten und nicht wenige national gesinnte Arbeiter, daß ihr Land nun in die zweite Reihe verbannt war und ohnmächtig zusehen mußte, wie andere über sein Geschick entschieden. Daraus entstand ein riesiges Bedürfnis nach nationalem Wiederaufstieg, eine leidenschaftliche Sehnsucht nach imperialer Größe, die die auf Entspannung und Aussöhnung mit den ehemaligen Kriegsgegnern bedachten Regierungen der Weimarer Republik nicht zu stillen vermochte. Sie boten nur Kompromiß und Konzession, während die Mehrheit nach Vergeltung und rücksichtsloser Interessenvertretung verlangte.

Die Weimarer Republik konnte so – und das ist der zweite Faktor, der in Rechnung zu stellen ist – die Legitimationskrise, in der sie seit 1919 steckte, nicht überwinden. Die Resonanz, die sie im Volk fand, war von Beginn an begrenzt, und sie schwand: Seit 1920 war die demokratisch-republikanische Mehrheit im Reichstag gefährdet, oft auch nicht mehr aktionsfähig, und ab 1925 stand mit Paul von Hindenburg sogar ein reaktionärer Monarchist an der Spitze des Staates – »ein Armutszeugnis für die parlamentarische Republik«, wie Martin Broszat treffend geschrieben hat.[42] Aus der ungeliebten Staatsform wurde in der Krise der Weltwirtschaft eine verhaßte. Ihre Befürworter verzagten und wurden immer kleinlauter, während ihre Gegner an Stärke und Einfluß gewannen und immer kecker hervortraten. Die Republik hatte in ihren Augen auf der ganzen Linie versagt: in wirtschaftlicher Hinsicht, wie jeder sehen konnte, aber auch in den nationalen Belangen war sie beinahe alles schuldig geblieben. Weshalb sollte man an ihr noch weiter festhalten, so dachten viele in den konservativen Parteien, in der Reichswehr, in den großen Verbänden der Industrie und der Landwirtschaft, die auch an den demokratischen, parlamentarischen und rechts- und sozialstaatlichen Grundlagen der Republik nie den rechten Geschmack gefunden hatten? Nichts sprach mehr für Weimar.

In der Krise schlug freilich nicht nur die Stunde der Konservativen und Reaktionäre, die letztlich auf die Wiedereinführung der Monarchie oder einen autoritären Ständestaat hinauswollten, sondern auch die Stunde der Revolutionäre, die in der NSDAP und in der KPD versammelt waren. Die Kommunisten errangen 1928 mehr als 3,2 Millionen Stimmen, 1930 fast 4,6 Millionen und im November 1932 nahezu sechs Millionen. Mit 16,9 Prozent aller abgegebenen gültigen Stimmen waren sie nicht mehr allzuweit von der SPD, die noch immer der stärkste Rückhalt der Weimarer Republik war, entfernt; die Sozialdemokraten lagen bei 20,4 Prozent. Die kommunistischen Erfolge weckten die alte Bolschewistenfurcht, die sich nach der Revolution von 1918/19 und den kommunistischen Aufstandsversuchen Anfang der zwanziger Jahre langsam gelegt hatte, und lieferten damit natürlich auch weitere Propagandamunition für die NSDAP, die 1930 den Durchbruch zur Massenpartei schaffte und schon zwei Jahre später die mit weitem Abstand stärkste Partei im ganzen Reich war. 1930 stimmten 6,4 Millionen für die Partei Hitlers, im Juli 1932, auf dem Höhepunkt ihres Erfolges vor der Machtergreifung, über 13,7 Millionen; das entsprach einem Anteil von 36,9 Prozent.[43]

Die NSDAP verwandelte sich also binnen weniger Jahre von einer Splittergruppe zur Massenpartei. Sie war die einzige Partei, die deutlich volksparteiliche Züge hatte und in allen Milieus und Regionen stark vertreten war. Alle übrigen Parteien waren entweder reine Klassenparteien oder »Vertreter spezifisch regionaler, sozialer oder auch konfessioneller Interessen«[44] und schon von daher kaum in der Lage, die breite Mißstimmung in der Gesellschaft aufzufangen. Die Hochburgen der NSDAP lagen 1932/33 in protestantischen Regionen, in den bürgerlichen

Wohnvierteln der Städte sowie auf dem Land. Schwächer schnitt sie in katholischen Gegenden ab, und auch in den Zentren der Arbeiterbewegung taten sich die Nazis schwerer als anderswo, wenn auch nicht zu verkennen ist, daß das sozialistische Milieu bröckelte. Der NSDAP gelangen ab 1932 zumal dort Einbrüche, wo es keine traditionelle Bindung der Arbeiterschaft an die freien Gewerkschaften gab.[45]

Die historische Wahlforschung mit Jürgen W. Falter[46] an der Spitze hat diese Befunde mit enormem theoretischen Aufwand weiter differenziert und in riesigen Zahlenreihen veranschaulicht. Sie setzt dabei aber vor allem auf die Korrelation von Wahlverhalten und sozialer Lage und kann deshalb über die eigentliche Motivation der Wähler wenig Gesichertes sagen. Klar ist aber, daß viele Menschen nach der Enttäuschung über die geschäftige Taten- und Einfallslosigkeit der anderen Parteien nach so energischer Führung verlangten, wie sie die NSDAP versprach und mit Hitler an der Spitze praktizierte, daß Hitlers Verheißung von imperialer Größe auf breite Zustimmung stieß und daß auch der nationalsozialistische Prospekt nationaler Eintracht, der vor allem in der Parole von der rassisch gesäuberten Volksgemeinschaft zum Ausdruck kam, viele, zumal weibliche Wähler überzeugte, weil sie darin ein Signal zum Aufbruch in die Vergangenheit erblickten, die in um so milderem Licht erschien, je düsterer die Gegenwart empfunden wurde. Hitler wurde aber oft auch nur deshalb eine Chance gegeben, weil das Gefühl bestand, es könne nicht mehr schlechter werden; die anderen Parteien hatten ihre Künste bereits vorführen dürfen und im Scheitern allen Kredit verspielt – nun sollte er sein Glück versuchen.

Bei alldem muß freilich auch betont werden, daß die NSDAP nicht nur Wähler mit gleichsam rückwärtsgewandtem Weltbild an sich zog. Ihre pseudodemokratisch-populistische Masche, ihr jugendliches Image, das Tatkraft und Dynamik ausstrahlte und etwa die ratlose Vernünftigkeit der SPD und den biederen Radikalismus der DNVP in den Schatten stellte, und ihr »Aufruf zur Überwindung der Relikte vorbürgerlicher, vorindustrieller sozialer Hierarchien und Normen«[47] machten auch bei vorwärtsdrängenden Wählern aus den neuen Mittelschichten Eindruck, die durchaus auf dem demokratischen Weg waren, dabei aber steckenblieben, weil konservative Meinungsführer oder verkrustete Strukturen übermächtig waren und Neuem keinen Raum boten. Zu diesem Typus gehörten, wenn nicht alles täuscht, vor allem junge Leute, die im Krieg gewesen waren und dann den Anschluß verpaßt hatten – damit aber noch lange nicht ihre Partizipations- und Emanzipationshoffnungen aufgegeben hatten. Für die etablierten Parteien existierte dieser Typus, der vielleicht das aktivste und dynamischste, politisch aber auch am wenigsten gebändigte Element der Gesellschaft war, nicht. Die NSDAP hingegen nahm die Ambitionen der Jungen ernst, was auch darin zum Ausdruck kam, daß sie überdurchschnittlich viele aus der jüngeren Generation an die Spitze stellte.

Ebenso heterogen wie die Wählerschaft war die Mitgliedschaft der NSDAP, die von 1930 (ca. 100000) bis 1933 auf etwa 850000 anstieg und damit, von der SPD mit über 900000 Mitgliedern abgesehen, den Anhang anderer Parteien deutlich übertraf. Die NSDAP verlor aufgrund dieses enormen, in der deutschen Parteiengeschichte wohl beispiellosen Zuwachses den strengen Geruch einer Kaderpartei mit kleinbürgerlichem Profil und hoher Ideologiefestigkeit. Sie wurde auch mit Blick auf die Mitglieder zur »volksparteiliche[n] Sammlungsbewegung«[48], die in ihren Organisationen und Protagonisten viele Facetten hatte: radikale und konservative, bürgerliche und sozialistische, fromme und antichristliche. Die NSDAP, so könnte man etwas salopp sagen, hatte jedem etwas zu bieten, der mit den Verhältnissen unzufrieden war und verzweifelt nach einem Ausweg suchte.

Die NSDAP war 1932/33 freilich nicht nur die stärkste und fast größte Partei und damit, abgesehen vom Reichspräsidenten, der gewichtigste politische Faktor in der Weimarer Republik, sondern in Gestalt der SA auch eine militärische Formation, die dem, was der »politische Arm« der Bewegung in Parlamenten, Koalitionsverhandlungen und Hintergrundgesprächen zu sagen hatte, den nötigen Nachdruck verlieh und im Falle des Falles auch als Instrument des Umsturzes dienen konnte. Wie groß der militärische Wert der SA tatsächlich war, läßt sich nicht genau bestimmen; in zahlreichen Darstellungen über die Endphase der Weimarer Republik wird er nicht einmal in Rechnung gestellt. Dabei ist offenkundig, wie Christian Hartmann zu zeigen vermag[49], daß es sich bei der SA 1932/33 um eine Bürgerkriegsarmee von hoher Effizienz und Schlagkraft handelte, die trotz der Legalitätsbeteuerungen Hitlers einen »militärischen Generalangriff« auf den Staat vorbereitete: Die SA umfaßte damals etwa 450000 Mann. Sie war außerordentlich mobil und durch ein weitverzweigtes, durch Streiks und Sabotage kaum zu beeinträchtigendes Kommunikationsnetz untereinander so gut verbunden, daß jederzeit gehandelt werden konnte. Hinzu kam eine fast grenzenlose Opfer- und Gewaltbereitschaft und ein hohes Maß an militärischer Professionalität in den Spitzenstellungen, aber auch auf der unteren und mittleren Führungsebene. Ehemalige Frontsoldaten, die in der Reichswehr keinen Platz gefunden hatten, gaben hier den Ton an. Ein gewisses Problem war die Bewaffnung. In dieser Hinsicht dürften die Schutzpolizei und vor allem die Reichswehr klar im Vorteil gewesen sein, der allerdings dadurch wieder etwas reduziert wurde, daß die NS-Wehrverbände der staatlichen Konkurrenz zahlenmäßig weit überlegen waren, daß insbesondere die Reichswehr manche Ziele der Nazis teilte und daß in der Reichswehrführung nicht die geringste Neigung bestand, die Truppe in innenpolitische Kämpfe zu schicken, schon gar nicht, wenn jenseits der Barrikaden ehemalige Kameraden standen.

Die Machtergreifung

Trotz der politischen Stärke der NSDAP und der militärischen Schlagkraft der SA muß Hitler spätestens 1932 klar gewesen sein, daß er es allein nicht schaffen konnte und Bundesgenossen brauchte, die mit ihm zusammen das Experiment von Weimar beendeten und ihm den legalen Weg zur Macht ebneten. Das Wählerpotential war ausgeschöpft, der Einsatz der SA äußerst riskant. Gedanken ähnlicher Art machte man sich ab 1929/30 in den Führungsetagen der DNVP, des Stahlhelm, der großen landwirtschaftlichen Pressure Groups wie dem Reichslandbund, in den Spitzen der Industrieverbände und in der Reichswehr. Selbst in der Kanzlei des Reichspräsidenten, dem die Pflichten seines Amtes gerade in dieser Hinsicht äußerste Zurückhaltung auferlegt hätten, gab es Planspiele für ein Arrangement mit Hitler.

Auch die Rebellen der »besseren« Gesellschaft wollten ja, wie erwähnt, einen anderen Staat, und auch sie schienen erkannt zu haben, daß die eigenen Kräfte zum Regimewechsel nicht reichten, daß sie – mit einem Wort – die plebiszitäre Flankierung einer Massenpartei brauchten.

Diese Konstellation bestand in abgewandelter Form bereits seit 1918/19. Das Zusammenspiel zwischen der radikalen Rechten und dem konservativen Establishment zog sich wie ein roter Faden durch die Geschichte der Weimarer Republik. Es entstand in den Wirren der Revolution, als Reichswehr und Freikorps an einem Strang zogen, setzte sich im Kapp-Putsch 1920 fort, erreichte drei Jahre später vor der Münchner Feldherrnhalle einen ersten Höhepunkt, aber auch sein vorläufiges Ende. 1929 wurde es im Volksbegehren gegen den Young-Plan wiederbelebt, das im übrigen der noch weithin unbekannten NSDAP die Chance eröffnete, sich auch in den Blättern der Hugenberg-Presse monatelang als die radikalste Protestpartei in Szene zu setzen.[50]

Dieses Zusammenspiel fand immer im Graubereich der Subversion statt und verlief nie reibungslos, denn die Partner waren zugleich scharfe Konkurrenten, deren Ziele nur teilweise übereinstimmten – daß es galt, das demokratische System abzuschaffen, die politische Linke zu entmachten und Deutschland wieder zu alter Größe zu verhelfen –, während in vielen anderen Fragen keine Einigung zu erzielen war; insbesondere die nach der künftigen Führung blieb offen. Bis 1929/30 ging von dieser konservativ-radikalen Interessengemeinschaft zwar eine Bedrohung, aber keine wirkliche Gefahr aus. Danach änderte sich das, und zwar nicht nur deshalb, weil in der Krise nach dem »Schwarzen Freitag« die radikalen Kräfte erstarkten, sondern auch, weil die gewandelte außenpolitische Situation nach der Annahme des Young-Planes dem konservativen Establishment größere Spielräume bot. Bis dahin hatte Versailles den Konservativen und den Nationalisten nicht nur wertvolle Propagandamunition geliefert, sondern ihnen auch manche Rücksichtnahme abverlangt, weil Zugeständnisse der ehemaligen Kriegsgegner etwa in der Reparationsfrage oder bei der Kreditbeschaffung nur bei vernünftiger Politik der deutschen Reichsregierung zu haben gewesen waren.[51]

Mit dem Young-Plan, der noch nicht das Ende der Reparationszahlungen bedeutete, aber doch spürbare Erleichterungen mit sich brachte und manche als demütigend empfundenen Einschränkungen der deutschen Souveränität aufhob, fiel dieser Zwang zur Vernünftigkeit weitgehend weg. Das wurde sofort deutlich, und die Hauptleidtragende davon war die von dem Sozialdemokraten Hermann Müller geführte Große Koalition, die von den konservativen Kräften nun gleichsam zum Abschuß freigegeben und im März 1930 schließlich auch zu Fall gebracht wurde. Müllers Nachfolger, der Zentrumspolitiker Heinrich Brüning, sollte ohne die Sozialdemokraten regieren, sozialpolitische Errungenschaften beseitigen, die als »Erfüllungspolitik« diffamierte Verständigung mit den Alliierten beenden und den Versuch machen, die Nationalsozialisten aus ihrer radikalen Oppositionsrolle heraus- und in seine Regierung hineinzuführen, ohne ihnen freilich allzu große Befugnisse einzuräumen – und das alles mit dem Endziel der Wiedereinführung der Monarchie.[52] Daß es für dieses reaktionäre Projekt keine parlamentarische Mehrheit gab, störte weder Brüning noch seine Hintermänner, konnten sie doch immer auf die in der Weimarer Reichsverfassung steckende »präsidiale ›Reserveverfassung‹«[53] zurückgreifen, die dem Reichspräsidenten enorme Machtbefugnisse gab und, zumal bei mißbräuchlicher Anwendung (die sich auch bald einbürgerte), das Parlament und die Parteien fast ganz ausschaltete.

Damit rückte mit Paul von Hindenburg ein Mann in das Zentrum der deutschen Politik, der schon mehrmals, am eklatantesten aber beim Sturz Müllers, bewiesen hatte, daß ihn der Eid auf die Verfassung nicht wirklich band. Er deckte die reaktionären Pläne, die bei Brünings Machtantritt ausgeheckt worden waren, drängte seinen Kanzler sogar immer weiter in diese Richtung und griff auch nicht ein, als Brüning der Wirtschaftskrise mit einem eisernen Sparkurs, also wohl mit ganz falschen Mitteln, zu begegnen suchte, die die Wirtschaft ruinierten, die Arbeitslosigkeit in die Höhe trieben und damit auch den Radikalisierungsprozeß auf der Linken wie Rechten anheizten. Brüning und Hindenburg nahmen diese Folgen übrigens nicht etwa zähneknirschend hin, sondern billigend in Kauf, weil sie in der Krise eine doppelte Chance erblickten: zur Abschüttelung der Reparationen, die angesichts der deutschen Zahlungsunfähigkeit fast unabweisbar schien, und zur Durchsetzung eines sozialreaktionären Kurses, der schließlich die Rückkehr zur Monarchie erlaubte.[54]

Brüning vermochte aber die Erwartungen, die Reichswehrführung, Unternehmerverbände und Großagrarier in ihn gesetzt hatten, nicht zu erfüllen. Er ging ihnen nicht entschlossen genug aufs Ganze und suchte zu ihrem Leidwesen immer wieder das Einvernehmen mit der SPD, die seine Außenpolitik und seinen Sparkurs zur Haushaltssanierung lange tolerierte, weil jede andere Regierung noch schlechter gewesen wäre. Daß die Sozialdemokraten dafür dennoch einen Preis verlangten, war ebenso klar wie die gereizte Reaktion von Brünings Hintermännern, die in Zugeständnissen an die Linke fast schon einen Akt von Hochverrat erblickten. Im Frühjahr 1932 verlor der Kanzler auch noch das Vertrauen des Reichspräsidenten, weil dieser ihm die Schuld dafür gab, daß er nur mit den Stimmen der SPD, also der »falschen Leute«, hatte wiedergewählt werden können. Damit war Brünings Schicksal besiegelt, im Mai 1932 mußte er seinen Hut nehmen.[55]

Bis dahin gab es wenigstens noch die theoretische Möglichkeit einer parlamentarischen Regierungsbildung ohne die beiden radikalen Flügelparteien NSDAP und KPD. Nach Brünings Sturz und der von seinem Nachfolger Franz von Papen provozierten Auflösung des Reichstags schied diese Möglichkeit aus, denn NSDAP und KPD verfügten nach der Reichstagswahl vom Juli 1932 über eine »negative« Mehrheit von 319 der insgesamt 608 Sitze. Nun blieben eigentlich nur noch drei Möglichkeiten des Regierens: eine Militärdiktatur, eine zivile Notstandsregierung autoritären Zuschnitts mit präsidialer Rückendeckung, ohne Parlament versteht sich, und eine Regierung Hitler. Die erste Möglichkeit schied aus, weil sich kein General fand, der die dazu nötige Portion rauhbeiniger Verfassungsverachtung mitgebracht hätte und sich sicher gewesen wäre, daß die Reichswehr ein Kräftemessen mit der SA und den kommunistischen Wehrverbänden bestehen würde. Protagonist der zweiten Variante war Franz von Papen, ein verantwortungsloser Tropf, der von Juni bis November 1932 den Reichskanzler gab. Papen bemühte sich zunächst nach Kräften, mit der NSDAP zu kooperieren, biß sich aber an der Intransigenz Hitlers die Zähne aus und wollte schließlich, wie Gordon A. Craig schrieb, auf ein »autoritäres, ständisches Staatswesen« hinaus, »in dem die Volkssouveränität abgeschafft war und eine kleine Elite von Besitzenden über die große Masse der Untertanen herrschen würde«.[56] Dieser Plan brach aber rasch in sich zusammen, weil Papen nicht den geringsten Rückhalt im Volk besaß, wie die Reichstagswahlen vom Juli und November 1932 zeigten. Hindenburg, der an der unterwürfigen Leichtigkeit des Kanzlers großen Gefallen gefunden hatte, wäre dennoch bereit gewesen, Papen mit allen präsidialen Vollmachten auszustatten und damit auch noch die letzten Fäden zu durchtrennen, die ihn mit der Reichsverfassung verbanden. Aber die Reichswehr spielte nicht mit; ein Minimum an plebiszitärer Absicherung mußte denn doch bestehen, sonst war ihre Führung nicht bereit, das Risiko eines Bürgerkriegs einzugehen, das in den Augen vieler drohte, wenn gegen das gesamte Volk regiert werden sollte.[57]

Nach Papens Abgang durfte dann noch General Kurt von Schleicher, der bisher aus dem Reichswehrministerium heraus die Fäden gezogen hatte, sein Glück als Reichskanzler versuchen – mit einem Konzept, das nach Militärdiktatur *und* autoritärer Notstandsregierung roch, gegenüber den Plänen Papens aber den Vorteil hatte, daß es die Parteien und großen Interessenverbände nicht gänzlich ignorierte.[58] Schleichers Konzept sah sozialpolitische Verbesserungen, die energische Ankurbelung der Wirtschaft und den Verzicht auf so weitreichende verfassungspolitische Experimente vor, wie sein Vorgänger sie beabsichtigt hatte. Damit glaubte der »soziale General« eine breite Mehrheit finden zu können, die von den Gewerkschaften über den Stahlhelm bis zu Teilen der NSDAP reichen sollte. Bei den Nationalsozialisten hoffte Schleicher vor allem auf Gregor Straßer, den zweiten Mann der Partei, der schon mehrfach zu erkennen gegeben hatte, daß er – anders als Hitler – einer Regierungsbeteiligung der NSDAP ohne Kanzlerschaft nicht ganz abgeneigt war.[59]

Im Dezember 1932 sah es für eine kleine Weile so aus, als habe Schleicher eine Chance. Schließlich scheiterte aber auch er: Die Gewerkschaften zeigten ihm auf Befehl der SPD die kalte Schulter. Die Großindustrie wandte sich von ihm ab, der Reichslandbund ebenso, und auch von der NSDAP kam kein positives Signal. Straßer, Schleichers Hoffnungsträger, knickte vor Hitler ein, der es um die Jahreswende 1932/33 erneut verstand, seine Partei ganz auf sich einzuschwören. Am Ende landete auch Schleicher dort, wo Papen im November gewesen war: beim Vorschlag, den Reichstag aufzulösen, dessen Neuwahl auf unbestimmte Zeit zu vertagen und ausschließlich mit präsidialer Macht zu regieren. Nur machte Hindenburg diesmal nicht mit.

Blieb nur noch Hitler? Es gab tatsächlich schon 1932 einen mächtigen, kaum mehr aufzuhaltenden Trend hin zu ihm; die Situation war keineswegs so offen, wie häufig gesagt oder suggeriert wird.[60] Daß man dem »Führer« nicht schon im Sommer 1932, nach dem Triumph seiner Partei in den Wahlen, die Macht übertrug, lag vor allem an Hindenburg, der dem Fanatiker Hitler mißtraute und ihn auch dann nur widerwillig zum Kanzler ernannt hätte, wenn er im Parlament eine Mehrheit gefunden hätte. Hitler lehnte dies jedoch ab, weil er sich nicht von anderen Parteien abhängig machen wollte. Er forderte den Reichskanzlerposten für sich, eine Reihe wichtiger Ressorts für seine Partei und ein Ermächtigungsgesetz obendrein, das ihm erlaubt hätte, durch Erlasse zu regieren.[61] Jede andere Variante einer Regierungsbeteiligung der NSDAP, etwa mit ihm als Vizekanzler, kam für ihn nicht in Frage. Er wollte alles und nichts teilen, auch wenn viele aus seiner eigenen Partei immer ungeduldiger wurden und gerne auch mit einem Teil der Macht vorliebgenommen hätten.

Als sich um die Jahreswende 1932/33 abzeichnete, daß auch Schleicher scheitern würde, verstärkte sich dieser Trend zu Hitler noch einmal. Daran änderte auch die Tatsache nichts, daß die NSDAP in der Novemberwahl empfindliche Einbußen hatte hinnehmen müssen, in einer fast verzweifelten Finanzkrise steckte und in Richtungskämpfe zwischen Hitler und Straßer verwickelt war, die von außen gesehen freilich sehr viel ernster erschienen, als sie in Wirklichkeit waren.[62] Der Eindruck des Niedergangs dürfte die Machtergreifung der NSDAP sogar erleichtert haben, konnten sich Hindenburg und seine Berater sowie die konservativen Führungsschichten, die seit langem mit dem Nationalsozialismus sympathisierten, doch einreden, eine geschwächte NSDAP sei ein bequemerer Partner und noch leichter zu zähmen, als man ohnehin schon glaubte.

Daß die Aktien der NSDAP um die Jahreswende 1932/33 erneut stiegen, hatte auch mit den Erfolgen der KPD in der Novemberwahl zu tun, die insbesondere das Establishment aufschreckten und dort die Befürchtung weckten, die alte Regel sei gebrochen, wonach die Krise vor allem der politischen Rechten nützte. Entscheidend aber war, daß nun wirklich alle Möglichkeiten des Regierens ausgeschöpft waren: Neuwahlen, bis dahin die ultima ratio in Krisen, versprachen keine Änderung. Alles, was man sich von einem neuerlichen Urnengang erwarten durfte, war eine weitere Stärkung der Kommunisten – und die wollte niemand.

Das alles wirkte zusammen und bildete den Rahmen für den letzten Akt der Weimarer Republik, der am 30. Januar 1933 mit der Vereidigung Hitlers endete. Weder das Parlament noch die Parteien waren daran beteiligt. Am Schluß drehte sich alles um den Reichspräsidenten, in dessen Nähe mittlerweile niemand mehr war, der ihn in seiner Abneigung gegen Hitler bestärkt hätte. Alle rieten sie ihm zu, dem Führer der stärksten Partei die Macht zu übertragen. Die Politik war zu einem Kammerstück verkommen, dessen wenige Hauptdarsteller ihren Rollen nicht gewachsen waren: Franz von Papen, Oskar von Hindenburg, Kurt von Schleicher, Otto Meissner, Alfred Hugenberg und Paul von Hindenburg – es waren durch die Bank verantwortungslose, zum Teil auch mediokre Figuren aus den alten Führungsschichten, die sich gegenseitig mißtrauten, die einander belauerten und mehr ihre eigensüchtigen Interessen als das Wohl des Staates im Auge hatten. Daß Hitler und der Nationalsozialismus aus einem anderen Holz waren als sie selbst und alles, was die Geschichte bis dahin hervorgebracht hatte, fiel ihnen erst auf, als es zu spät war. Zuvor unterschätzten sie den Nationalsozialismus und beruhigten sich mit der Hoffnung, daß es ihnen jederzeit gelingen würde, Hitler in die Ecke zu drücken, daß er quietscht.[63]

Am 30. Januar 1933 war Hitler am Ziel. Er war Kanzler einer Koalitionsregierung, dem es allerdings rasch gelang, seine bürgerlichen Partner zu entmachten. Damit hatte im Deutschen Reich ein Mann die Macht in Händen, der sich von den Führern der anderen faschistischen Bewegungen in Europa ebenso unterschied wie von den Häuptern der Deutschen Arbeiterpartei, der er sich 1919 in München angeschlossen hatte. Die Unterschiede haben zum einen mit Hitler selbst zu tun. Keiner – von Codreanu vielleicht abgesehen – war so fanatisch, keiner so unmenschlich kalt und keiner so sehr davon überzeugt, daß ihm alles erlaubt war. Daß Hitler anders war, zeigte sich zum anderen an seinem politischen Programm, an seiner Weltanschauung, die er aus seinen Wiener und Münchner Erfahrungen gewonnen hatte und an der er – ungeachtet späterer einschneidender Erlebnisse – bis zum Ende im Bunker der Reichskanzlei festhielt. Hier gab es gewiß viele Berührungspunkte mit dem, was einem Mussolini, einem Codreanu oder einem Mosley vorschwebte. Zu nennen wäre der Führergedanke, der die ganze Nation durchdringen sollte, die Ambition, Ansehen und Einfluß des eigenen Volkes zu erhöhen, und die Entschlossenheit, anderen Parteien und Gruppen keine Entfaltungschance zu lassen. Auch in puncto Fremdenhaß, Antisemitismus und Aggressivität nach außen gab es manchen Gleichklang. Keiner aber setzte so radikal alles auf eine Karte wie Hitler: Während ein Mussolini die Beherrschung des Mittelmeeres im Auge hatte oder ein Pavelić ein Großkroatien, ließ Hitler in seiner Eroberungspolitik keine Grenze gelten, und während ein Codreanu die Juden ebenfalls zu erstrangigen Gegnern erklärte, die in einem Rumänien unter seiner Führung nichts Gutes zu erwarten gehabt hätten, ließ Hitler dessen letztlich doch traditionellen Judenhaß weit hinter sich. Er kannte in der Bekämpfung der Juden kein soziales und kein religiöses, sondern nur ein rassisches Maß und das Ziel, die Juden als die großen Unruhestifter und Verderber auszulöschen.

Mit diesem maßlosen Programm vermochte Hitler nicht nur bei einer kleinen Sekte zu reüssieren, sondern bei einer großen Volkspartei mit 850000 Mitgliedern und schließlich sogar bei beträchtlichen Teilen des deutschen Volkes. Niemand sonst aus der Führungsriege des europäischen Faschismus verfügte über eine derart schlagkräftige und kompakte Organisation, und niemand sonst hatte so großen und überzeugten Rückhalt in der Gesellschaft – auch wenn die Annahme verfehlt wäre, jeder Parteigenosse oder gar jeder Wähler habe die Vorsätze der NSDAP im Sinne Hitlers interpretiert und sei von demselben Fanatismus beseelt gewesen wie der »Führer«. Hitler gebot damit – und das ist wohl der größte Unterschied zu anderen Faschisten – über ein Potential, das in Europa ohne Beispiel war. Sollte er es zum Einsatz bringen, dann mußte nicht nur Europa, sondern die ganze Welt den Atem anhalten.

Hitler und Mussolini

Einen Tag nach seinem Amtsantritt richtete Hitler eine Botschaft an Mussolini und versicherte ihm, daß er an seiner »Politik der Freundschaft zu Italien« festzuhalten gedenke.[64] Diese Versicherung hätte ihm, wäre sie denn in der Öffentlichkeit bekannt geworden, großen Beifall eingetragen, denn der Faschismus und Mussolini standen Anfang der dreißiger Jahre im Deutschen Reich hoch im Kurs. In keinem Land Europas ist so viel über den Faschismus geschrieben und gesprochen worden – und zwar häufig durchaus positiv, wie Wolfgang Schieder eindrucksvoll nachgewiesen hat, weil viele in der Schöpfung Mussolinis ein Alternativmodell zum Parteienstaat erblickten, das durch die korporativistische Wirtschaftsordnung den Klassenkampf überwunden und durch die plebiszitär legitimierte Diktatur den Parteienstreit beseitigt habe, ohne – so meinte man jedenfalls – den Partizipationswillen des Volkes ganz zu ignorieren. »Bei einer Meinungsumfrage unter Wahlberechtigten aller Parteien, bei der große Persönlichkeiten aus Geschichte und Gegenwart genannt werden sollten, kam Mussolini 1929 bei Nationalsozialisten hinter Bismarck und Hitler, aber noch vor Friedrich dem Großen auf den dritten Platz.«[65]

Dabei beschränkte sich die positive, die terroristische Seite ignorierende »Duce«- und Faschismusrezeption nicht nur auf das rechte Lager, auf die Nationalisten, die Völkischen, auf Exponenten der Konservativen Revolution oder auf Nationalrevolutionäre wie Ernst Jünger, der 1927 meinte, der Marsch auf Rom habe für den »neuen Willen« der Völker dieselbe Bedeutung, »wie sie die Eroberung der Bastille für das Bürgertum darstellte«[66]. Mussolini und das von ihm geschaffene faschistische System hatten auch im konservativen Bildungsbürgertum und in liberalen Kreisen eine gute Presse, und selbst im katholischen Lager und in den Unternehmerverbänden schaute man mit großem

Interesse auf den italienischen Faschismus, ohne »daß man sich damit automatisch dessen deutscher Variante zuwandte«[67].

Hitlers Präferenz für Italien war allerdings nicht konjunkturell bedingt, sie gehörte seit seinem Eintritt in die Politik zu seinen Grundüberzeugungen. Damals hatte er erkannt, daß auch einem nationalsozialistischen Deutschland enge Fesseln angelegt sein würden und daß es ohne fremde Hilfe wohl kaum gelingen konnte, außenpolitisch Boden gutzumachen. Das Deutsche Reich war nach 1918 ohnmächtig und isoliert. Wenn es überhaupt Unterstützung von außen zu erwarten hatte, so am ehesten von Italien, dessen hochgespannte territoriale Gewinnerwartungen nach dem Ersten Weltkrieg unerfüllt geblieben waren. Italien mußte ebenso wie das Deutsche Reich früher oder später an der Friedensordnung von 1919 rütteln, wenn es seine nationalen Interessen nicht ganz vernachlässigen wollte.

So dachte Hitler schon 1920, als er von Mussolini und vom Faschismus noch nichts gehört hatte. »Die Grundforderung ist:«, sagte er im August 1920, »weg mit dem Friedensvertrag! Wir müssen dazu alle Hebel in Bewegung setzen, hauptsächlich die Gegensätze zwischen Frankreich und Italien ausnützen, damit wir Italien für uns bekommen.«[68] An diesem Gedanken hielt Hitler in den folgenden Jahren unbeirrt fest. Er bewog ihn 1922/23 auch, die Südtirol-Frage auf sich beruhen zu lassen, obwohl er sich damit viel Ärger im nationalen Lager und sogar in der eigenen Partei einhandelte. Mit Klagen über die Brennergrenze und das »unerlöste« Südtirol, so Hitler, konnte man sich in Rom nur Feinde machen.

Die Wahrscheinlichkeit, daß sein Konzept aufgehen würde, »steigerte sich zur Gewißheit«, so Hitler rückblickend in seinem sogenannten Zweiten Buch, als 1922 der Faschismus triumphierte und in Italien ein Regime etabliert wurde, »das die ausschließliche Vertretung der italienischen Interessen als Parole an seine Fahnen geheftet hatte«.[69] Hitler glaubte, damit den idealen Bündnispartner zur Überwindung des Versailler Systems gefunden zu haben. Der Sieg des Faschismus erschien ihm als einer der »Wendepunkte der Geschichte«, und augenblicklich erfaßte ihn eine tiefe Bewunderung für den Mann, der den Faschismus erfunden und ihm mit ebenso geschickter wie skrupelloser Zielstrebigkeit zur Macht verholfen hatte. Das hieß freilich nicht, daß Hitler sich nun intensiv mit der Ideologie und Praxis des faschistischen Regimes beschäftigt hätte. Mussolinis Herrschaft, die nach 1922 langsam Gestalt zu gewinnen begann, war und blieb ihm fremd und bot, was Ideologie und Herrschaftstechnik anging, relativ wenig, was sich zur Nachahmung empfahl. Insbesondere im Hinblick auf die Rassenfrage und den Antisemitismus gab es zunächst keinen Anknüpfungspunkt. Um so interessanter erschienen Hitler neben Mussolinis taktischer Geschmeidigkeit einige Accessoires der Selbstinszenierung wie der römische Gruß, die Parteiuniform, der Märtyrerkult, die Verherrlichung der »Alten Kämpfer« oder der hochgestimmte Gestus von Feiern und Gedenkveranstaltungen, die die NSDAP vom Faschismus übernahm, während der Führerkult um Hitler und Mussolini unabhängig voneinander (und gleichzeitig) entstand.[70]

Mussolinis Interesse am Deutschen Reich hatte ähnliche Wurzeln; auch bei ihm standen vor allem machtpolitische Überlegungen im Vordergrund, die um die Erringung einer Großmachtrolle für sein Land kreisten. Frankreich aber ließ Mussolinis weit ausgreifenden imperialistischen Phantasien keinen Raum.[71] Der »Duce« setzte deshalb alle Hebel in Bewegung, um die von Paris stabilisierte Friedensordnung zum Einsturz zu bringen. Wirkliche Erleichterung war aber nur dann zu erwarten, so erkannte Mussolini, wenn der »potentiell stärkste revisionistische Staat Deutschland«[72] gegen den Status quo in Europa zu rebellieren begann und damit die Hüter von Versailles so beschäftigte, daß er seinen Eroberungsträumen nachgehen konnte, ohne schwere Sanktionen fürchten zu müssen. Eines seiner wichtigsten außenpolitischen Ziele war denn auch die Verhinderung eines deutsch-französischen Ausgleichs und die Ablösung der demokratisch-parlamentarischen Weimarer Republik durch ein autoritäres und nationalistisches Regime, das die französische Vorherrschaft in Europa in Frage stellen würde.

Dem nationalistischen Lager im Deutschen Reich kam in diesem imperialistischen Kalkül eine herausgehobene Rolle zu. Mussolini hielt sich ständig auf dem laufenden über die Entwicklung im Deutschen Reich und versuchte, wo es irgend ging, Anknüpfungspunkte zu rechten Gruppen zu finden. Das geschah zum einen im direkten Kontakt mit deren Repräsentanten, die in den zwanziger Jahren in immer größerer Zahl nach Rom pilgerten, um sich im Glanze Mussolinis zu sonnen, und zum anderen dadurch, daß er Vertraute in geheimer Mission nach Deutschland schickte. Seine Emissäre pflegten Kontakte zur Reichswehr, namentlich auch zum Chef der Heeresleitung, Hans von Seeckt, zu monarchistischen Kreisen sowie zur DNVP und insbesondere zum Stahlhelm.[73] Die italienische Botschaft in Berlin erfuhr davon in der Regel kaum etwas, denn Mussolini mißtraute der offiziellen Diplomatie. In heiklen Fragen setzte er lieber auf eine faschistische »diplomazia parallela«, die es ihm erlaubte, die Kontakte zu rechten Gruppen möglichst unverbindlich zu halten, und zugleich den Vorteil bot, die Beziehungen zur Reichsregierung nicht über Gebühr zu belasten.

Was Mussolini bis 1930 aus Deutschland zu hören bekam, dürfte ihn nicht sehr optimistisch gestimmt haben. Am vielversprechendsten erschien ihm zu dieser Zeit wohl der Stahlhelm, der in der zweiten Hälfte der zwanziger Jahre das Image eines etwas betulichen Veteranenvereines abzustreifen begann und alles tun wollte, um die nationale Opposition zum politischen »Großeinsatz« zu bringen.[74] Mussolini favorisierte den Bund der Frontsoldaten bis 1930/31, während die Nationalsozialisten in seinem revisionistischen Konzept nur eine untergeordnete Rolle spielten. Seit Anfang der zwanziger Jahre bestanden zwar lose Verbindungen zwischen NSDAP und PNF, und Mussolini bemühte sich auch, Hitler, den er eigentlich nicht ernst nahm und dessen Antisemitismus er als grotesken Anachronismus verspottete, nicht vor den Kopf zu stoßen. Zugleich blieb er aber stets darauf bedacht, sich nicht zu verpflichten und Distanz zu Hitler zu wahren.[75]

Nach dem spektakulären Erfolg der NSDAP in der Reichstagswahl vom 14. September 1930 änderte sich das Klima. Die Beziehungen zwischen Faschismus und Nationalsozialismus wurden nun enger. Immer öfter fuhren Delegationen der NSDAP über den Brenner, und zuweilen fanden sogar straffällig gewordene Nationalsozialisten, denen im Deutschen Reich der Boden zu heiß geworden war, Unterschlupf in Italien. Dieser

Annäherungsprozeß erreichte im Mai 1931 seinen ersten Höhepunkt, als Hermann Göring nach Rom reiste und als Geschenk für Hitler eine Fotografie des »Duce« mit Widmung nach Hause brachte.

Mussolini hatte offenbar erkannt, daß mit dem Stahlhelm kein Staat zu machen war und daß nur Hitler das Zeug dazu hatte, die politischen Verhältnisse im Deutschen Reich im faschistischen Sinne zu verändern. Eine spezielle Rolle spielte dabei der italienische Major Giuseppe Renzetti, der im Auftrag Mussolinis seit 1929/30 daran arbeitete, die zersplitterten Kräfte der deutschen Rechten zu einen.[76] Auch Renzetti setzte anfangs ganz auf den Stahlhelm, erlag dann aber 1930/31 dem Charisma Hitlers und tat fortan alles, um den Aufstieg der NSDAP zu erleichtern. Der Vertraute des »Duce« traf Hitler 1932/33 dutzende Male, in entscheidenden Phasen wich er ihm oft tagelang kaum von der Seite. Renzetti nutzte seine Vorzugsstellung im Zentrum des Nationalsozialismus in vielfältiger Weise: Er betätigte sich als Propagandist der NSDAP und versuchte seine Gesprächspartner in der DNVP, im Stahlhelm und in der Reichswehr von der historischen Notwendigkeit eines Rechtsbündnisses unter der Führung der Nationalsozialisten zu überzeugen. Er brachte Politiker der in sich zerstrittenen nationalen Opposition in seinem Haus zusammen, wo sie sich auf gleichsam neutralem faschistischem Boden im kleinen Kreis austauschen konnten, und er legte sich schwer ins Mittel, um Hitler zu lenken und auf den richtigen Weg zur Macht zu führen. Dissidente Stimmen wie die von Gregor Straßer, so meinte er, mußten ebenso rücksichtslos zum Verstummen gebracht werden wie der SA-Führer Ernst Röhm; dieser vor allem wegen seines Lebenswandels, der in Renzettis Augen geeignet war, »das Erscheinungsbild und den guten Namen der Miliz zu beflecken«. Ganz entschieden wandte sich Mussolinis »longa manus« auch gegen die »Ehrgeizigen oder Ängstlichen« in der NSDAP, die 1932 dazu tendierten, jede Gelegenheit zur Regierungsbeteiligung zu nutzen. Die NSDAP, schärfte er Hitler mehrfach ein, dürfe nur dann in die Regierung eintreten, wenn sie stark genug sei, ihr den eigenen Stempel aufzudrücken.[77]

Bei alledem blieb Renzetti nicht verborgen, daß die NSDAP 1932 auf dem Weg zur Macht steckengeblieben war. Auch in ihm begann deshalb die Frage zu nagen, ob Hitlers Legalitätskurs zum Ziel führen oder in der Sackgasse enden würde. Er stand damit nicht allein. Gerade in der Führung der faschistischen Partei, die den Mythos kultivierte, 1922 der Welt gezeigt zu haben, was einige Haufen zu allem entschlossener Revolutionäre vermochten, gab es nicht wenige, die Hitler für einen Zauderer hielten. In diesen Kreisen nahm man Curzio Malapartes 1931 erschienenes Buch ›Der Staatsstreich‹ begeistert auf. Hitler, so hieß es dort spöttisch, sei »ein Diktator, der es nicht wird«, ein »revolutionärer Opportunist«. Der nationalsozialistischen Revolution fehle nicht die Armee, »sondern der Führer«[78].

Dieses Unbehagen griff Renzetti auf, als er im April 1932 erstmals die »Idee eines Handstreiches in Berlin« in Umlauf brachte. »Es würden [...] etwa hundert Mann genügen«, meinte er, »um die Führer der gegnerischen Kräfte zu schnappen und um jenen Marsch auf Berlin zu starten, der die erste Phase der nationalen Revolution abschließen würde.«[79] Es muß offen bleiben, ob Renzetti dem Auftrag Mussolinis folgte, als er diesen Vorschlag unterbreitete, oder ob er dabei auf eigene Faust handelte. Fest steht aber, daß der »Duce« die Initiative seines Vertrauten billigte, als er ihn am 9. Juni 1932 in Rom traf, denn Renzetti wiederholte danach im Gespräch mit Hitler und Göring mehrfach seine Auffassung, daß »es der Bewegung der Braunhemden auf legalem Wege nicht gelingen wird, die Macht zu ergreifen, daß es nötig ist, eine Gewaltaktion zu versuchen«[80].

Der »Duce« sehnte die Machtergreifung Hitlers herbei, nein, mehr als das: Er beriet Hitler und drängte ihn ab 1932 zur revolutionären Aktion. Er versuchte, ihn vor Fehlern zu bewahren, und warf mehrmals sein ganzes Prestige in die Waagschale, um die potentiellen Bündnispartner des Nationalsozialismus von Stahlhelm und DNVP zur Kooperation mit der NSDAP zu bewegen. Den Ausschlag dafür gab das dominierende Interesse Mussolinis an der Etablierung einer autoritären Rechtsregierung im Deutschen Reich, die die auch ihn bindenden Fesseln der Pariser Friedensverträge einfach abwerfen würde. Nur wenn die deutsche Führung von der Politik der schleichenden Revision zur offenaggressiven Herausforderung der Schutzmächte der europäischen Nachkriegsordnung überging, hatte er den Rücken frei für seine imperialistischen Abenteuer im Mittelmeerraum und in Afrika.

Nimmt man alles zusammen, so wird man kaum umhinkönnen, die Bedeutung ideologischer Gesichtspunkte im Verhältnis der beiden Diktatoren wie der beiden politischen Bewegungen und Regime doch etwas geringer zu veranschlagen, als das im wissenschaftlichen Schrifttum oft geschieht. Ausschlaggebend waren auf beiden Seiten macht- und bündnispolitische Erwägungen. Den Stellenwert ideologischer Faktoren geringer anzusetzen heißt nun freilich nicht, daß der Aufstieg der NSDAP von den Vorgängen in Italien gänzlich unbeeinflußt geblieben wäre. Die NS-Bewegung profitierte vom siegreichen Vorläufertum des Faschismus vor allem in zweierlei Hinsicht: Die stupende Erfolgsgeschichte Mussolinis nach 1922 beflügelte zumal in den ersten, noch ganz mageren Jahren nach Hitlers Wiedereintritt in die Politik die Aktivisten der Partei und stärkte die Kohäsion der NSDAP. »Die Tatsache allein, daß man das machen kann«, wie Hitler noch 1941 sagte, »hat uns einen Auftrieb gegeben.«[81] Wenn eine revolutionäre Umwälzung in einem Land wie Italien möglich war, das auch Hitler und die NSDAP mit einem beträchtlichen Maß an Geringschätzung betrachteten, dann erst recht im Deutschen Reich.

Begünstigt wurden Hitler und die NSDAP außerdem dadurch, daß man in der Endphase der Weimarer Republik in rechten, aber auch in liberal-konservativen und katholischen Kreisen die Lösung der Staats- und Wirtschaftskrise von einer charismatischen Diktatur, wie Mussolini sie ins Werk gesetzt hatte, zu erwarten begann und zugleich die NSDAP und ihren »Führer« vor dem Hintergrund der Erfahrungen mit dem faschistischen Original und seinem »römischen Genius« an der Spitze beurteilte. Auf diese Weise verlor für viele verängstigte Bürger nicht nur die »Idee einer faschistisch-totalitären Herrschaft [...] ihren Schrekken«[82], sondern ein wenig wohl auch die NS-Bewegung; denn weiter als Mussolini würde dessen »schlechte Kopie« – einmal an der Macht – auch nicht gehen können. »In dieser Perspektive«, hat Hans-Ulrich Thamer treffend geschrieben, »sind Mussolini-Mythos und Faschismus-Rezeption Teil der Geschichte jener Unterschätzung, die Aufstieg und Machtergreifung des Nationalsozialismus begleitet und ermöglicht hat.«[83]

Kapitel 4

Zwischen Rom und Berlin: Konkurrenz und Kooperation im faschistischen Lager 1933–1936

Der Faschismus als weltpolitischer Trend?

Hitlers Machtergreifung im Januar 1933 hatte auf die »älteren« faschistischen Bewegungen und diejenigen Gruppen, die nur eine Veranlagung zum Faschismus hatten, eine ähnlich stimulierende Wirkung wie zuvor die Weltwirtschaftskrise. Der Erfolg der Nationalsozialisten in Deutschland schien den Erfolg der Faschisten von 1922 in Italien zu bestätigen und »den Faschismus in einen machtvollen weltpolitischen Trend zu verwandeln«[1]. Die Attraktivität des Faschismus nahm weiter zu, und manche meinten, es sei nur noch eine Frage der Zeit, bis auch andere Länder Regime hervorbringen würden, die dem italienischen Ursprungsmodell ähnelten. Richard Nikolaus Coudenhove-Kalergi, der Gründer der Paneuropa-Bewegung, beispielsweise schrieb im Frühjahr 1933: »Heute ist die europäische Demokratie im vollen Rückzug gegenüber dem Vormarsch des Faschismus. Nicht einmal die Hälfte der Europäer lebt noch in demokratischen Staatsformen. Und auch in diesen demokratischen Staaten dringen faschistische Ideen immer stärker vor und drohen in ihrem Sinn die Verfassungen zu ändern.«[2] Diese Ansicht war 1933 weit verbreitet, und sie fand in den folgenden Jahren um so größere Resonanz, als deutlich wurde, daß Italien die Prüfung der Weltwirtschaftskrise besser bestand als die meisten demokratischen Staaten und daß auch das Deutsche Reich mit der Geißel der Arbeitslosigkeit, der schmerzlichsten Folge der weltweiten Krise, rasch fertig zu werden vermochte: 1933 waren in Deutschland noch über sechs Millionen Menschen ohne Arbeit, im Januar 1935 hatte sich die Arbeitslosigkeit um 50 Prozent verringert, und 1936/37 herrschte in manchen Branchen bereits ein Mangel an Arbeitskräften.[3]

Dem Faschismus – und hierunter faßte man in der öffentlichen Debatte häufig auch den Nationalsozialismus – schien die Zukunft zu gehören, während die demokratischen Staaten bereits in die Agoniephase eingetreten waren, an eklatanter Entscheidungsschwäche litten und zu keinerlei Aufschwung mehr fähig schienen. Damit verwandelte sich auch der Charakter der Herausforderung, die der Faschismus in seiner umfassenden Form für die demokratische und natürlich auch für die kommunistische Welt darstellte. Bis dahin war die Herausforderung vorwiegend ideologischer Natur gewesen. Der Faschismus hatte als eine Alternative zu Demokratie und Bolschewismus gegolten, auf die im nationalen Notfall zurückgegriffen werden konnte. Nun, nach 1933, trat ein zweites Element hinzu: Der Faschismus wurde auch zu einer wirtschaftspolitischen Herausforderung, weil seine Instrumente allem Anschein nach besser griffen als alles, was man im westlich-kapitalistischen Lager ersonnen hatte. Wie diese Instrumente im einzelnen hießen, darüber gab es unter denen, die sie so lautstark priesen, freilich durchaus unterschiedliche Ansichten. Die einen nahmen sich die angebliche Großinnovation des italienischen Faschismus, den Korporativismus, zum Vorbild – und mußten in der Regel bald erkennen, daß sie einem Phantom nachjagten, weil von Mussolinis großen Plänen nur weniges Realität geworden war. Die anderen machten sich Hitlers Konzept des Staatsinterventionismus und der antizyklischen Investitionspolitik zu eigen, und die dritten meinten, wenn sie über die Grundsätze der faschistischen Wirtschaftspolitik sprachen, nichts anderes als eine moderne Variante des Zunftwesens oder des Ständestaates katholischer Prägung, die auch in den päpstlichen Sozialenzykliken des 19. Jahrhunderts zu finden war.

Die Bedeutung des zweiten Wachstumsschubs in der faschistischen Welt nach 1933 sollte dennoch nicht überschätzt werden. Die Epoche stand auch jetzt nicht im Zeichen des Faschismus, wie ein populärer Buchtitel suggeriert.[4] Gewiß, die alten faschistischen Parteien verspürten überall Aufwind, und in vielen Ländern schossen neue Bewegungen aus dem Boden, die rasch eine gewisse Aufmerksamkeit fanden. Gleichzeitig machte sich aber auch ein Gegentrend bemerkbar, der die ideologische und wirtschaftspolitische Anziehungskraft des Faschismus stark reduzierte. Dieser Trend hatte seine Ursache nicht primär im linken Antifaschismus, der seit den zwanziger Jahren von sich reden machte, sondern vor allem in den nationalen Bedrohungsgefühlen, die Hitlers Machtergreifung weckte. Vor 1933 war das machtpolitische Gewicht des Faschismus in seinen diversen Spielarten zu gering gewesen, als daß es die europäische Nachkriegsordnung hätte aus den Angeln heben können. Nach dem 30. Januar 1933 sahen die Dinge anders aus, die Grenzen in Europa waren nun akut gefährdet, und jeder, der am Faschismus Gefallen fand, mußte sich deshalb fragen, welche Konsequenzen für das eigene Land es haben konnte, wenn parallel zum Aufstieg Hitlers auch einheimische faschistische Gruppen an Bedeutung gewannen, die sich auf die Diktatoren in Berlin und Rom beriefen und bereit schienen, mit ihnen gemeinsame Sache zu machen.

Überlegungen dieser Art hatten vor allem in Nord- und Westeuropa eine abschreckende Wirkung. Das demokratische System blieb dort weitgehend stabil, faschistische Parteien hatten, trotz Wirtschaftskrise und ideologischer Anfechtungen, nur eine Außenseiterchance, wie am Beispiel Norwegens, Belgiens und Frankreichs gezeigt werden kann.

Aufschwung und Isolierung: Faschistische Bewegungen in Norwegen, Belgien und Frankreich

Norwegen hatte eine rasante Entwicklung in Richtung Industriegesellschaft erlebt, bevor nach 1918 die Abkühlung der Kriegskonjunktur allem Fortschrittsoptimismus und aller Zukunftsgewißheit ein rasches Ende setzte. Die Folge dieses Auf und Ab war eine tiefe Orientierungskrise, die auch den Vorrat an demokratischen Gemeinsamkeiten zwischen den etwa gleich starken Parteien der Linken und der Rechten anzugreifen drohte. Schon Mitte der zwanziger Jahre entstanden so an den Rändern des politischen Spektrums radikale Gruppen, die alles auf den Kopf stellen wollten und sich in ihrer rechten und linken Spielart auf den Bolschewismus beriefen, die einen als Vorbild, die anderen als Schreckbild. Die Weltwirtschaftskrise verschärfte diese Polarisierung noch, und mit Hitlers Machtergreifung im Januar 1933 kam ein weiteres Element ins Spiel, das die Fronten verhärtete. Vom deutschen Beispiel beflügelt, trat nämlich im Frühjahr 1933 die »Nasjonal Samling« hervor, die binnen kurzem zur Sammlungspartei der radikalen Rechten aufzusteigen vermochte. Wesentlichen Anteil an diesem Erfolg hatte ihr Gründer, Vidkun Quisling, ein vielversprechender Generalstabsoffizier, der sich im Auswärtigen Dienst und als Mitarbeiter Fridtjof Nansens bei dessen humanitären Aktionen in Rußland einen Namen gemacht hatte, ehe er in die Politik ging und dort als Verteidigungsminister von 1930 bis 1933 Karriere machte. Quisling war ein glühender Antikommunist, ein fanatischer Rassist und ein romantischer Revolutionär, der sich zur Rettung des Vaterlandes und der Welt oder, wie er selbst sagte, zur »Errichtung des Gottesreiches hier auf Erden« berufen fühlte.[5] Ihm schwebte, als er 1933 die Regierung verließ und seine eigene Partei ins Leben rief, die Vernichtung des Marxismus vor, ferner die Aufhebung des Parlamentarismus und die Etablierung einer Diktatur und schließlich die Gründung eines Bundes der rassisch überlegenen nordischen Völker, in dem die skandinavischen Länder mit England und Deutschland zusammenarbeiten sollten.

Die Nasjonal Samling schien 1933/34 viele Sympathien bei jungen stellungslosen Akademikern, angeschlagenen Unternehmern und in ihrer Existenz gefährdeten bäuerlichen Honoratioren zu genießen. Aber der Erfolg bei den Wahlen, der nach einigen spektakulären Auftritten des Populisten Quisling als sicher gegolten hatte, blieb aus. Die Partei landete 1933 bei 2,3 Prozent und fiel 1936 auf 1,8 Prozent zurück. Quisling hatte sich diesen Mißerfolg zum Teil selbst zuzuschreiben, weil er – von den Erfolgen Hitlers nach 1933 geblendet – Verwandtschaft und Nähe zum Nationalsozialismus zu sehr betonte und damit starke Gegenkräfte in allen gesellschaftlichen Lagern, aber auch in den eigenen Reihen auf den Plan rief, die sich gegen jegliche Form eines ideologischen Imports sträubten. Die Wahlschlappen hatten ihren Grund aber vor allem in der Demokratiefestigkeit und Erneuerungsbereitschaft der von Quisling gereizten etablierten Parteien, zumal der Arbeiterpartei und der Bauernpartei, die

1935 eine neue Regierung bildeten und damit eine Art historischen Kompromiß schlossen, der zur ideologischen Entkrampfung und vor allem zur Überwindung der schweren Wirtschaftskrise führte. Die Nasjonal Samling war danach ihres Resonanzbodens beraubt und »überflüssig«[6]. Sie verkam zu einer gänzlich unbedeutenden Splitterpartei, die 1940 kaum mehr als 1500 Mitglieder zählte.

In Belgien war das faschistische Potential nicht ganz so leicht zu bändigen. Es war freilich auch ungleich größer, resultierte es doch nicht nur aus der Wirtschaftskrise und der ihr folgenden politischen Instabilität, die sich in häufigen Regierungswechseln äußerte, sondern auch aus dem Dauerstreit zwischen Flamen und Wallonen, der sich immer wieder an der Sprachenfrage entzündete. Entlang dieser ethnischen Reibungsfläche entstanden Anfang der dreißiger Jahre mehrere nationalistische Gruppen, die sich ganz oder in Teilen dem faschistischen Lager in Europa zugehörig fühlten. Auf der flämischen Seite war dies vor allem der Vlaamsch Nationaal Verband (VNV), der sich auf Mussolini und die Action française berief und von einem Großbelgien in den Grenzen des mittelalterlichen Burgund träumte, auf der wallonischen die Rexisten, die zunächst nur militant-katholisch und nationalistisch waren, dann autoritär wurden und sich schließlich zu Rassisten und gewalttätigen Faschisten wandelten.

Der Motor und Anführer der Rex-Bewegung war der 1906 geborene Léon Degrelle, ein rhetorisch und journalistisch außerordentlich talentierter Student, der 1930 an die Spitze des katholischen Verlages »Christus Rex« berufen wurde und diese Plattform nutzen wollte, um der in seinen Augen träge und steril gewordenen katholischen Partei auf die Sprünge zu helfen. Anfangs ging es dabei nur um die stärkere Betonung der wallonischen Identität und eine Restaurierung des alten Systems nach dem ständestaatlichen Modell eines Salazar oder eines Dollfuß – mit einer starken Exekutive und einer nach Gilden und Korporationen gegliederten Gesellschaft –, schon bald aber wurde die Kritik vehementer und schließlich so giftig, daß der Bruch mit Verlag und Kirche 1935/36 unausweichlich war.[7]

Degrelle gründete daraufhin seine eigene Partei, die sich rasch von ihren katholischen Ursprüngen entfernte und zunehmend radikalere Züge gewann. Mit von der Partie waren viele Dissidenten aus dem katholischen Milieu, die mit Degrelle schon im »Christus Rex« zusammengearbeitet hatten, zahlreiche ehemalige Soldaten, die noch immer auf der Straße standen, und nicht wenige Aktivisten von anderen nationalistischen Gruppierungen, die sich von Degrelle größeren Schwung erwarteten als von ihren alten Führern.

Die Rexisten präsentierten sich als junge, dynamische Partei, die der grassierenden Korruption den Kampf ansagte und alles für eine geistige Umkehr im christlichen Sinne zu tun versprach. Was das genau bedeutete, blieb unklar und mußte auch nicht weiter präzisiert zu werden, denn der »rex-appeal«[8] des Demagogen Degrelle und die immer neu aufgedeckten Bestechungsfälle in den anderen Parteien taten auch so ihre Wirkung. Die Rexisten hatten binnen kurzem über 12000 Mitglieder, und sie errangen schon in den Wahlen von 1936 mit 11,5 Prozent der Stimmen ein fast sensationell gutes Ergebnis.

Degrelle ließ sich davon den Kopf verdrehen. Er wollte den Anfangserfolg in einen Triumph verwandeln und zugleich das gesamte politische System aus den Angeln heben. Er provozierte damit aber nur die Bildung einer Abwehrfront, an der sich nicht nur der Staat und alle großen Parteien beteiligten. Auch die katholische Kirche, die ihn lange gedeckt hatte, distanzierte sich und bezeichnete ihn als Gefahr für das Land. Degrelle war seinen eigenen Landsleuten unheimlich geworden. Seine Arroganz stieß viele ebenso ab wie sein immer herrischeres Auftreten, vor allem aber machte ihm zu schaffen, daß 1936 Informationen über seine engen Beziehungen zum internationalen Faschismus auftauchten, die in Degrelles Besuchen bei Mussolini und Hitler auch ihre Bestätigung fanden. Von da ab haftete ihm der Verdacht an, im Solde ausländischer Mächte zu stehen und sogar mit dem Nationalsozialismus zu paktieren, der von vielen Belgiern als eine tödliche Bedrohung empfunden wurde.

Degrelle hatte sich damit mehr Gegner geschaffen, als er verkraften konnte. Er war, wie Martin Conway bemerkte, in der »politischen Wüste« gelandet[9], besann sich dort aber nicht eines Besseren, sondern ließ seinem Radikalismus nun endgültig die Zügel schießen und führte die Rexisten immer weiter nach rechts, bis schließlich auch sie, wie die Nasjonal Samling in Norwegen, mit nur noch 4,4 Prozent bei den Wahlen von 1939 fast ganz in der Bedeutungslosigkeit versunken waren. Das liberaldemokratische System hatte auch hier die Bewährungsprobe bestanden.[10]

Man wird trefflich darüber streiten können, ob man die Rexisten und die Nasjonal Samling wirklich als faschistisch bezeichnen kann, und nie zu einem befriedigenden Ende finden. Denn wie immer man Faschismus auch definieren mag, ob man die Kriterien dafür vom italienischen Vorbild ableitet, aus dem Vergleich zwischen italienischem Faschismus und deutschem Nationalsozialismus oder aus der Konstruktion eines Idealtypus gewinnt, der sinnvollerweise wieder mit den historischen Hauptphänomenen in enger Verbindung stehen müßte – mehr als eine *gewisse* Verwandtschaft zwischen Klein- und Splitterparteien wie den Rexisten und der Nasjonal Samling und Großbewegungen wie dem Partito Nazionale Fascista oder der NSDAP wird sich in keinem Fall feststellen lassen. Definitorische Probleme dieser Art bestehen, wie bereits angedeutet[11], mit Blick auf alle Bewegungen, die mit guten und besseren Gründen als faschistisch charakterisiert werden. Besonders groß sind sie im Falle von Frankreich; hier sprechen noch immer viele davon, daß der Faschismus in den zwanziger und dreißiger Jahren nur eine marginale Rolle gespielt habe, während andere die Meinung vertreten, der Faschismus sei damals die tendenziell größte Massenbewegung gewesen.[12]

Klar ist aber: Die weltweite Depression nach 1929 stürzte Frankreich in eine wirtschaftliche Krise, aus der die vielfach zersplitterten etablierten politischen Kräfte der Mitte keinen Ausweg zu weisen vermochten. Die Krise nützte zunächst der politischen Linken, die 1932 in den Wahlen siegte. Sie spielte aber auch der nach Hitlers Machtergreifung zuversichtlicher gewordenen extremen Rechten in die Hände, die die Gefahr einer kommunistisch-sozialistischen Diktatur beschwor und propagandistisch auszubeuten verstand. Dieser Mechanismus von Mobilisierung und Gegenmobilisierung zwischen links und rechts gewann nach dem erneuten Wahlsieg der Linken und der Bildung einer Volksfrontregierung unter dem Sozialisten Léon Blum im Juni 1936 eine neue Qualität und schuf ein Klima, in dem das faschistische Potential bestens gedieh, aber auch jetzt nicht unter eine einheitliche Führung zu bringen war. Vieles davon war schon vor 1936 dagewesen und wuchs nun zu beachtlicher Stärke heran – der Kampfbund »Jeunesses Patriots«, der Kontakte zu Mussolini unterhielt, und der Frontkämpferverband »Croix de feu« vor allem, der 1936 schon eine halbe Million Mitglieder zählte und sich als Notgemeinschaft zur Abwehr des Bolschewismus zu stilisieren vermochte. Beiden Organisationen fehlte alles Revolutionäre, und auch in puncto Gewaltbereitschaft waren sie sehr viel zurückhaltender als die Faschisten und Nationalsozialisten. Auf der anderen Seite waren aber auch gewisse Ähnlichkeiten im politischen Stil, in der Binnenorganisation und in der Gegnerschaft zu Kommunismus und Liberalismus vorhanden, so daß es tatsächlich angemessen erscheint, sie wenigstens zum Vorfeld des faschistischen Lagers zu zählen.[13]

Sehr viel leichter fällt diese Zuordnung beim »Parti Populaire Français« (PPF), der im Juni 1936, unmittelbar nach dem Sieg der Volksfront in den Parlamentswahlen, aus der Taufe gehoben wurde. Gründer und treibende Kraft war Jacques Doriot (Jahrgang 1898), der seine politische Karriere ähnlich weit links begann wie einst Mussolini. Erst Sozialist, dann seit 1920 Kommunist, galt Doriot als der kommende Mann des »Parti Communiste Français« (PCF), ehe er sich mit seinen Genossen überwarf und 1934 aus der Partei ausgeschlossen wurde.[14]

Doriots eigene Partei, der PPF, gab anfangs viele Rätsel auf. Ihr hervorstechendster Zug war die entschiedene Gegnerschaft zur Volksfront und vor allem zum PCF, auf den Doriot wie der »Stier auf ein rotes Tuch« reagierte.[15] Diese Entschiedenheit zog zahlreiche junge, dynamische Kräfte aus dem bürgerlichen Lager an, die Doriot mehr zutrauten als ihren alten Parteien, und sie öffnete dem PPF die Kassen von Hochfinanz und Schwerindustrie, die dem außergewöhnlich begabten Volkstribun den Aufbau eines großen Partei- und Propagandaapparates finanzierten. Alles übrige blieb zunächst noch reichlich vage, erst allmählich begann sich abzuzeichnen, daß in Doriot mehr brütete als nur fanatischer Kommunistenhaß: Der PPF wollte mitnichten zum Status quo ante (vor dem Aufstieg der Linken und der Volksfront) zurückkehren, wie es etwa die Croix de feu vorhatten, sondern das Alte durch etwas völlig Neues, durch einen »Volksstaat« ersetzen, der aus einer nationalen und sozialen Revolution hervorgehen sollte. Kernelemente dieser »Volksstaats«-Vision, die in mancher Hinsicht an die Volksgemeinschaftsideologie des Nationalsozialismus erinnerte, waren die moralische Erneuerung der Nation, die Überwindung des Klassenkampfes in einer korporativen Wirtschaftsordnung, die Stärkung einer dem Parteienstreit enthobenen Exekutive und die soziale Emanzipation der Arbeiterschaft.

Der PPF sprach mit solchen Forderungen nicht nur verängstigte Bürger an, sondern auch viele verunsicherte Arbeiter, die am Dogmatismus der kommunistischen Partei und deren Moskau-Hörigkeit verzweifelten. Der Renegat Doriot, der »Chef«, wie ihn seine Gefolgsleute nannten, war ihr Mann. Er sprach ihre Sprache, er spürte ihre Sorgen und wußte ihre Ressentiments auf einfache Formeln zu bringen. Zu seiner besten Zeit hatte der PPF 60000 bis 100000 aktive Mitglieder und mehr als doppelt so viele Sympathisanten; etwa die Hälfte sollen Arbeiter gewesen sein, der Rest Studenten, Angestellte und Intellektuelle, von denen einige fanatische Antisemiten waren.

Es versteht sich, daß die Regierung Blum dem Treiben Doriots und der anderen rechten Verbände nicht tatenlos zusah. Sie verbot die Croix de feu, die sich daraufhin als »Parti Social Français« neu konstituierten und ihren Radikalismus merklich herabstimmten, und sie enthob Doriot seines Amtes als Bürgermeister von Saint-Denis. Doch nicht darin sind die Gründe für den raschen Niedergang des PPF nach dem furiosen Start zu suchen. Diese haben nicht mit der Stärke, sondern eher mit der Schwäche der Volksfrontregierung zu tun, die schon 1937 an Schwung einbüßte und ein Jahr später ganz auseinanderfiel.[16] Doriot verlor damit sein wichtigstes Kapital, seinen Feind, auf den er alle Übel zurückführen konnte. Außerdem gelang es ihm nicht, die Croix de feu und die anderen Gruppen der extremen Rechten auf sich einzuschwören. »Doriot kam nicht zum Zuge«, so Dieter Wolf, »weil de la Rocque [der Anführer der Croix de feu] die potentielle Anhängerschaft [...] der PPF neutralisierte.«[17] Schließlich fiel auch ins Gewicht, daß Frankreich – ohne den Kernbestand demokratischer Freiheiten anzutasten – nach dem Ende der Volksfront nach rechts rückte und das nationale Profil schärfte, was Doriot weitere Propagandamunition kostete.

Schon 1938 hatte sich der PPF überlebt. Es gab keinen Platz für ihn in der französischen Gesellschaft, die nicht zuletzt auch wegen der Bedrohung durch Hitler höchst skeptisch auf alles Faschistische reagierte. Doriots Truppe stürzte deshalb 1938 nicht zufällig in eine schwere Krise, die ihre Reihen lichtete und ihren Fortbestand gefährdete. Der Parteichef selbst nahm danach eine ähnliche Entwicklung wie Quisling und Degrelle, die ebenfalls das alte System herausgefordert hatten und gescheitert waren: Er wanderte immer weiter nach rechts, sympathisierte mit den italienischen Faschisten, die ihn schon zuvor gelegentlich alimentiert hatten, und schlug sich schließlich ins Lager des Nationalsozialismus.[18]

Im Vorhof der Macht: Das Scheitern der faschistischen Parteien in Rumänien, Ungarn und Spanien

In Süd- und Südosteuropa waren die Wachstumsbedingungen für faschistische Bewegungen vor 1933 kaum besser gewesen als im Norden und Westen. Nach 1933 gestalteten sie sich dort freilich erheblich günstiger: Die lange währende Wirtschaftskrise spielte dabei eine ebenso große Rolle wie der stimulierende Impuls von Hitlers Machtergreifung, der in Ländern wie Ungarn oder Rumänien auch nicht auf jene hemmende Dämmschicht traf, die etwa in Frankreich aus der Furcht vor deutscher Aggression und faschistischen fünften Kolonnen im eigenen Land entstanden war; in manchen östlichen Ländern zog man aus den Vorgängen im Deutschen Reich sogar den Schluß, daß eine gewisse Anlehnung und Anpassung an Hitler nicht schaden konnte, wenn die Dinge in Europa wieder in Bewegung gerieten. An die Macht gelangten die faschistischen Parteien aber auch hier nicht. Dazu fehlte ihnen eine breite gesellschaftliche Basis; vor allem aber waren sie den alten Führungsschichten nach wie vor unterlegen, die nicht zuletzt deshalb genügend Kraft zur Selbstbehauptung aufbrachten, weil sie nur von rechts bedroht wurden, während die linke Herausforderung in den noch weitgehend agrarischen Gesellschaften zwar nicht ganz fehlte, aber doch nur kurze Schatten warf.

In Rumänien hatten die faschistischen Gruppen und Parteien schon in der Weltwirtschaftskrise einen beträchtlichen Wachstumsschub erlebt. Die wichtigste unter ihnen, die Legion Erzengel Michael unter der Führung von Codreanu, die 1929 gerade einmal 400 aktive Mitglieder gezählt hatte, saß 1932 schon mit fünf Abgeordneten im Parlament. Ein Jahr später war sie zwar noch keine »politische Großmacht«[19], wie Ernst Nolte geschrieben hat. Sie befand sich aber doch so sehr im Aufwind, daß die Regierung ängstlich zu werden begann und zu entschiedenen Abwehrmaßnahmen griff; 1933 wurden Tausende von Legionären verhaftet, die Partei selbst wurde nach einem erfolgreichen Attentat gegen den Ministerpräsidenten verboten.

Dem Aufstieg der Legion tat das freilich keinen Abbruch; die Quellen, aus denen er sich speiste, waren zu kräftig, als daß sie mit so milden Formen der Repression hätten zum Versiegen gebracht werden können. Hitlers Triumph von 1933 und die materiellen Hilfen, die bald darauf aus Deutschland eintrafen[20], stärkten Codreanus Truppe den Rücken und gaben ihr die Gewißheit, daß auch sie zur Macht gelangen konnte. Andere Faktoren waren aber zweifellos wichtiger für den Erfolg der Legion: Zu nennen ist hier insbesondere die verheerende Wirtschaftskrise, die fast alle betraf, am härtesten aber die zahllosen kleinen Bauern und die Intelligenz, die keine Arbeit mehr fand und sich um die Zukunft betrogen fühlte. Die Regierung vermochte diesen in ihrer Existenz bedrohten Menschen keinen Halt zu bieten. Im Gegenteil, sie war in sich zerstritten, steckte in einem beispiellosen Sumpf von Korruption und fand so nie die Kraft, die nötig gewesen wäre, um dem Land eine Perspektive zu bieten. Ähnliches gilt für König Carol II., den Stanley Payne als den »zynischsten, korruptesten und machthungrigsten Monarchen« bezeichnet hat, der im 20. Jahrhundert in Europa auf einen Thron gelangte.[21] Carol II. schien nur einen Gedanken zu kennen: Er wollte die Fesseln abstreifen, die ihm die liberale Verfassung von 1923 anlegte, und eine Königsherrschaft etablieren. Die Krise kam ihm dafür gerade recht, und er tat deshalb auch alles, um sie anzuheizen. Er spielte die Parteien gegeneinander aus, rief selbst neue Parteien ins Leben, um anderen zu schaden, und er säte Zwietracht in der Regierung, deren Mitglieder bald nur noch damit beschäftigt waren, einander mißtrauisch zu belauern.

Konstellationen wie diese begünstigen häufig auch linke Parteien, die Protest und Verdruß der Basis aufnehmen und gegen das Establishment wenden. Da in Rumänien alles Linke dezimiert oder in den Untergrund gedrängt war, fiel diese Aufgabe ausschließlich den Rechtsparteien und namentlich den Legionären zu, die in puncto Radikalität und Vehemenz der Kritik am bestehenden politischen und sozialen System und am König von keiner anderen Partei übertroffen wurden. Wäre es nach Codreanu gegangen, so hätte nichts so bleiben dürfen, wie es war: Die Legion bekämpfte Kapitalismus und Liberalismus. Ihre Kritik richtete sich gegen die Parteien und die bürgerliche Gesellschaft, und nicht weniger heftig zog sie gegen die Kommunisten und insbesondere die Juden zu Felde, die in Codreanus neuem Rumänien überhaupt keinen Platz mehr haben sollten.

Was an die Stelle des Alten, das es einzureißen galt, treten sollte, war auch in den dreißiger Jahren noch ebenso unklar wie in der Gründungsphase der Legion. Die Legion blieb hier fast alles schuldig und flüchtete sich in so pauschale Forderungen wie die nach der Regeneration Rumäniens im Namen Jesu.[22] Sehr viel Gutes ließ diese programmatische Unbestimmtheit aber nicht erwarten. Codreanus diktatorischer Führungsstil, die tödliche Konsequenz, mit der man innerparteiliche Dissidenten beseitigte, und nicht zuletzt die immer wieder betonte Absicht, ein enges Bündnis mit Hitler und Mussolini zu schließen, sowie der Fanatismus, mit dem die Juden angegriffen und zur Wurzel allen Übels erklärt wurden, ließen vielmehr das Schlimmste befürchten – für den Fall, daß es der Legion gelingen sollte, an die Macht zu kommen.

Dieser Fall schien nach 1933 tatsächlich nicht mehr ausgeschlossen. 1934 zählte die Legion, die offiziell noch immer verboten war, trotzdem aber munter weiter agitierte, über 50000 Mitglieder; 1938 waren es etwa 300000. Auch in den Wahlen vermochte sich die Legion, die seit 1935 unter der Bezeichnung »Alles für das Land« firmierte, zu behaupten: 1937 erhielt sie fast 16 Prozent der Stimmen und war damit die drittstärkste Partei in

Rumänien. Vor allem Studenten, arbeitslose Akademiker, Handwerker und junge Arbeiter fühlten sich von Codreanus Charisma und vom Schwung und von der Radikalität der Legion angezogen.

Die Regierung, der Hof und das alte Establishment waren sich in der Beurteilung der Legion lange nicht einig. Die einen sahen in ihr eine Bande von wüsten Terroristen, die mit allen Mitteln bekämpft werden mußte, während die anderen dafür plädierten, sich von der wilden Fassade nicht täuschen zu lassen; dahinter stecke, so meinten sie, viel Positives, wie der Antisemitismus, die tiefe Religiosität und die entschiedene Vaterlandsliebe, das auch eigenen Zwecken dienstbar gemacht werden könne. Insbesondere die Kirche, das Militär und die Justiz hielten immer wieder die schützende Hand über die angeblich irregeleiteten Legionäre, und auch der König machte mehrmals den Versuch, Codreanu und seine Partei durch Zugeständnisse auf seine Seite zu ziehen und zu bändigen.

Der erhoffte Erfolg blieb aber aus. An Codreanu prallte alles ab, sein Radikalismus war nicht aufzuweichen. Also mußte die Gangart gegenüber der Legion verschärft werden, wenn man sich nicht der Gefahr aussetzen wollte, unter ihre Räder zu geraten. Die ausschlaggebende Rolle dabei spielte der König, der sich 1937 ebenfalls davon überzeugte, daß Codreanu nicht nur nicht zu ködern war, sondern auch ihm selbst gefährlich werden konnte. Carol II. griff nun energisch durch, und auch die früheren Sympathisanten der Legion in Kirche und Militär zogen jetzt eine eindeutige Grenze. Dies fiel ihnen um so leichter, als die Regierung ihre Politik der Repression mit einer »Art ›Doppelstrategie‹«[23] flankierte und wesentliche Forderungen der Legion übernahm. Rumänien geriet damit in der Krise der dreißiger Jahre und unter dem Druck der Legion auf einen gefährlichen Weg nach rechts, der das Land noch weiter von Demokratie und Parlamentarismus entfernte und immer näher an das nationalsozialistische Deutschland und das faschistische Italien brachte: Die Verfassung wurde mit Füßen getreten, der Antisemitismus zum Regierungsprogramm erhoben und der Rechtsstaat durch das Faustrecht ersetzt.

Wirklich ernst wurde es für die Legion freilich erst Anfang

1938, als König Carol II. das Patt nach den Wahlen vom vergangenen Dezember und das Chaos, das ihm folgte, nutzte, um den Belagerungszustand auszurufen, eine neue Verfassung zu proklamieren und damit sich selbst in den Besitz der Macht zu bringen. Codreanu wußte sofort, was seiner Partei nun blühte. Er löste die Legion auf, aber der harte Kern blieb weiter aktiv und lieferte so der königlichen Regierung einen willkommenen Vorwand, um im Frühjahr 1938 das zu tun, was sie ohnehin geplant hatte: die Legion zu zerschlagen und ihre Führer hinter Gitter zu bringen.

Für Codreanu selbst kam es noch schlimmer. Es genügte der Regierung nicht, ihn zu verhaften, vor Gericht zu stellen und zu zehn Jahren Haft zu verurteilen, es wurde reiner Tisch gemacht. Im November 1938 ließ das Innenministerium Codreanu ermorden. Die Legion schrumpfte nun von einer Massen- zu einer kleinen terroristischen Kaderpartei, die erst 1940 wieder eine Chance erhielt. Codreanus Nachfolger, Horia Sima, vermochte diesen Prozeß nicht aufzuhalten.[24] Mehr Krieger als Politiker, beschleunigte er den Niedergang wohl noch, weil er die verbliebenen Legionäre in aussichtslose Aufstandsversuche hetzte, die Polizei und Geheimdienste mit beispielloser Härte niederschlugen. Das alte Rumänien hatte damit die Herausforderung der Legion Erzengel Michael bestanden, dafür aber einen hohen Preis zu entrichten: vor allem die Abkehr von Demokratie und Parlamentarismus, die zwar einem allgemeinen Trend in beträchtlichen Teilen Europas und nicht zuletzt den autoritären Vorstellungen von König Carol II. und eines großen Teils des rumänischen Establishments entsprach, ohne den Andrang der Legionäre aber nicht so schnell und kaum so radikal erfolgt wäre.

So oder so ähnlich wie in Rumänien lagen die Dinge auch in anderen Ländern Süd- und Südosteuropas. Am auffallendsten waren die Parallelen aber zu Ungarn und in geringerem Maße zu Spanien, die auch im Hinblick auf die Wirtschafts- und Sozialstruktur manche Gemeinsamkeit mit Rumänien hatten. Auch in Spanien und Ungarn erlebten faschistische Bewegungen nach 1933 einen Aufschwung, der sie Mitte der dreißiger Jahre in die Nähe der Macht gelangen ließ. Auch hier fühlten sich die alten Führungsschichten, die den neuen dynamischen Bewegungen zunächst mit einem gewissen Wohlwollen begegnet waren, schließlich so stark herausgefordert, daß sie ihren ganzen Einfluß nutzten, um ihnen das Handwerk zu legen. Und auch hier vermochte sich das alte System zu behaupten – freilich wiederum nur auf Kosten von Recht und Freiheit und um den Preis einer Annäherung an die faschistischen Führungsmächte Deutschland und Italien.

Ungarn war schon vor Hitlers Machtergreifung eine Brutstätte faschistischer Gruppen gewesen. Keine hatte aber größere Bedeutung erlangt, die meisten waren schon nach kurzer Frist wieder in der Versenkung verschwunden. Nach 1933 schien sich dieser Trend fortzusetzen: Zeitweilig soll es an die hundert faschistische Gruppen gegeben haben[25], die sich auf Mussolini beriefen, viel häufiger aber noch nationalsozialistisch nannten und etwa das Braunhemd und das Hakenkreuz übernahmen. Daß es auch ihnen nicht gelang, aus der Bedeutungslosigkeit herauszutreten, hing vor allem mit der Politik des seit 1932 regierenden Ministerpräsidenten Gyula Gömbös zusammen, der mit Mussolini und Hitler die gleichen Vorbilder hatte wie die Zwergparteien von der Rechten und deshalb einen großen Teil der in der ungarischen Gesellschaft steckenden faschistischen Sympathien auf sich zog. Gömbös schwebte viel Faschistisches vor – eine Diktatur, die Liquidierung der Arbeiterbewegung, die Überwindung der Klassenkämpfe in einer korporativen Gesellschaft und die Schaffung einer harmonischen Volksgemeinschaft –, nur kam er dabei in der Praxis kaum voran, weil er bei seiner Politik der Faschisierung von oben auf die Mithilfe der Bürokratie, des Militärs und der alten Parteien angewiesen war, die an seinen Experimenten nur wenig Freude haben konnten, weil auch sie ihnen zum Opfer gefallen wären. Viele Hoffnungen auf Aufbruch, auf grundlegende Erneuerung des alten, noch weitgehend feudalistisch geprägten Systems mit seinen verknöcherten Hierarchien blieben so unerfüllt und konnten auch von der Linken nicht aufgegriffen werden, die in ihrer radikalen Variante ja nicht existierte und in ihrer gemäßigten sozialdemokratischen Form zu sehr in das System eingebunden war, als daß sie dafür in Frage gekommen wäre.

Das war die Chance für die Pfeilkreuzler, oder besser: die

»Partei des Willens der Nation«, die 1935 hervortrat. Ihr Gründer und unumstrittener Führer war der 38jährige Generalstabsoffizier Ferenc Szálasi, der 1935 den Militärdienst quittierte, um eine eigene Volksbewegung ins Leben zu rufen, und in diesem Entschluß selbst dann nicht wankend wurde, als Gömbös ihm weitreichende Angebote zur Kooperation machte.[26] Allein das zeigte schon, daß Szálasi ein anderes Kaliber war als die Faschisten in der Regierung, die den sicheren Hafen doch nie verließen. Daß Szálasi radikaler war, bewiesen aber vor allem seine Entschlossenheit zum Einsatz brachialer Mittel im politischen Kampf und seine ideologischen Vorstellungen, die er ab 1935 mit immer größerem Erfolg unter die Leute brachte. Szálasi träumte von einer klassenlosen, auf dem Christentum beruhenden Gesellschaft in einem hungaristischen Großreich, das das gesamte Karpatenbecken, also bei großzügiger Auslegung ein größeres Territorium als das alte 1918/19 zerschlagene Ungarn, umfassen und eine dominierende Rolle in Ost- und Südosteuropa spielen sollte. Grundvoraussetzung dafür war in Szálasis Augen die Beseitigung des bestehenden Systems, an dem alles falsch sei, weil es nur den Profitinteressen einer Gruppe diente: den Juden, die hinter dem Marxismus, dem Liberalismus und dem Atheismus, ja eigentlich hinter allem steckten, was die Menschen beschwerte und an einem harmonischen Miteinander hinderte. Wenn die Juden eliminiert, das hieß in Szálasis Vorstellungswelt: zur Auswanderung gezwungen waren, ergab sich alles andere fast von selbst. Dann konnte man eine gerechte Bodenreform beginnen, die Ausbeutung der Arbeiter beseitigen und ein großzügiges Sozialprogramm ins Werk setzen, das vor allem den völlig verarmten unteren Schichten zugute kommen sollte.[27]

So weltfremd und menschenverachtend dies alles war, es fand Anklang und wurde vor allem von jenen geglaubt, die in der verheerenden, nicht endenwollenden Krise der dreißiger Jahre so verzweifelt waren, daß sie nach jedem Strohhalm griffen, der Hoffnung auf Besserung versprach. Hinzu kamen viele Angehörige der durch Krieg und Krise mobilisierten aufstrebenden Mittelschichten, die nach »Möglichkeiten der Integration und politischen Partizipation« suchten. Sie fanden im »engen Rahmen der ›Herrengesellschaft‹ Horthy-Ungarns« aber keinen Platz[28] und rüttelten deshalb immer ungeduldiger an den alten, durch Stand und Geburt begründeten Hierarchien; auch sie setzten auf Szálasi, der als einziger eine wirkliche Alternative zu präsentieren schien.

Da Gömbös bis zu seinem plötzlichen Tod (1936) einen beträchtlichen Teil des faschistischen Potentials zu binden vermochte, ließ der große Durchbruch der Pfeilkreuzler auf sich warten. 1935 mit einigen tausend Mitgliedern gestartet, kam Szálasis Bewegung auch in den beiden folgenden Jahren nicht weit voran. Erst 1938 schnellte die Zahl der Mitglieder auf rund 100000 hoch, um 1939 mit 250000 ihren Höhepunkt zu erreichen. Das gleiche Bild zeigte sich bei den Wahlen: 1936 fielen die Pfeilkreuzler bei Nachwahlen durch, 1939 errangen sie im Bündnis mit anderen nationalsozialistischen Parteien 25 Prozent der Stimmen – und das, obwohl sie nur in etwa der Hälfte der Wahlbezirke angetreten und dort auch noch massiv behindert worden waren.

Ungarns Regierung griff im Grunde zu denselben Mitteln wie die rumänische, um Szálasis Partei, die sich ab 1938 zu einer Massenbewegung mit »systemsprengender Dynamik«[29] zu entwickeln begann, in Schach zu halten. Sie versuchte es zuerst im Guten, mit Geld und Posten, schaltete dann aber, als dies nichts fruchtete, rasch auf dieselbe Doppelstrategie aus programmatischer Entwaffnung durch partielle Übernahme der Ziele der Pfeilkreuzler (etwa Verschärfung der Judengesetze, Agrarreform, Erhöhung der Militärausgaben) und unnachsichtiger Repression um, wie die Regierung in Bukarest es in einer vergleichbaren Situation getan hatte. Damit bewies sie dieselbe, durch die Krise zwar erschütterte, aber noch lange nicht zermürbte Vitalität des alten Regimes. Die Pfeilkreuzler blieben inkriminierte Außenseiter. Das Establishment verachtete sie, und insbesondere Horthy dachte nicht daran, seinem plebejischen Herausforderer die Hand zu reichen – so wie Hindenburg und der italienische König das bei Hitler und Mussolini getan hatten.

Die Geschichte der Pfeilkreuzler ist denn auch gespickt mit Verboten und Wiedergründungen. Zwischen 1935 und 1939 gab es kein Jahr, in dem die Partei nicht verboten gewesen und unter neuem Namen wieder ins Leben gerufen worden wäre. Szálasi selbst hatte ebenfalls wenig zu lachen. Er wurde 1937 unter dem Verdacht, einen Umsturz geplant zu haben, verhaftet und nach mehreren Revisionsverfahren im August 1938 zu drei Jahren Haft verurteilt; erst 1940 kehrte er wieder in die Öffentlichkeit zurück.

Die staatlichen Gegenmaßnahmen blieben nicht ohne Wirkung. Daß 1939 der Niedergang der Pfeilkreuzler begann, hatte freilich auch andere Gründe: Szálasis Partei zerfiel während der Abwesenheit ihres Führers in einen gemäßigten und in einen revolutionären Flügel und fand nur noch selten zu einem gemeinsamen Nenner; vor allem im Parlament machte sich dies bemerkbar, wo die Pfeilkreuzler kaum eine Rolle zu spielen vermochten. Außerdem sprang Mitte 1938 die Wirtschaft wieder an und reduzierte so das Reservoir der Unzufriedenen, aus dem die Pfeilkreuzler vor allem geschöpft hatten. Entscheidend aber war, daß mit Kriegsbeginn auch in Ungarn der Ausnahmezustand verhängt wurde; keine Partei hatte danach noch größere Möglichkeiten, sich zu entfalten und ihre Anhänger zu mobilisieren, die freilich jetzt von Umsturz und Putsch auch nicht mehr viel wissen wollten, sondern sich lieber um die Regierung scharten.[30]

Nicht ganz schuldlos am Niedergang der Pfeilkreuzler war im übrigen auch die NS-Führung, die sich nach 1933 immer unbekümmerter in die Politik und insbesondere in die rechtsradikale Szene Ungarns eingemischt hatte. Hitler verfolgte dabei zwei Ziele: Er wollte störungsfreie Beziehungen zu Horthy und der ungarischen Regierung, die in den dreißiger Jahren immer weiter nach rechts gerückt war; schließlich war Ungarn 1939 dem Antikominternpakt und 1940 dem Dreimächtepakt beigetreten, und auch die Judengesetze konnten sich sehen lassen. Auf der anderen Seite förderte die NS-Führung die Zusammenfassung der rivalisierenden faschistischen Gruppen in einer großen Partei, die Horthy unter Druck setzen und für den Fall einer Kehrtwende der Regierung bereitstehen sollte, um selbst die Macht zu ergreifen. In diesem Kalkül figurierte Szálasi als feste Größe. Das Problem war nur, daß Szálasi bei aller Affinität zum Dritten Reich und bei aller Hitlerbegeisterung letztlich doch zu eigenständig und patriotisch war, um sich zum Werkzeug machen zu lassen. Jede Nation, so meinte er etwa ganz im Gegensatz zum deutschen Standpunkt, müsse ihre eigene nationalsozialistische Ordnung aufbauen und könne dann mit anderen Völkern eine Staatengemeinschaft bilden, die im Zeichen von Gleichberechtigung und Frieden stehen sollte.[31]

Spanien fand auch nach dem Sturz von General Miguel Primo de Rivera 1930 keine Ruhe. Die Linke aus Sozialisten, Republikanern und katalanischen Föderalisten nutzte nämlich die nach der Beendigung der Diktatur entstandene Verwirrung, um die Regierung an sich zu reißen, die Republik auszurufen und ein umfassendes Reformprogramm zu starten, das in den Augen seiner Initiatoren geeignet schien, der modernen Zeit auch in Spanien zum Durchbruch zu verhelfen – mit einer kühnen Bodenreform, der Reduzierung des aufgeblähten Offizierskorps und vor allem mit der radikalen Beschneidung der Vorrechte der Kirche, die als wichtigstes Bollwerk des Ancien régime angesehen wurde. Beim modernen, laizistischen Spanien lösten diese mit großem Elan und ebenso großer Rücksichtslosigkeit ergriffenen Maßnahmen begeisterte Zustimmung aus, beim alten dagegen nur blankes Entsetzen. Die Folge davon war ein erbittertes Ringen um die innenpolitische Ausgestaltung des Landes, das im Herbst 1933 mit dem Wahlsieg der politischen Rechten mitnichten zu Ende ging, denn die neue Regierung ließ nichts unversucht, die Zeit zurückzudrehen und die zuvor ergriffenen Reformen zu annullieren. Damit provozierte sie eine entschiedene Gegenbewegung der Linken, die nur mit äußerster Gewalt einzudämmen war. In Spanien herrschte damals zwar noch kein Bürgerkrieg, vom Frieden war das Land freilich ebenfalls weit entfernt: Streiks und Straßenschlachten waren an der Tagesordnung, die Autorität des Staates verfiel, und das Parlament erwies sich als hilflos, weil die Parteien in Polemik und Konflikt ihre Hauptaufgabe zu erblicken schienen.

In dieser Situation lag es nahe, nach anderen Herrschaftsformen Ausschau zu halten, die man für tauglich hielt, dem Chaos zu steuern und die antagonistischen Kräfte zu bändigen. Die autoritäre Rechte ließ sich dabei zunächst von Mussolinis Italien fesseln, nach 1933 weckte aber auch der Nationalsozialismus großes Interesse, und zwar vornehmlich bei jungen, national und sozial gesinnten Spaniern, die meist aus dem besseren konservativ-katholischen Milieu stammten, unter dessen verstockter Enge und Entschlußlosigkeit aber litten und zu anderen Ufern aufbrechen wollten, ohne aber zu wissen, wo sie lagen.

Wie groß dieses Potential war, läßt sich schwerlich quantifizieren. Klar ist nur, daß in den frühen dreißiger Jahren viele Gruppen entstanden, die so dachten und mit Sympathie nach Italien und Deutschland blickten, und daß die im Oktober 1933 ins Leben gerufene »Falange española« die wichtigste davon war.[32] Die Initiative zu ihrer Gründung war von José Antonio Primo de Rivera, dem ältesten Sohn des früheren Diktators, ausgegangen. Der junge, gerade 30jährige Primo de Rivera hatte zunächst den Monarchisten nahegestanden, sich dann aber rasch davon überzeugt, daß die alten konservativen Parteien viel zu zerstritten und engstirnig waren, um die Dinge zum Besseren wenden zu können. Das Heil schien aus Deutschland und insbesondere von Mussolini zu kommen, der José Antonio in dieser Ansicht auch bestärkt haben dürfte, als er ihm zehn Tage vor der Gründungsversammlung seiner Partei eine Audienz gewährte.

Das heißt freilich nicht, daß José Antonio aus Rom einen Leitfaden mitgebracht hätte, an den er sich künftig hielt. Faschismus, das bedeutete in seinen Augen vor allem die Rückkehr Spaniens »zu seiner alten Größe«, zu einem führenden Land der Welt.[33] Dazu war es nötig, die traditionellen Verkrustungen zu überwinden, die alten Zöpfe abzuschneiden, mit einem Wort: die Kräfte des Landes zu mobilisieren. Daß dies schmerzliche Eingriffe erforderte und nur möglich war, wenn man sich an eine Bodenreform heranwagte, die großen Betriebe von nationaler Bedeutung verstaatlichte und insbesondere die politische Linke in die Schranken wies, die die nationale Eintracht vor allem behinderte, stand José Antonio klar vor Augen, und er wußte auch, daß nichts von dem, was ihm vorschwebte, ohne Zwang und Blutvergießen, also nur in einem »estado totalitario«, zu erreichen war.

Es kann nicht überraschen, daß die neue Partei in dem Klima der Konfrontation zwischen links und rechts nach 1933 zunächst größte Mühe hatte, sich Gehör zu verschaffen. Ihr Part war, wenn man so will, besetzt, und zwar insbesondere von der seit 1934 auch an der Regierung beteiligten »Confederación Española de Derechas Autónomas« (CEDA) unter der Führung von José Maria Gil Robles, einer radikalkonservativen Partei, die »eine extrem antisozialistische Agitation« entfaltete, »das faschistische Regime Mussolinis in vielerlei Hinsicht als Vorbild für Spanien« hinstellte und so die Entwicklungsmöglichkeiten einer wirklichen faschistischen Alternative in Gestalt der Falange hemmte.[34] 1934 kam die Falange aus dem Schatten der CEDA überhaupt nicht heraus, und auch im Jahr darauf blieb sie eine winzige Splitterpartei mit 8000 Mitgliedern. Daran vermochten auch Finanzspritzen aus Italien und die Fusion mit der »Juntas de Ofensiva Nacional-Sindicalista« (JONS), einer außerordentlich gewalttätigen, stark vom Anarcho-Syndikalismus beeinflußten Partei[35], nichts zu ändern. Erst der Wahlsieg der Volksfront im Februar 1936 verbesserte die Chancen der Falange, die in den Wahlen selbst erneut durchgefallen war und nicht ein Mandat gewonnen hatte.

Mit dem Triumph der Volksfront erlebte Spanien den dritten politischen Wettersturz binnen weniger Jahre. Nun war wieder die Linke am Ruder, und auch sie kostete ihre neue Machtstellung bis zur Neige aus. Erneut ging eine Reformwelle durch das Land, erneut stellte man alles, was zuvor gegolten hatte, auf den Kopf, und erneut wurden alte Rechnungen beglichen – vielfach nicht mit gleicher Münze, sondern mit Zins und Zinseszins. Das war die Stunde der Falange, denn nun ging es nicht mehr darum, mit irgendwelchen Propagandalosungen Gehör zu finden. Jetzt galt es zu kämpfen und den Milizen der Linken Paroli zu bieten. Nicht nur dafür war die Partei José Antonios besser gerüstet als die anderen, mitunter doch recht behäbigen nationalen Parteien. Sie bot auch in programmatischer Hinsicht mehr und zog wohl nicht zuletzt deshalb binnen weniger Wochen Zehntausende junger Spanier an, die sich mit der Verteidigung alter Werte und Besitzstände nicht begnügen wollten.

Alles deutet darauf hin, daß die Falange und die anderen militanten rechten Gruppen in der gewaltsamen Konfrontation mit der Volksfront den Kürzeren gezogen hätten, wenn sich nicht das Militär zum Eingreifen entschlossen hätte. Die Falange war an den Vorbereitungen zum Aufstand der Militärs um General Francisco Franco im Juli 1936 nicht aktiv beteiligt.[36] Die Partei war im März verboten, die Führung kurz darauf verhaftet worden. José Antonio warnte aus dem Gefängnis heraus die Falange sogar davor, den Putsch zu unterstützen. Er sah in den aufständischen Generälen Reaktionäre, die die »Herrschaft eines falschen konservativen Faschismus« errichten wollten, »ohne revolutionären Mut und junges Blut«[37], und wollte sich keinesfalls mit Kräften verbünden, von denen ihn nicht nur vieles trennte, sondern die er sogar als Gegner betrachtete.

Aber diese Warnungen wurden mißachtet. Die Falange entschied sich dafür, an der Seite des einen Gegners den anderen, viel schlimmeren zu bekämpfen; danach konnte man weitersehen und vielleicht auch den Versuch machen, das eigene faschistische Konzept zur Geltung zu bringen. In der Realität des Bürgerkrieges erwiesen sich solche Pläne aber bald als illusionär. Die Falange war militärisch zu schwach, um die Führung im Bündnis mit Franco zu erringen, und auch politisch fehlte ihr die nötige Durchschlagskraft; kein Wunder, war doch bereits Ende 1936 fast die gesamte Parteiführung ausgelöscht: Die einen hatten im Bürgerkrieg ihr Leben verloren, die anderen waren von der Volksfrontregierung inhaftiert und hingerichtet worden; zu letzteren zählte auch José Antonio.

Die Falange erholte sich von diesen Schlägen nicht mehr. Franco, der sich mit Hilfe Hitlers und Mussolinis im Bürgerkrieg durchsetzen und zum Diktator aufschwingen konnte, hatte so leichtes Spiel, das Gespenst einer faschistischen Herausforderung zu vertreiben, das sich 1936 für kurze Zeit gezeigt hatte. Er kooperierte mit der Falange und machte sich ihren revolutionären Schwung zunutze, solange er sich Vorteile davon versprechen konnte, zog ihr aber sofort die Zähne, als sie sein Ziel, die Restauration des alten Spanien, zu stören begann. Den ersten Eingriff dieser Art nahm er am 19. April 1937 vor, als er die Falange in eine Einheitspartei mit den erzreaktionären Carlisten und anderen rechten Gruppen zwang, den zweiten, noch schmerzlicheren keine Woche später: Nun ließ er zwanzig führende Falangisten verhaften, die an ihren alten programmatischen Vorstellungen festgehalten und sich seinem Willen widersetzt hatten.[38]

Die Falange war damit nicht am Ende. Sie gehörte auch weiterhin zu Francos Machtkartell, stellte aber nie eine Bedrohung für den Caudillo dar und konnte auch nur eine kleine faschistische Note in sein autoritäres Regime bringen, das – wie Carols Königsdiktatur in Rumänien oder Horthys Regiment in Ungarn – vor allem von den alten gesellschaftlichen Eliten geprägt war. Hitler und Mussolini rührten im übrigen keinen Finger, um an dieser Situation etwas zu ändern. Sie waren nur daran interessiert, daß die Volksfront verschwand und in Spanien wieder – in ihrem Sinne – geordnete Verhältnisse herrschten. Der Garant dafür war Franco, nicht die Falange, die denn auch weitgehend ignoriert wurde.

Hitlers Vorbild und die Deutschen in der ČSR

Hitlers Machtergreifung sorgte im gesamten rechtsradikalen und faschistischen Lager für Bewegung; fast überall fand sie positive Resonanz. Am größten war die stimulierende Wirkung aber bei den deutschsprachigen Gruppen der Nachbarländer, die nach 1918 ihre Selbstbestimmungsrechte verletzt sahen und denen schon vor 1933 rechtes Gedankengut und eine gewisse Sehnsucht nach Heimkehr ins Reich nicht fremd gewesen war. Das zeigte sich am Beispiel der österreichischen Nationalsozialisten, die 1933 trotz des staatlichen Verbots zur Massenpartei aufstiegen und vor Energie und subversivem Tatendrang fast platzten, und das wurde auch in den sudetendeutschen Gebieten der 1918 auf den Trümmern des Habsburgerreiches gegründeten Tschechoslowakei deutlich, wo ebenfalls beträchtliche Teile der deutschen Bevölkerung vom Hitlerfieber befallen schienen.

Das Verhältnis zwischen Tschechen und Deutschen war dort auch vor 1933 nicht ungetrübt gewesen. »Der alte, aus dem Habsburger Reich ererbte Sport der Tschechen und Deutschen, einander nicht zu mögen«, so hat Golo Mann geschrieben, »wurde in der Tschechoslowakei herzhaft fortgesetzt.«[39] Es gab zwar auf deutscher Seite nicht wenige – wahrscheinlich war es sogar die Mehrheit –, die sich – bei aller Entschiedenheit im Grundsätzlichen – letztlich doch von nüchternem Realitätssinn leiten ließen und auf Ausgleich und Mitarbeit im tschechischen Staat setzten; einflußreiche deutsche Parteien traten sogar in die Regierung ein. Ein beträchtlicher Teil der Sudetendeutschen wollte aber von einer solchen Politik, die sie als Verrat am deutschen Volkstum brandmarkten, nichts wissen. Die radikalsten Vertreter dieser Richtung sammelten sich in der völkisch-nationalistischen »Deutschen Nationalsozialistischen Arbeiterpartei« (DNSAP), die keinerlei Neigung zu einer Verständigung erkennen ließ und energisch auf das volle Selbstbestimmungsrecht der Deutschen innerhalb des neuen »Zwangsstaates« pochte. Die DNSAP unterhielt beste Verbindungen zu den Nationalsozialisten in Österreich und im Deutschen Reich, sie blieb aber eine unbedeutende Randerscheinung und löste sich wie die extrem nationalistische »Deutsche Nationalpartei« (DNP) im Herbst 1933 selbst auf, um einem Verbot zuvorzukommen, das die tschechischen Behörden schließlich auch verhängten.

Kurz nach der Selbstauflösung der beiden extremen Parteien wurde in Eger die »Sudetendeutsche Heimatfront« gegründet, die sich 1935 in »Sudetendeutsche Partei« (SdP) umbenannte und nie mit einem solchen Schattendasein begnügen mußte, wie es der DNSAP und der DNP beschieden gewesen war. Die SdP vermochte schon 1935 zwei Drittel aller deutschen Stimmen auf sich zu vereinigen; sie war damit die stärkste Partei in der ČSR. 1937 hatte sie 600000 Mitglieder, ein Jahr danach schon 1,3 Millionen.

Es wäre gewiß verkehrt, die SdP als reine Nachfolgeorganisation von DNSAP und DNP zu bezeichnen und ihren rasanten Aufschwung allein auf die Ereignisse im Deutschen Reich zurückzuführen. Der Erfolg der SdP, die sich nach ihrem Gründer und Führer Konrad Henlein auch Henleinpartei nannte, hatte viele Wurzeln. Zu nennen wäre die katastrophale wirtschaftliche Lage in den sudetendeutschen Gebieten, die viele Menschen zur Verzweifung trieb und auch die alten Ressentiments gegen die Tschechen neu auflud, die man in charakteristischer nationaler Egozentrik für die Schuldigen daran hielt, und die Enttäuschung über die deutschen Regierungsparteien, die viel versprochen, aber wenig gehalten hatten. In Rechnung zu stellen ist außerdem, daß sich in dem Klima hochgradiger Erregung, das nach Hitlers Machtergreifung und der empörten tschechischen Reaktion darauf entstanden war, ein mächtiger Trend zu einer Einheitspartei aller Deutschen aufgebaut hatte, der angesichts der Auflösung von DNSAP und DNP und des Ansehensverlusts der deutschen

Regierungsparteien gleichsam frei vagabundierte. Die SdP sog diesen Trend auf, und sie vermochte auch die Tradition der früher oft ganz harmlosen, noch aus der k. und k. Monarchie stammenden Volkstumspflege auf sich zu ziehen, die nach 1933 ebenfalls in politisches Fahrwasser geriet und Anbindung und Schutz bei einer nationalen Dachorganisation suchte. Ebenso klar ist aber, daß sich diese Bewegung hin zur SdP vor dem Hintergrund einer raschen Selbstnazifizierung der deutschen Gesellschaft in den sudetendeutschen Gebieten vollzog und daß die SdP nichts unternahm, um ihr entgegenzuwirken. Im Gegenteil: Sie profitierte von ihr und trieb sie voran, denn nach 1933 gewannen auch in der SdP die Kräfte an Einfluß, die lieber heute als morgen den Anschluß vollzogen hätten und auch in vielem anderen so ähnlich dachten wie die NSDAP – etwa im Hinblick auf den Antimarxismus, den Antiliberalismus und auch in der Orientierung auf eine »Volksgemeinschaft ohne Parteien- und Klassenkonflikte«[40]. Diese Affinität fand ihren Ausdruck in immer engeren Beziehungen zur NSDAP und zu staatlichen Stellen im Deutschen Reich: 1935 bestritten die Partner jenseits der Grenze den Löwenanteil der Wahlkampfkosten. Ab August desselben Jahres flossen monatlich 30000 Reichsmark in die Kasse der SdP, und schon Ende 1937 unterstellte Henlein seine gesamte Partei dem Willen Hitlers. Nach der Annexion des Sudetenlandes wurde die SdP im Dezember 1938 auch offiziell, was sie zuvor schon gewesen war: ein Teil der NSDAP.[41]

Zwietracht im faschistischen Lager

1936 zogen Hitler und Mussolini an einem Strang, um Franco zur Macht zu verhelfen. Auch zahlreiche andere faschistische Führer blickten voller Anteilnahme auf Spanien und zögerten nicht, ihre Anhänger zum Kampf an der Seite der aufständischen Militärs zu ermuntern. Zwei, drei Jahre zuvor war so viel Gleichklang im faschistischen Lager noch undenkbar gewesen, vor allem eine konzertierte Aktion von »Duce« und »Führer« lag außerhalb jeder Vorstellungskraft. Kein Wunder, denn alle Faschisten waren primär Nationalisten, die – so schwach sie auch sein mochten – meist weitgesteckte territoriale Ambitionen hatten, die vielfach nur auf Kosten der Kardinalanliegen ihrer faschistischen Brüder zu realisieren gewesen wären. Das war bei den Pfeilkreuzlern und bei den Legionären der Fall, das galt für die österreichische Heimwehr und die NSDAP, und das kennzeichnete das Verhältnis zwischen der Falange und den portugiesischen Faschisten, um nur einige Beispiele für ein Grundgebrechen zu nennen: Überall standen nationale Anliegen der internationalen faschistischen Solidarität im Wege.

Am größten und folgenreichsten war, wie sich bald zeigte, die Rivalität zwischen Hitler und Mussolini. Gewiß, der »Duce« hatte die Machtergreifung seines deutschen Lehrlings begrüßt, in einer italienischen Zeitschrift hatte es sogar geheißen: Hitlers Erfolg sei der »Triumph der faschistischen Idee in der Welt«[42]. Die europäische Nachkriegsordnung war damit, so sah man es in Rom, endgültig zum Einsturz verurteilt, Italien schien nun unter den europäischen Großmächten eine Art Schiedsrichterrolle erlangen zu können, die es dem ehrgeizigen Land erlauben würde, sich konkret und relativ gefahrlos mit lange gehegten expansionistischen Träumen zu beschäftigen. Aber Mussolini hatte die Dynamik und die skrupellose Machtbesessenheit des Nationalsozialismus gänzlich unterschätzt. Er hatte gedacht, das Deutsche Reich werde Jahre brauchen, ehe es sich von der Weltwirtschaftskrise erholte, und er war der Meinung gewesen, Hitler werde sich zunächst ähnlich vorsichtig, wie er selbst es nach 1922 getan hatte, auf dem internationalen Parkett bewegen und sich nur langsam aus den Fesseln befreien, die ihm Verträge und Konventionen angelegt hatten.

Doch weit gefehlt: Es dauerte kein Jahr, da war das Deutsche Reich aus dem Völkerbund ausgetreten, da hatte es die Abrüstungskonferenz verlassen, und da war es mit seiner forcierten Aufrüstung schon so weit vorangekommen, daß es nicht mehr lange dauern konnte, bis es wieder ein ernstzunehmender militärischer Faktor war. Es ließ sich zwar 1933/34 noch nicht klar erkennen, daß Hitler weit mehr wollte als seine Vorgänger, die nur auf eine Revision von Versailles zielten, und daß er die Heere des nationalsozialistischen Deutschlands erneut auf die Wege schikken wollte, »auf denen 1917 und 1918 die Soldaten Ludendorffs nach Osten marschiert und geritten waren: durch die baltischen

Länder, durch die Ukraine, bis zum Kaukasus«[43]. Klar war aber immerhin schon so viel, daß sich über Mitteleuropa eine gewaltige Unwetterfront mit dem Zentrum Berlin aufgebaut hatte, dessen Ausläufer sich auch in den Regionen bemerkbar machten, die Mussolini zu den Kernbereichen der Einflußsphäre Italiens rechnete: in Österreich, auf dem Balkan, und die er deshalb mit allen Mitteln abschirmen wollte.

Die anfangs noch unterschwellige, dann aber bald offene Rivalität zwischen Rom und Berlin war bis 1935 überall spürbar. Am deutlichsten zeigte sie sich am Beispiel der Bemühungen, eine faschistische Internationale ins Leben zu rufen, und in der Österreichfrage, die Hitler und Mussolini so unterschiedlich beurteilten, daß es beinahe zu einem dauerhaften Zerwürfnis zwischen den beiden Diktatoren gekommen wäre.

Das Projekt einer Internationale geisterte schon seit Mitte der zwanziger Jahre in den Köpfen faschistischer Funktionäre herum, die in der Ausbreitung ihrer Prinzipien ein »Kennzeichen des italienischen Primates in der Welt« erblickten.[44] Auch der faschistische Großrat griff das Thema auf, ließ es dann aber wieder fallen, weil Mussolini zur Vorsicht riet.[45] Dem Duce war das Projekt noch nicht geheuer, er zog es vor, seinen Einfluß auf andere Gruppen zunächst noch im geheimen zur Geltung zu bringen und seine Hegemonieansprüche in der faschistischen Welt und seine eng damit verbundenen außenpolitischen Pläne erst später, wenn sein Regime wirklich konsolidiert war, offenzulegen.

1930, so scheint es, fielen die taktischen Rücksichten weg. Mussolini sprach nun selbst davon, daß der Faschismus die große Systeminnovation des 20. Jahrhunderts sei, die sich auch in anderen Ländern durchsetzen werde, und er scheute sich jetzt auch nicht mehr, öffentlich in der Rolle des »Papstes«[46] des Weltfaschismus hervorzutreten, in der er sich längst schon gefühlt hatte und in die er auch von vielen anderen Faschisten in Europa gedrängt worden war. Das Thema Internationale war damit nicht mehr tabu, und erste Maßnahmen, organisatorische Zusammenschlüsse zu bilden, wurden nun ebenfalls ergriffen. Die vielversprechendste Initiative kam von Asvero Gravelli, einem Faschisten der ersten Stunde: »Der roten Internationale muß, unter geistiger, aber auch praktischer Leitung des italienischen Faschismus, eine ›weiße Internationale‹, eine ›Antieuropäische Liga‹, eine ›Internationale der Schwarzhemden‹ oder eine ›Faschistische Internationale‹ entgegengesetzt werden«, schrieb er im Dezember 1930 an Mussolini[47], der ihn wohl auch ermunterte, seine Pläne weiterzuverfolgen.

Was daraus wurde, ist nicht genau zu sagen. In Italien wurde aber 1931/32 intensiv über die universelle Geltung der faschistischen Idee diskutiert, wobei Mussolini sich erst relativ spät ernsthaft einschaltete – zu einem Zeitpunkt nämlich, als er den Nationalsozialismus »als expansionistisches Konkurrenzregime«[48] und Hitler als Rivalen wahrzunehmen begann, der ihm seine Vorrangstellung im Lager der europäischen Rechten streitig machen konnte. So bedrängt ging Mussolini in die Offensive: Er berief den späteren Außenminister Galeazzo Ciano an die Spitze einer Propagandaabteilung seiner Regierung. Er mobilisierte die italienischen Botschaften, die Auslandsorganisationen des PNF sowie die Kultur- und Sprachinstitute und die Jugendverbände. Alles diente dazu, den immer massiveren Einflüssen des Nationalsozialismus entgegenzuwirken und den Rang Mussolinis in der faschistischen Welt zu befestigen. Vor allem in Süd- und Osteuropa, so hat Jerzy Borejsza nachgewiesen, kam es zu einer regelrechten »Kraftprobe zwischen den beiden ersten faschistischen Mächten«[49].

1933/34 war diese Kraftprobe noch nicht entschieden, aber doch schon nicht mehr zu übersehen, daß am faschistischen Firmament nun zwei Fixsterne existierten, zwischen denen sich eine Art »Magnetfeld«[50] bildete, in das fast alle kleineren faschistischen Bewegungen gerieten. Die einen tendierten weiter zu Rom, aus alter ideologischer Verbundenheit, wegen finanzieller Abhängigkeit oder aus Furcht vor der Radikalität und revolutionären Dynamik des Nationalsozialismus. Die anderen hingegen hielten sich an Berlin, das eine reinere und aggressivere Form des Faschismus zu repräsentieren schien, vor allem aber ein ungleich größeres Gewicht auf der internationalen Bühne besaß; ein Bündnis mit Hitler versprach mehr abzuwerfen: größere Zuwendungen und mehr Einfluß, so daß Rom schon bald um den bis dahin selbstverständlichen Status der inoffiziellen Hauptstadt des internationalen Faschismus bangen mußte.

Integraler Bestandteil der italienischen Offensivstrategie war die Gründung der »Comitati d'azione per l'universalità di Roma« im Sommer 1933, die von Mussolini als eine Art Vorhut einer großen internationalen Organisation gedacht waren und alle zusammenführen sollten, »die sich zur Politik des römischen Faschismus« bekannten.[51] Die »Comitati« entfalteten unter der Leitung von Eugenio Coselschi, wie Gravelli ein alter Kämpfer, eine fieberhafte Aktivität, die in der Tagung des »ersten Faschisten-Weltkongresses« am 16./17. Dezember 1934 in Montreux am Genfer See gipfelte.[52]

Viel ist über die Vorgeschichte der Veranstaltung in Montreux nicht bekannt. Alles deutet aber darauf hin, daß Coselschi und seine Mitstreiter ursprünglich nur solche Parteien einladen wollten, die ganz auf der faschistischen Linie lagen und sich der Führung Mussolinis beugten, daß sie diesen Plan aber schnell aufgeben und Kompromisse schließen mußten, weil sie sonst nur ein armseliges Häuflein von Delegierten zu mobilisieren vermocht hätten. Codreanu weigerte sich sogar, nach Montreux zu fahren, weil ihm die italienischen Absichten zu weit gingen; anders als Mosley, der ähnlich dachte und zudem auch noch auf seine deutschen Geldgeber Rücksicht nehmen mußte, schickte er aber immerhin einen Vertreter.[53] Die NSDAP war über die Zusammenkunft nicht einmal informiert worden.

Der Kongreß stand deshalb von Beginn an unter einem schlechten Stern.[54] Anwesend waren neben der italienischen Delegation unter der Führung Coselschis Vertreter aus vierzehn Ländern, unter ihnen als die prominenteren Vidkun Quisling aus Norwegen, Ion Moţa von den rumänischen Legionären und Marcel Bucard, der den französischen »Francisme« vertrat. Daß die feinen Haarrisse und tiefen Klüfte, die das faschistische Lager durchzogen, nicht sogleich sichtbar wurden, lag vor allem an den italienischen Regisseuren, die sich, dem Zwang der Umstände folgend, die größte Mühe gaben, ihre Hegemonieambition zu verschleiern, und nur solche Anträge zur Diskussion brachten, die unstrittig waren und auch von den meisten Parteien der europäischen Rechten hätten unterschrieben werden können. Das galt für den Schwur zum gemeinschaftlichen Kampf gegen bolschewistischen Materialismus, kapitalistischen Egoismus und das gottlose Heidentum ebenso wie für die Zusage, die korporatistische Idee zu fördern, und die Selbstverpflichtung aller, die nationalen Charakteristika der einzelnen Parteien zu achten, was, wie nicht extra betont zu werden braucht, für die kommunistische Internationale undenkbar gewesen wäre, bei ihrem faschistischen Gegenstück aber eine conditio sine qua non war.

Anders lagen die Dinge, als Quisling die deutsche Frage zur Sprache brachte und zu erkennen gab, daß eine internationale faschistische Organisation ohne oder gegen Berlin in seinen Augen keine rechte Existenzberechtigung hatte, und als Moţa in dieselbe Kerbe hieb und obendrein das Thema Antisemitismus anschnitt, das den größten Zündstoff barg. Die italienischen Faschisten hatten nämlich vor Montreux vehement gegen den Antisemitismus der Nationalsozialisten polemisiert und alles getan, um die anderen Gruppen auf ihre Position einzuschwören – mit geringem Erfolg, wie sich jetzt zeigte, denn Moţa äußerte sich zur Rassenfrage nicht nur so radikal, als wäre er von der NSDAP instruiert worden, er fand dafür auch Unterstützung bei Fritz Clausen von den dänischen Nationalsozialisten und bei dem schweizerischen Faschisten Arthur Fonjallaz.[55]

Damit stand der Kongreß vor dem Aus. Das Projekt einer faschistischen Internationale hatte wegen der nationalistischen Egozentrik der faschistischen Parteien von vorneherein nur geringe Erfolgschancen. Es war aber ganz zum Scheitern verurteilt, sobald es von einer Führungsmacht gegen die andere instrumentalisiert wurde – wie in diesem Fall von Mussolini gegen Hitler, dessen Abgesandte in Montreux zwar fehlten, aber kraft des Gewichts des Nationalsozialismus doch die ganze Veranstaltung überschatteten.

Diese Erkenntnis war keinem der Teilnehmer fremd. Sie zogen aber nicht sogleich die Konsequenzen daraus, sondern flüchteten sich in unverbindliche Formelkompromisse, die keiner Seite weh taten. Mit Blick auf die Rassenfrage etwa hieß es in einer einstimmig verabschiedeten Resolution, daß jedes Land selbst bestimmen müsse, was es in puncto Staatsbürgerschaft, Rasse und Religion für richtig halte. Die Judenfrage könne deshalb nicht mit einer generellen »Haßkampagne gegen die Juden« beantwortet werden. Wenn die Juden sich aber irgendwelcher, beliebig zu definierender Missetaten gegen die Idee der Nation und den christlichen Glauben schuldig machten oder die Revolution förderten, dann sei unnachsichtiges Durchgreifen durchaus am Platze.[56]

Unverbindlichkeiten dieser Art fanden sich auch im Schlußkommuniqué. In einem Anflug von grandioser Selbsttäuschung über die weiteren Perspektiven seiner Arbeit rief der Kongreß sogar noch ein Exekutivkomitee ins Leben, aus dem das Sekretariat einer faschistischen Internationale hervorgehen sollte. Damit hatte er seine Kraft aber endgültig erschöpft. Das Exekutivkomitee tagte nicht öfter als zweimal, am 30. Januar 1935 in Paris und am 1. April 1935 in Amsterdam, und ging dann in der internationalen Aufregung unter[57], die auf Mussolinis Kriegsabenteuer in Abessinien folgte.

1935/36 legte sich auch der Konflikt, der Rom und Berlin in der Österreichfrage entzweit hatte. In Österreich hatten die dortigen Nationalsozialisten nach 1933 Morgenluft zu wittern begonnen. Nach Hitlers Erfolg im Deutschen Reich war der »Anschluß« in ihren Augen nur noch eine Frage der Zeit. Diese Gewißheit brachte die bald 100000 Mitglieder zählende Partei[58] mit provozierender Arroganz und nicht selten auch terroristischer Vehemenz so nachhaltig zum Ausdruck, daß Österreich nicht mehr viel vom Bürgerkrieg trennte. Hitler, so scheint es, deckte diesen Kurs. Ihm wäre es zwar lieber gewesen, Österreich einfach zu kassieren. Doch daran war angesichts der militärischen Verwundbarkeit des Deutschen Reiches und der Übermacht seiner Gegner nicht zu denken. Er setzte deshalb anfangs auf einen »verschleierten Anschluß«[59], das heißt auf die Machtergreifung seiner österreichischen Genossen und die de-facto-Gleichschaltung des Landes, das noch so lange als unabhängig firmieren konnte, bis sich die tonangebenden Mächte Europas mit einem Zustand abgefunden hatten, der den Inhalt der Verträge von Versailles und St. Germain auf den Kopf stellte.

Doch Hitlers Kalkül war naiv. Der Führer und seine Spießgesellen in Österreich hatten ihre Rechnung ohne die autoritäre Regierung Dollfuß gemacht, die im Juni 1933 ihren ganzen Selbstbehauptungsmut zusammennahm und die NSDAP verbot. Sie hatten außerdem die Resistenz von Frankreich und den anderen

Staaten ignoriert, die am Erhalt des Status quo im Donauraum interessiert waren. Und sie hatten schließlich das faschistische Italien zu wenig beachtet, das sich schon seit längerem als Garant der Unabhängigkeit und als Schutzmacht Österreichs verstand und in dieser Rolle um so aktiver wurde, je deutlicher die Ambitionen Hitlers zutage traten.[60]

Aus Mussolinis Sicht sprach vieles dafür, sich in Österreich zu engagieren: Österreich war ein Puffer, das seinem Land eine gemeinsame Grenze mit dem Deutschen Reich am Brenner ersparte. Es bildete einen Sperriegel gegen die deutsche Wirtschaftspenetration in Südosteuropa, wo Italien eigene imperialistische Interessen verfolgte und die deutsche Konkurrenz fürchtete, und es war eine Art politisches Faustpfand, das Mussolini vor allem deshalb in der Hand behalten wollte, weil er glaubte, sich damit Paris und London (die ebenfalls an der Unabhängigkeit Österreichs interessiert waren, aber letztlich wenig dafür tun konnten) so stark zu verpflichten, daß sie ihn bei seinen eigenen Plänen in Afrika und im Mittelmeerraum gewähren lassen würden.

Angesichts der großen internationalen Solidarität, die Österreich genoß und die sich etwa auch in einer gemeinsamen Erklärung Frankreichs, Großbritanniens und Italiens vom 17. Februar 1934 niederschlug, zuckte Hitler zurück. Nicht so der österreichische Ableger seiner Partei, der von der Zentrale in München anscheinend auch ganz widersprüchliche Signale empfing – solche, die zur Vorsicht rieten, und solche, die auf Hitlers geheimes Einverständnis mit weiterer aggressiver Druckentfaltung deuteten – und schließlich vor lauter strotzender Unsicherheit sein Heil in blindem Aktivismus suchte. Schlecht vorbereitet, schlecht ausgerüstet und schlecht koordiniert, probte die österreichische NSDAP im Juli 1934 den Aufstand, der freilich rasch niedergeschlagen werden konnte.[61]

Das Verhältnis zwischen Hitler und Mussolini und damit unweigerlich auch die Beziehung zwischen den beiden Führungsmächten des Faschismus war nach dem Juli-Putsch schwer belastet – und zwar nicht etwa deshalb, weil dem Aufstand in Wien der österreichische Bundeskanzler Engelbert Dollfuß zum Opfer gefallen war, den Mussolini als engen Freund bezeichnete; in solchen Dingen war der »Duce« viel weniger empfindlich, als er sich den Anschein zu geben verstand. Viel schwerer wog, daß Mussolini sich von Hitler, den er als den eigentlichen Drahtzieher des Putsches betrachtete, getäuscht fühlte. Er hatte ihn ja wenige Wochen zuvor in Venedig erstmals getroffen, und dabei hatte ihm der Führer zu verstehen gegeben, daß er der Österreichfrage keine größere Bedeutung beimesse.[62]

Und nun das! Mussolini war außer sich. Er schickte sofort einige Divisionen an die nördliche Grenze, sicherte der neuen österreichischen Regierung von Kurt von Schuschnigg jede Unterstützung bei der Bewahrung der Selbständigkeit des Landes zu und griff Hitler, auch öffentlich, ungewöhnlich scharf an. Das gleiche tat die italienische Presse, die von Hitler und dem Nationalsozialismus über Monate hin nicht mehr abließ und dabei einen Ton anschlug, als befände sich Italien kurz vor einem Krieg mit dem Deutschen Reich; der ›Popolo di Roma‹ bezeichnete die deutsche Regierung sogar als Clique von »Mördern und Päderasten«[63]. Politisch bedeutsamer und aus Hitlers Sicht gefährlicher als das ganze propagandistische Getöse, das von jenseits der Alpen herüberdrang, aber war, daß Italien in der gemeinsamen Bemühung um Österreich immer näher an Frankreich heranrückte und fast schon als integraler Bestandteil des Bündnisrings anzusehen war, den Paris um das Dritte Reich zu legen versuchte und dem neben der Kleinen Entente aus der Tschechoslowakei, Rumänien und Jugoslawien auch Großbritannien angehörte.

1934/35 konnte man leicht den Eindruck gewinnen, der Kreis sei geschlossen und Hitler so isoliert, daß er es nicht wagen konnte, seine immer herausforderndere Politik weiterzuverfolgen. Im September 1934 verbürgten sich Großbritannien, Frankreich und Italien erneut für die Souveränität und Integrität Österreichs. Anfang Januar 1935 war der französische Außenminister Pierre Laval in Rom und verständigte sich mit Mussolini auf ein gemeinsames »militärisches Vorgehen, falls Deutschland die Unabhängigkeit Österreichs antasten oder eine Remilitarisierung des Rheinlands wagen sollte«[64]. Einige Monate später, im April, beantworteten die drei Mächte die Einführung der allgemeinen Wehrpflicht im Deutschen Reich mit der Einberufung einer Konferenz in Stresa, wo sie die Souveränität Österreichs noch einmal bekräftigten und Hitler energisch warnten, »auf dem Wege der einseitigen Aufhebung der Bestimmungen des Versailler Friedens weiter voranzugehen«[65]. Gerade Mussolini machte sich in Stresa, wie Jens Petersen geschrieben hat, »zum Vorkämpfer der internationalen Sicherheit«; er war es auch, der mit eindringlichen Worten auf die »deutsche Gefahr« hinwies.[66] Ihren Abschluß fand die westliche Einkreisungspolitik im Mai 1935 mit einer französisch-sowjetischen Allianz, die Hitler darauf aufmerksam machen sollte, daß er im Falle des Falles, wie das Kaiserreich 1914, von zwei Seiten bedroht war.

Die beiden Führungsmächte des Faschismus schienen nun, 1935, endgültig in zwei antagonistischen Lagern zu stehen. Daß Hitler daran keinen Gefallen fand, muß nicht weiter dargelegt werden; er stand alleine und war frustriert, weil es ihm nicht gelungen war, Italien auf seine Seite zu ziehen, das er schon Anfang der zwanziger Jahre als idealen Bündnispartner der Zukunft bezeichnet hatte. Mussolini war von solchen Empfindungen frei; doch auch er fühlte sich an der Seite Frankreichs und in der gegen Hitler geschmiedeten Allianz nicht wohl. Denn büßte er damit, daß er sich ganz auf eine Seite schlug, den außenpolitischen Spielraum nicht wieder ein, den er nach der Machtergreifung Hitlers gewonnen hatte? Waren die großen Expansionsziele, die er sich und dem Faschismus in Afrika und am Mittelmeer gesteckt hatte, in einer Anti-Hitler-Koalition wirklich zu erreichen? Oder würde er immer auf Paris und London Rücksicht nehmen müssen, die – zu allem Überfluß – auch noch dort, wo er hin wollte, eigene Interessen hatten und diese nicht leichten Herzens preisgeben würden?

Das waren die großen Fragen, die Mussolini 1934/35 beschäftigten. Leichte Antworten darauf gab es nicht, nur eines war klar: Ein Verzicht auf die Expansion kam nicht in Frage. Italien war deshalb der unsicherste Kantonist in dem, bei genauerem Hinsehen, doch recht losen Bündnis zur Eindämmung Hitlers, das 1934/35 Gestalt gewonnen hatte. Mussolini schwankte zwischen Mitwirkung und Abgrenzung und damit auch zwischen Paris und Berlin, und letztlich war vor allem er es, der das Bündnis ruinierte und Hitler eine »Gasse« öffnete, die ihm, so Hermann Gramls klassische Formulierung, »den Ausbruch aus dem diplomatischen Stellungskrieg, in dem er feststeckte, erlaubte«[67] – und damit auch, ohne es zu wissen und zu wollen, die Voraussetzung für die rasche Wiederannäherung der beiden faschistischen Mächte schuf.

Annäherung und »Achse«

Daß Mussolini nie ernstlich daran dachte, seine Expansionspläne aufzugeben und sich ganz auf die »deutsche Gefahr« zu konzentrieren, hatte viele Gründe: Der geringste davon war, daß auch ihn, wie fast die gesamte politische Klasse des vorfaschistischen und faschistischen Italien, eine gewisse koloniale Leidenschaft beseelte und daß auch er nicht ganz schmerzfrei war bei dem Gedanken an die vernichtende Niederlage von Adua im Jahr 1896, die der abessinische Kaiser Menelik den italienischen Streitkräften beigebracht hatte. Adua lastete wie ein Alptraum auf dem Land, Mussolini wollte es davon befreien, und nicht zuletzt deshalb fiel sein begehrlicher Blick vor allem auf Abessinien, das freilich auch das einzige afrikanische Land war, das der europäische Imperialismus bis dahin weitgehend verschont hatte.[68]

Hinzu kam, daß der »Duce« auch als Regierungschef ein Krieger blieb, dem die Eroberungslust in den Genen saß, und daß im Faschismus starke expansionistische Kräfte wirkten, die sich niemals mit Italien allein zufriedengegeben hätten. Diese Kräfte hatten das alte Rom vor Augen, spürten eine faschistische Mission in sich und träumten von einem Imperium, das den Vergleich mit den britischen und französischen Reichen nicht zu scheuen brauchte. Vor allem die ehemaligen Frontsoldaten und die junge, ganz im Zeichen des Faschismus herangewachsene Generation fühlten sich zu Großem berufen. Sie drängten nach außen und wurden immer ungeduldiger, weil ihr »Duce« ihnen keine Ziele wies, die ihrer Abenteuerlust entsprochen hätten.

Mussolini kam diesem Ehrgeiz, sobald die Situation es erlaubte, sofort entgegen. Die damit verknüpften Expansionserwartungen waren ja seine eigenen, und er litt unter der Enge des faschistischen Systems, so wie es nach 1929 geworden war, nicht weniger als die Jungen: Überall entdeckte er Stagnation, geduckte Bequemlichkeit und nicht selten eine gehörige Portion

Verdrossenheit, die aus der Kluft zwischen faschistischem Anspruch und faschistischer Wirklichkeit resultierte. »Weiter so« durfte niemals die Devise sein. Mussolini verlangte mehr: Tatkraft, Kühnheit und machiavellistisches Selbstbewußtsein, mit einem Wort, den neuen faschistischen Menschen, der Europa und der Welt die Stirn zu bieten vermochte und nichts mehr gemeinsam hatte mit dem alten Italiener, den er häufig als pazifistisches Schaf verspottete. Ohne Krieg, ohne Bewährung auf dem Schlachtfeld, so gab sein Instinkt ihm ein, war dieses Ziel nicht zu erreichen, ohne Expansion wäre sein Regime nur Stückwerk geblieben und früher oder später in sich zusammengesunken.[69]

Mussolini wollte die Expansionserwartung also nicht enttäuschen, er hätte es aber auch kaum gekonnt: Sein Regime brauchte den Erfolg, sein Mythos – die eigentliche Basis seiner Herrschaft – ständig neue Nahrung. Nur – wo ließ sich nach der Lösung der römischen Frage 1929 der »Stoff« finden, den Mussolini zur Selbstinszenierung und zur Mobilisierung und permanenten Indienstnahme der Gesellschaft benötigte? Die Konsolidierung des Regimes gab wenig dafür her, und auch die Rolle des europäischen Friedensstifters, in der er sich 1933/34 wohl vorübergehend gefiel, warf nicht sehr viel ab. So drängte in den dreißiger Jahren vieles am Faschismus auf Expansion. Hitler und die Gefahr, die er verbreitete, boten dem keinen Einhalt. Im Gegenteil: Der Nationalsozialismus, vor allem dessen rasche wirtschaftliche und militärische Kraftentfaltung und die Unerschrockenheit, die Hitler beim Austritt aus dem Völkerbund bewiesen hatte, faszinierte Mussolini – und setzte ihn zugleich unter großen zeitlichen Druck. Wollte der »Duce« in der Konkurrenz mit Hitler bestehen und den Rang seines Landes in der internationalen Politik ausbauen, so galt es, rasch zu handeln und die vermutlich nur kurze Zeitspanne zu nutzen, in der die westlichen Mächte Frankreich und Großbritannien vollauf damit beschäftigt waren, das Dritte Reich in Schach zu halten, und deshalb keine Kraft mehr übrig hatten, um Italiens Expansion zu unterbinden, so wie sie es in der Vergangenheit stets getan hatten. Mussolini wollte diese Chance nicht vertun, und er wollte auch später mit dabeisein, wenn – wie er erwartete – das voll aufgerüstete nationalsozialistische Deutschland die Hegemonie über Mitteleuropa erlangt haben und darangehen würde, die Landkarte umzugestalten; kraft neugewonnener Stärke, also mit einem Kolonialreich im Rücken, wollte er hier ein entscheidendes Wort mitsprechen.[70]

Das hieß nun freilich nicht, daß Mussolini sich Mitte der dreißiger Jahre Hals über Kopf in das Abenteuer in Abessinien gestürzt hätte. Der Kolonialkrieg beschäftigte ihn seit Beginn seiner Herrschaft. Schon 1932, als er bereits fest mit einer Wende im Deutschen Reich rechnete, stellte er die Weichen für den Raubzug in Afrika. Dabei achtete er anfangs peinlich darauf, Paris und London nicht zu reizen. Erst ab 1933 wurde er freier und fordernder, wenngleich es ihm auch jetzt noch lieber gewesen wäre, Frankreich und Großbritannien hätten seinen imperialistischen Plänen ihren Segen erteilt.

Frankreich hat dies tatsächlich auch getan. Die französische Regierung war nach Hitlers Machtergreifung so verunsichert, daß sie, überspitzt formuliert, mehr auf fremde als auf eigene Kräfte setzte. Ihr Hauptanliegen war dabei, ein umfassendes Anti-Hitler-Bündnis zu schmieden, in dem sie dem notorisch unzuverlässigen Mussolini nicht etwa nur eine Neben-, sondern eine Hauptrolle zugedacht hatte. Der Preis, den das faschistische Italien dafür fordern würde, war fast schon Nebensache, und Außenminister Laval hielt sich dabei auch nicht lange auf, als Mussolini ihn Anfang Januar 1935 mit seiner Forderung nach freier Hand in Abessinien konfrontierte. Laval stimmte zu und riß damit beiläufig auch die Pfeiler des Systems der kollektiven Sicherheit ein, das Frankreich nach 1918/19 mit aufgebaut und lange eifersüchtig gehütet hatte.[71]

London tat sich schwerer mit den Forderungen Mussolinis. Zwar hätte es auch die britische Regierung gerne gesehen, wenn Mussolini der Front gegen Hitler beigetreten wäre. Sie war dafür aber nicht ebenso umstandslos bereit, dem »Duce« alles zu erlauben und den Völkerbund zu opfern, wie Laval dies getan hatte. London war zunächst noch stark an einer Revitalisierung der Genfer Einrichtungen interessiert und rief Mussolini mehrmals in Erinnerung, »daß er sich [...] hoffnungslos ins Unrecht setzen würde«[72], falls er in Abessinien zu den Waffen greifen sollte, und daß dies nicht ohne ernste Folgen bleiben konnte.

Letztlich raffte sich freilich auch die britische Regierung nicht zu einer energischen Aktion auf, die Mussolini gestoppt und Hitler vielleicht als Warnung vor ähnlichen Experimenten gedient hätte. Sie fürchtete, allein gelassen zu werden, und war sich auch ihrer militärischen Möglichkeiten im Mittelmeerraum nicht ganz sicher. Den Ausschlag aber gab, daß man sich auch in London ganz auf Hitler konzentrierte. Vom deutschen Diktator ging die eigentliche Gefahr aus, der italienische wurde dagegen für viel harmloser gehalten. Man mußte nur aufpassen, daß man ihn nicht in die Arme Hitlers trieb und damit die Gefahr für den Frieden in Europa noch erhöhte.

Das Ergebnis war grotesk: Der Völkerbund verurteilte Mussolini, weil er eine Todsünde begangen hatte, vollstreckte das Urteil aber nicht, sondern verhängte milde Strafen, die einer läßlichen Sünde angemessen gewesen wären – so, als wollte man dem »Duce« zu verstehen geben, daß alles nicht so ernst gemeint war. Mussolinis Raubzug in Abessinien, der am 3. Oktober 1935 begann, wurde durch die zaghaften Sanktionen nicht beeinträchtigt. Wirklich geschmerzt, ja zum Abbruch des Krieges gezwungen, hätte ihn ein Ölembargo oder die Schließung des Suez-Kanals; doch davon war der Völkerbund weit entfernt.[73]

Dennoch war Mussolini auch von der milden Behandlung, die der Völkerbund ihm angedeihen ließ, alles andere als begeistert. Er fühlte sich getäuscht und sah sich als Opfer der arroganten Politik Großbritanniens und Frankreichs, die eigensüchtig ihre kolonialen Besitzstände wahrten und dreist genug waren, ihn eines Verbrechens zu beschuldigen, das sie selbst noch vor wenigen Jahrzehnten dutzendfach begangen hatten. Mit Partnern, die nur an sich dachten, so sah man es in Rom, war kein Einvernehmen möglich. Italien mußte sich selbst helfen und noch stärker auf den »sacro egoismo« setzen, der auch schon vor Mussolini die Außenpolitik bestimmt hatte.

Italien entfernte sich damit immer weiter von der westlichen Allianz, die Mussolini selbst noch im April 1935 beschworen hatte, und näherte sich, zunächst kaum merklich, dann aber immer rascher, demjenigen, gegen den die Allianz geschmiedet worden war: Hitler. Der »Führer« hatte die Chancen, die der Abessinienkonflikt dem Deutschen Reich eröffnete, zunächst nicht erfaßt. Er stand damals noch ganz unter dem Eindruck der intransigenten Haltung Mussolinis in der Österreichfrage, die ihn vieler Hoffnungen auf ein deutsch-italienisches Bündnis beraubt hatte, und glaubte anfangs auch eher daran, daß Italien in Afrika nicht auf eigene Faust, sondern im Einvernehmen mit Frankreich und Großbritannien handelte. Nicht zuletzt deshalb belieferte er den abessinischen Kaiser auf geheimen Wegen mit Waffen. Erst im Herbst 1935, als der Völkerbund unter großem Lärm Sanktionen gegen Italien verhängte, witterte Hitler, daß die Stresa-Front bröckelte und daß der Konflikt in Afrika ihm eine Karte zuspielte, die das Blatt in Europa zu seinen Gunsten wenden konnte.[74]

Ideologische Fragen oder gar »verwandtschaftliche Gefühle« fielen bei der Wiederannäherung zwischen Hitler und Mussolini kaum ins Gewicht. Beide handelten primär als Machtpolitiker, die sich – wenigstens in der ersten Phase – sofort wieder im Stich gelassen hätten, wenn es zu ihrem Vorteil gewesen wäre. Hitlers Interessenlage war eindeutig; zweierlei war ihm besonders wichtig: Der Krieg in Abessinien und der Streit unter den Stresa-Mächten kamen ihm gelegen; je länger sie dauerten, desto besser, weil damit auch der 1934/35 geschaffene Bündnisring zerfiel und alle übrigen Vereinbarungen (insbesondere der Vertrag von Locarno) an Wert verloren, die ihn bis dahin zur außenpolitischen Zurückhaltung gezwungen hatten. Mussolini, und das war der zweite Punkt, durfte in Afrika nicht scheitern, sonst drohte in Italien das Chaos. Mussolini mußte also gestützt werden, wobei Hitler damit auch die Erwartung verband, daß ein siegreicher »Duce« sich auf seinen Lorbeeren nicht ausruhen, sondern nach weiteren Eroberungen trachten und damit die Brücken zu Paris und London ganz einreißen würde.[75]

Diesen Überlegungen entsprechend, wartete Hitler zunächst einfach ab. Wohlwollende Neutralität zugunsten Italiens, aber ohne eigenes Engagement, war die Quintessenz seiner Politik. Das Deutsche Reich machte so auch keinen Versuch, die Sanktionspolitik des Völkerbundes mit großzügigen Hilfen für Italien zu unterlaufen. Der Warenaustausch zwischen den beiden Ländern blieb weitgehend unverändert, zu Waffenlieferungen größeren Stils wäre Deutschland ohnehin nur auf Kosten des eigenen Rüstungsprogramms in der Lage gewesen; dazu und zu anderen Zugeständnissen war Hitler aber nur bereit, wenn Mussolini eindeutige Angebote machte.[76]

Das geschah tatsächlich. Der moralisch und politisch isolierte Mussolini befand sich in den ersten Monaten des Krieges in einer – um das mindeste zu sagen – auch militärisch unbequemen Lage: Der Feldzug verschlang riesige Summen – und er drohte zu scheitern, ja er mußte fehlschlagen, wenn die Sanktionen verschärft würden. Der »Duce« griff deshalb nach jedem Strohhalm, der ihm ein bißchen Erleichterung verschaffen konnte. Er wäre damals etwa auch bereit gewesen, auf einen Vorschlag der Außenminister Großbritanniens und Frankreichs, Samuel Hoare und Pierre Laval, einzugehen, der ihm zwar weit entgegenkam, aber eben doch den totalen Triumph in Afrika vorenthielt, der ihm so sehr am Herzen lag.[77]

Aber London stoppte den Hoare-Laval-Plan, so daß Mussolini sich erneut düpiert fühlen mußte und darüber nachzudenken begann, ob sich im Zusammenspiel mit dem nationalsozialistischen Deutschland nicht doch mehr herausschlagen ließ als in der Kooperation mit den Stresa-Mächten, die ihm bis dahin nur Enttäuschungen bereitet hatten. Am 6. Januar 1936 tat er in einem vertraulichen Gespräch mit dem deutschen Botschafter in Rom, Ulrich von Hassell, den ersten Schritt, den er im Februar bestätigte: Er habe nichts einzuwenden, sagte er Hassell, wenn Österreich, der alte Streitfall, de facto ein deutscher Satellit werden sollte. Außerdem betrachte er Stresa »ein für allemal als tot und begraben«, was hieß, daß Italien über deutsche Verstöße gegen internationale Abmachungen (beim zweiten Gespräch am 22. Februar war explizit von der Besetzung des entmilitarisierten Rheinlandes durch die Wehrmacht die Rede) hinwegsehen und sich nicht an Strafaktionen beteiligen würde.[78]

Hitler zweifelte an der Aufrichtigkeit dieser Offerte, weil natürlich nicht zu übersehen war, daß ein kapitaler Sündenfall wie der Einmarsch im Rheinland die Welt in Empörung versetzt und die Aufmerksamkeit von Abessinien abgelenkt hätte. Dennoch schlug er im März 1936 zu und schickte seine Truppen in die entmilitarisierten Zonen; die offene Flanke im Westen war ihm schon lange ein Dorn im Auge, nun war sie geschlossen und

Frankreich der Möglichkeit beraubt, das Deutsche Reich militärisch zu erpressen.

Dem Blitz im Rheinland folgte der Donner in Genf; für Hitler entstand aber kein Schaden. Der Völkerbund protestierte und ging dann zur Tagesordnung über, während Mussolini an der politischen Linie festhielt, die er in den Gesprächen mit Hassell skizziert hatte. Daran änderten auch seine militärischen Erfolge in Abessinien und die Ausrufung des Imperiums im Mai 1936 nichts. Das Zusammenspiel zwischen Italien und dem Deutschen Reich wurde sogar noch intensiver, ohne daß freilich ein abrupter Seitenwechsel ganz ausgeschlossen gewesen wäre; Mussolini scheint auch mehrmals mit einer solchen Alternative geliebäugelt zu haben, scheute letztlich aber doch davor zurück: Der Wortbruch eines Laval mag dabei eine ebenso große Rolle gespielt haben wie die Entschiedenheit, mit der Hoares Nachfolger Anthony Eden auf eine Verschärfung der Sanktionen drängte[79], die bis zuletzt wie ein Damoklesschwert über seinem afrikanischen Feldzug hingen. Den Ausschlag aber gab, daß Mussolini – wie Hitler vorausgesagt hatte – sich mit der Beute in Abessinien mitnichten zufriedengab; er wollte mehr und mußte sich dabei immer wieder mit dem Westen anlegen, der auch weitere annexionistische Aktionen nicht einfach tolerieren würde.[80]

Mussolini hat später behauptet, im Abessinienkonflikt habe alles begonnen, und damit die deutsch-italienische Allianz gemeint. Daran ist viel Wahres: Italien und das Deutsche Reich fanden 1935/36 einen gemeinsamen Nenner in der Österreichfrage. Das Projekt einer faschistischen Internationale erledigte sich ebenso von selbst wie eine Reihe weiterer Streitpunkte, die das Verhältnis belastet hatten. Vor allem aber wurde deutlich, daß in allen wirklich wichtigen Fragen eher ein Einvernehmen zwischen Rom und Berlin als zwischen den beiden faschistischen Hauptstädten und Paris und London zu erzielen war – und das aus einem einfachen Grund: Großbritannien und Frankreich setzten auf den Status quo, während Mussolini und Hitler auf dessen Überwindung zielten, hierbei aber nur dann mit Erfolgen rechnen konnten, wenn sie – salopp ausgedrückt – einander Schmiere standen. Da jeder eine andere Beute im Auge hatte, ihr

Expansionsdrang mithin kompatibel war, lag einer Komplizenschaft anfangs auch nicht viel im Weg.

Wenn es dafür noch eines Beweises bedurft hätte, so lieferte ihn der im Juli 1936 beginnende spanische Bürgerkrieg, der entscheidend dazu beitrug, daß sich die im Abessinienkonflikt entstandene Komplizenschaft festigte.[81] Mussolini ließ sich nicht lange bitten, als Franco um Hilfe nachsuchte, und auch Hitler war sofort bei der Sache. Er stellte Franco vor allem Flugzeuge und Kriegsschiffe zur Verfügung, während Mussolini auch italienische Soldaten und Freiwillige schickte; am Ende waren es 70000 bis 80000 Mann.[82] Der »Duce« verfolgte in Spanien weitreichende Ziele: Er wollte die Volksfrontregierung stürzen, den italienischen Einfluß in Spanien stärken und nicht zuletzt auch die eigene strategische Position gegenüber Frankreich verbessern, dessen Verbindung zu den nordafrikanischen Kolonien ernstlich gefährdet gewesen wäre, hätte Italien etwa über Stützpunkte auf den Balearen verfügen können. Hitler zeigte sich weniger ambitioniert; er war vor allem daran interessiert, die »Roten« aus der Regierung zu vertreiben und Spanien damit von einer Allianz mit dem damals ebenfalls von einer Volksfront regierten Frankreich abzuhalten.[83] Im übrigen betrachtete er das Engagement Italiens in Spanien natürlich mit dem größten Wohlgefallen, denn eine bessere Garantie gegen eine Rückkehr Italiens zur Stresa-Front konnte es kaum geben.

Über der italienisch-deutschen Kollaboration mit Franco zerbrach tatsächlich der letzte Rest dessen, was von Stresa noch übriggeblieben war. Mussolini war der Hauptschuldige daran, aber auch der Hauptleidtragende: Die Beziehungen zwischen Rom und Paris, die keine 18 Monate zuvor fast als glänzend bezeichnet werden konnten, waren ruiniert; um das italienische Verhältnis zu Großbritannien war es nicht besser bestellt. Mussolini hatte sein Land in die völlige Isolation gesteuert. Wenn seine Intervention in Spanien nicht mit einem Debakel enden sollte, wenn er sein afrikanisches Imperium konsolidieren oder wenn er gar weitere Raubzüge in Afrika oder im Mittelmeerraum starten wollte – dann mußte er sich noch enger an den deutschen Komplizen anschließen, der ihn ebenfalls brauchte und seit Monaten zielstrebig darauf hin gewirkt hatte, ihn an sich zu binden.

Als Galeazzo Ciano, mittlerweile Außenminister, Ende Oktober 1936 Deutschland besuchte, wurde die neue Form der italienisch-deutschen Kooperation besiegelt.[84] Mussolini setzte dieser Entwicklung am 1. November 1936 die Krone auf; er sprach in Mailand erstmals von der Existenz der »Achse« Rom–Berlin und tat damit »einen wichtigen Schritt auf dem Weg der Annäherung der beiden Diktaturen« – und zum Krieg.[85]

Kapitel 5

Auf dem Weg zur Kriegsallianz 1936–1939

Annäherung und Radikalisierung

Auch ohne Mussolinis pompöse Ankündigung vom 1. November 1936, es existiere nun eine »Achse« Berlin – Rom, um die sich die übrige Welt künftig zu drehen habe, wäre nicht zu übersehen gewesen: 1936 war ein besonderes Jahr in der Geschichte der faschistischen Regime und Bewegungen, denn nun verwandelte sich die faschistische Herausforderung, die bis dahin primär ideologischer und wirtschaftspolitischer Natur gewesen war, auch in eine militärische Herausforderung, hinter der ein so riesiges Potential steckte, daß sich fast die ganze Welt zusammenschließen mußte, um sie bestehen zu können.

Die wichtigste Voraussetzung für die neuerliche Metamorphose dessen, was hier als faschistische Herausforderung verstanden wird, war die Beilegung des offenen Konflikts zwischen Rom und Berlin in der Krise um Abessinien. Mussolini und Hitler fanden 1936 zwar gewiß nicht zu vollkommener Harmonie. Ihre Rivalität um die Führung in der faschistischen Welt bestand weiter, und auch die imperialistische Konkurrenz zwischen Faschismus und Nationalsozialismus insbesondere in Südosteuropa legte sich nicht. Diese Probleme wurden aber durch die neuen Gemeinsamkeiten, namentlich durch die Waffenbrüderschaft in Spanien, überlagert und verloren so viel von ihrer früheren Schärfe. Das blieb auch für die kleineren faschistischen Bewegungen nicht ohne Folgen. Deren Energien waren bis dahin im »Magnetfeld« zwischen Rom und Berlin teilweise paralysiert und verschlissen worden, nun konnten sie davon unbehindert zusammenfließen und die aus dem »Achsen«-Pakt der beiden größten Energieträger resultierende Kraft weiter stärken.

Dieser 1936 einsetzende Prozeß ist noch längst nicht so gut erforscht, daß er sich in allen Einzelheiten schildern ließe. Indizien dafür gibt es aber genug; zu nennen wäre etwa der immer regere Austausch zwischen den Nationalsozialisten und den rumänischen Legionären, die Zunahme der Hilfestellungen, die die italienischen Faschisten ihren ungarischen und baltischen Gesinnungsgenossen leisteten, die deutschen Finanzspritzen für Mosley und Degrelle und auch die erhöhte Aufnahmebereitschaft für faschistische und nationalsozialistische Ideen und Konzepte im Lager der französischen Rechten, die zum Faschismus tendierte.

Besondere Bedeutung hatte in diesem Zusammenhang natürlich die Revitalisierung der Beziehungen zwischen den beiden Führungsfaschismen, die nach 1933 fast ganz ruiniert worden waren. Auch hier bleibt für die Forschung noch viel zu tun. Was unter Revitalisierung zu verstehen ist, kann aber beispielhaft anhand der Tagebücher Joseph Goebbels' gezeigt werden, der 1937 so viele italienische Gäste empfing und so viele Reisen von Parteigenossen nach Italien registrierte wie nie zuvor und wohl auch später nicht mehr: Im Januar war Göring in Rom, im Februar hatte Goebbels Besuch von dem faschistischen Arbeiterführer Tullio Cianetti, im März sprach er mit einem italienischen Professor, der ein Buch über kommunistische Theorien vorbereitete, im April mit einem Abgesandten des Propagandaministeriums, mit dem er einen Austausch von Filmen verabredete. Im gleichen Monat fuhren Robert Ley und erneut Göring nach Italien, im April notierte Goebbels auch noch einen Besuch von italienischen Journalisten und Industriellen im Deutschen Reich.[1]

So ging es in den folgenden Monaten weiter: Im Mai war Renato Ricci mit einigen faschistischen Jugendführern bei Goebbels und Hitler, während Außenminister Constantin Freiherr von Neurath Rom besuchte. Einen Monat später fuhr Reichswehrminister Werner von Blomberg nach Italien, von dort kamen im Juni erneut eine Gruppe von Balilla-Offizieren und Propagandaminister Dino Alfieri nach Berlin. Im Juli schlossen Ley und Cianetti ein Abkommen über den Austausch von Arbeitern, und Goebbels empfing Prinzessin Maria zum Kaffee.[2]

Den Höhepunkt erreichte der deutsch-italienische Besucherstrom im September, als die Faschisten mit einer großen Delegation unter der Leitung von Staatssekretär Giuseppe Bastianini beim Reichsparteitag der NSDAP in Nürnberg auftraten und als schließlich der »Duce« selbst eine Art Deutschlandtour startete. »Ergebnis des Besuches«, so hielt Goebbels am 30. September 1937 in seinem Tagebuch fest, »feste Freundschaft, zwar kein Militärbündnis, aber beide Nationen sind auf Gedeih und Verderb aufeinander angewiesen.«[3]

Auch in den Wochen und Monaten danach riß der Verkehr nicht ab. Goebbels, der dem Einvernehmen nicht traute und mit Ausnahme Mussolinis die Italiener fast verachtete, war der ewige Polittourismus schon bald zuviel. »Heß geht mit einer Abordnung auf Romreise«, schrieb er am 21. Oktober 1937. »Himmler ist gerade in Rom. Das hängt einem bald zum Halse heraus. Als wenn sie nichts anderes zu tun hätten.«[4] Zwei Tage später gab er seinem Verdruß ein weiteres Mal Ausdruck: »Alfieri lädt mich brieflich zu einem Besuch nach Italien ein. Ich lehne ab. Ich will nicht in die große Reihe der Italienfahrer hineingeraten.«[5]

Dies sind freilich nur Impressionen, die sich fast endlos fortsetzen ließen. »Schüler und Studenten, Parteijugend und Parteiveteranen, Gauleiter und Federali, Oberbürgermeister und Sindaci, Ärzte und Rechtsanwälte, Minister und Parteigrößen, alle entdeckten plötzlich die Notwendigkeit von Horizonterweiterungen, Begegnungen, Süd- und Norderlebnissen.«[6] Auf allen Ebenen wurde versucht, sich abzustimmen, voneinander zu lernen und die alten Vorurteile abzubauen, mit einem Wort: das »Achsen«-Bündnis mit Leben zu erfüllen.[7]

Die faschistischen Regime und Bewegungen rückten ab Mitte der dreißiger Jahre aber nicht nur näher zusammen, ihre Energien flossen nicht nur ineinander. Parallel dazu radikalisierten sie sich auch – und zwar die Splittergruppen ebenso wie die Massenparteien, die schon in den Vorhöfen der Macht angelangt waren, und die beiden Regime in Italien und im Deutschen Reich, so daß man durchaus von einem europäischen Phänomen sprechen kann.

Die Ursachen dieses Radikalisierungsprozesses sind schwer zu bestimmen. Nationale Besonderheiten dürften dabei eine ebenso große Rolle gespielt haben wie die Großwetterlage in Europa, die Mitte der dreißiger Jahre einen Krieg anzukündigen schien, für den man gewappnet sein wollte. Entscheidend dürfte aber etwas anderes gewesen sein: Radikalität und immer weitere

Radikalisierung gehörten zu den Lebensgesetzen aller Faschismen; jede Mäßigung bedeutete Bedrohung, und jeder Stillstand konnte zum Verlust des plebiszitären Rückhalts in der Gesellschaft führen, der nur durch ständige Mobilisierung und Erregung, durch eine Art permanenten Ausnahmezustandes, zu gewährleisten war. Hitler mußte diesem Lebensgesetz ebenso gehorchen wie Mussolini und Codreanu. Die Radikalität, die in ihnen und ihren Bewegungen nistete, erhielt so immer neue Realisierungs- und damit Steigerungschancen, die fast zwanghaft auch genutzt werden mußten.

Es versteht sich, daß diese Radikalisierungsprozesse ganz unterschiedliche Relevanz hatten und daß diese sich vor allem nach dem Gewicht der einzelnen Faschismen bemaß. Am größten war die Relevanz ohne Frage im Fall des Nationalsozialismus, der Mitte der dreißiger Jahre – nach der Überwindung der Wirtschaftskrise und den großen Erfolgen bei der militärischen Aufrüstung – in eine neue Phase einzutreten begann, in der seine aggressiven Züge noch deutlicher wurden. Diese Entwicklung war überall spürbar, in besonderem Maße aber in der Außenpolitik und bei der Behandlung der Juden, die schon seit 1933 immer neuen Verfolgungsmaßnahmen ausgesetzt waren.

Hitler wollte Krieg. Er war besessen von dem Gedanken der Eroberung von Lebensraum im Osten, der als Basis zur Errichtung eines riesigen germanischen Reiches dienen sollte, das letztlich keine Grenze mehr kannte. Die außenpolitischen Erfolge, die er bis Mitte der dreißiger Jahre errungen hatte, konnten ihm deshalb nicht genügen; sie waren nur kleine Schritte auf dem Weg zu einem großen Ziel, das er nie aus dem Auge verlor. Hitlers außenpolitischer Aktivismus kannte deshalb auch keine Pause. Nach dem Einmarsch in das Rheinland und dem Agreement mit Italien nahm er sofort die Tschechoslowakei und Österreich in das Visier, deren Eroberung schon aus militärstrategischen Gründen unverzichtbar war, wenn er sich auf den Kriegspfad begeben wollte.[8]

In beiden Fällen hatte Hitler leichtes Spiel. Das lag zum einen an den Garantiemächten der europäischen Nachkriegsordnung, die fast ganz mit sich selbst beschäftigt waren, den Glauben an die Haltbarkeit der von ihnen geschaffenen Staaten verloren hatten und deshalb auch nicht mehr genügend Kraft aufbrachten, um ihr Überleben zu sichern. Hinzu kam, daß in Österreich und in der Tschechoslowakei in Gestalt der österreichischen Nazis und der Henlein-Partei mächtige zentrifugale Kräfte am Werk waren, die Hitler unterstanden und von ihm leicht zur Zerstörung der beiden ohnehin nie sonderlich robusten staatlichen Gebilde eingesetzt werden konnten.

Das zermürbte Österreich riß Hitler schon im März 1938 an sich, die innerlich ebenfalls geschwächte Tschechoslowakei zerschlug er ein Jahr später. Hier mußte er einen ärgerlichen Umweg in Kauf nehmen und sich im Herbst 1938 zunächst mit der Annexion der Sudetengebiete zufriedengeben, weil die noch immer ganz auf Ausgleich und Entspannung gestimmten Westmächte von seinen öffentlich erhobenen Forderungen selbst die weitreichendsten erfüllten und weil schließlich auch noch sein Verbündeter Mussolini auf den Plan trat und ebenfalls eine friedliche Lösung befürwortete, die im Münchner Abkommen vom September 1938 dann auch gefunden wurde.[9]

Mit München hatte das Deutsche Reich endgültig eine dominierende Stellung auf dem europäischen Festland erreicht, sich zugleich aber auch einer Grenze genähert, die Hitler nicht mehr so gefahrlos überschreiten konnte, wie dies im Falle Österreichs und der Sudetengebiete möglich gewesen war. Hier hatte er seine Eroberungslust ja immerhin noch mit dem Hinweis auf das Selbstbestimmungsrecht des deutschen Volkes bemänteln können – und dafür auch ein gewisses Verständnis bei den Westmächten gefunden. Jenseits dieser Grenze hörte das Verständnis auf, aber Hitler zerriß das Münchner Abkommen trotzdem und gab sich damit endgültig als der zu erkennen, der er war: ein skrupelloser Imperialist. Mit der Zertrümmerung der »Resttschechei« versetzte er allerdings auch der Appeasementpolitik der Briten und Franzosen den »Todesstoß«[10]; jede weitere Aggression Hitlers bedeutete Krieg.

Hitler führte das Deutsche Reich absichtsvoll an die Grenze heran, die Krieg und Frieden voneinander trennte. Mit derselben Entschiedenheit ging er in der Judenpolitik zu Werke, die 1935/36 nicht ganz zufällig eine Verschärfung erfuhr[11]; das NS-Regime war nun außenpolitisch nicht mehr so leicht verwundbar und konnte deshalb auch im Innern härtere Saiten aufziehen. Mit Blick auf die Juden hieß das, daß sie ab Mitte der dreißiger Jahre nicht nur drangsaliert und von der deutschen Gesellschaft abgesondert, sondern durch weitere und noch schärfere Repressalien zur Auswanderung gezwungen werden sollten. Einen vorläufigen Höhepunkt erreichte diese neue Politik in der sogenannten Reichskristallnacht vom 9./10. November 1938, die mit fast hundert Toten und zahllosen Verletzten nicht nur der größte und brutalste Pogrom war, den Westeuropa seit Jahrhunderten erlebt hatte, sondern auch Anlaß und Legitimation lieferte, um die bereits stark erschütterte wirtschaftliche Basis der Juden per Gesetz endgültig zu zerstören. Die deutschen Juden waren damit zu Fremden, zu Ausgestoßenen im eigenen Land geworden.[12]

Die forcierte Auswanderungspolitik wurde unter der Regie von Reinhard Heydrich und Adolf Eichmann bald zur systematischen Austreibung – und stellte doch niemanden zufrieden. Sie stieß nämlich rasch an ihre Grenzen, weil die Juden nirgends willkommen waren. Außerdem konnte der NS-Führung nicht verborgen bleiben, daß selbst bei einer rundum erfolgreichen Vertreibung die tödliche Bedrohung, die in ihren Augen von den Juden ausging, nur für das Deutsche Reich gebannt war, nicht aber für Europa und schon gar nicht für die gesamte Welt, zu deren Rettung Hitler sich berufen fühlte. Es war deshalb kein Wunder, daß ab 1938/39 immer radikalere Pläne diskutiert wurden, die auf eine Lösung des Judenproblems in ganz Europa zielten. Die Juden, so der Kern dieser Überlegungen, sollten in ein fernes Territorium, etwa in eine Kolonie in Afrika, abgeschoben werden und dort sich selbst überlassen bleiben.[13]

Solche Pläne wurden nach Kriegsbeginn nicht obsolet, sie verloren aber doch an Bedeutung, denn erstens waren sie im Krieg nicht zu realisieren, und zweitens richtete sich das Augenmerk der NS-Judenpolitiker nun vor allem auf die zwei Millionen polnischen Juden, die ihnen nach dem Blitzsieg über Polen in die Hände gefallen waren. Wohin mit ihnen? Sie alle mit brutalen Methoden und völlig mittellos weiter nach Osten über die neue Grenze zur Sowjetunion zu verjagen, wie das Heydrichs Einsatzgruppen mit Zehntausenden taten, konnte man nicht, ohne die sowjetischen Verbündeten gegen sich aufzubringen. Man verfiel deshalb auf die Idee, an der äußersten Peripherie des Reiches, in der Gegend um Lublin, ein gigantisches Reservat zu schaffen, in dem alle Juden untergebracht werden sollten – vorübergehend, denn der große Plan zur Eroberung von Lebensraum im Osten war ja nur aufgeschoben, und später, wenn es gegen die Russen ging, sollten auch diese ehemals polnischen Gebiete um Lublin germanisiert und natürlich »judenfrei« gemacht werden. Dann stellte sich die Judenfrage noch einmal ganz neu.

Da das NS-Regime sich Mitte der dreißiger Jahre als die dominierende Macht in Europa und mithin auch als die stärkste Potenz im faschistischen Lager erwies, konnte es nicht ausbleiben, daß von ihm auch die stärkste Wirkung auf die anderen Faschismen ausging, daß – mit anderen Worten – seine Radikalisierung auf die faschistische Umwelt ausstrahlte: In manchen Fällen diente der Nationalsozialismus nur als Vorbild, dem die anderen freiwillig nacheiferten, in anderen Fällen setzte er den anderen Faschismen und den Ländern, in denen sie wurzelten, so sehr zu, daß ihnen kaum etwas anderes übrigblieb, als sich seinen Ansprüchen zu fügen.

Im Falle des italienischen Faschismus war diese Wirkung ohne Zweifel am geringsten, auch wenn der Anschauungsunterricht, den Hitler in puncto Durchsetzungskraft und rücksichtsloser Machtbehauptung erteilte, den »Duce« nicht unbeeindruckt ließ und auch wenn Mussolinis Überzeugung, die Glaubwürdigkeit der »Achse« sei um so größer, je kleiner die Unterschiede in der Politik der beiden Regime ausfielen, ihn zu einer gewissen Anpassung an den Nationalsozialismus verführt haben könnte. Die eigentlichen Quellen der Radikalisierung, die der italienische Faschismus Mitte der dreißiger Jahre erlebte, lagen aber im System selbst, in dessen Lebensgesetzen, deren Zwänge schon angedeutet worden sind, und nicht zuletzt in den Weltmachtträumen Mussolinis, der sein Regime mit wenig Wohlgefallen betrachtete und ihm deshalb eine neue totalitäre Fasson verpassen wollte.

Solche Zwänge und Überlegungen lagen schon dem Entschluß zur Eroberung Abessiniens zugrunde. Dort zeigte der Faschismus im übrigen auch erstmals sein neues totalitäres Gesicht, und dort wurde auch ein neuer Kurs in der Rassenfrage eingeschlagen – aus eigenem Antrieb und ohne daß man sich am Beispiel des Nationalsozialismus orientiert hätte, mit dem man ja noch längst nicht in der »Achse« verbündet war. Mussolini verfolgte in Abessinien eine »systematische Politik des Terrors und der Vernichtung«[14]. Er bekämpfte die Truppen von Kaiser Haile Selassie mit Giftgas und wäre, wie es scheint, sogar zum Einsatz von bakteriellen Waffen bereit gewesen, wenn die Kriegslage es erfordert hätte.[15]

Daß es sich im Abessinienfeldzug tatsächlich, wie Ernst Nolte schrieb, nicht um einen gewöhnlichen Kolonialkrieg, sondern um den ersten »faschistischen Krieg«[16] gehandelt hat, zeigte sich vor allem nach dessen Beendigung, als die italienischen Besatzer ein schreckliches Apartheid-Regime errichteten und jede Form der Resistenz und des Widerstands unbarmherzig erstickten: »In der Zeit zwischen Mai 1936 und dem endgültigen Verlust Abessiniens [1941] sind etwa 75000 Guerilla-Kämpfer gefallen, etwa 20000 Ziviltote hat es bei den Razzien gegeben und etwa 30000 Opfer der Repression allein nach dem Graziani-Attentat im Februar 1937, 24000 standrechtliche Erschießungen und 35000 Tote in den Konzentrationslagern, die die italienische Okkupationsmacht in Abessinien eingerichtet hatte.«[17]

Mussolini war dennoch nicht zufrieden. Er hielt seine Truppen für zu zimperlich und seine Besatzungsoffiziere für zu tolerant; vor allem bekümmerte ihn die Tatsache, daß es immer wieder zu sexuellen Kontakten zwischen Einheimischen und Faschisten kam, die seinen rassepolitischen Intentionen diametral zuwiderliefen und ihm erneut vor Augen führten, daß seine Italiener noch immer nicht die Statur hatten, die ein Volk von kühnen Eroberern haben mußte. »Die Geschichte lehrt uns«, sagte er, »daß man Imperien mit Waffen erobert, aber mit Prestige behauptet. Um Prestige zu haben, ist ein ebenso klares wie strenges Rassenbewußtsein vonnöten, das nicht nur Grenzen zieht, sondern ein deutliches Gefühl der Überlegenheit begründet.«[18]

Der Faschismus mußte scheitern, seine Mission verfehlen, Italien als Weltmacht zu etablieren, und nicht zuletzt auch in der unterschwellig noch immer bestehenden Konkurrenz mit dem Nationalsozialismus an Boden verlieren, wenn es nicht gelang, das Wesen des italienischen Volkes von Grund auf zu ändern, ihm die alte bürgerliche Mentalität auszutreiben und eine neue einzuimpfen – es härter, disziplinierter und unnachsichtiger mit sich selbst, vor allem aber im Umgang mit anderen Völkern zu machen, zu deren Beherrschung es berufen war. Mussolini verordnete seinem Land deshalb eine neuerliche Roßkur, die es abhärten und auf die großen Aufgaben vorbereiten sollte, die vor ihm lagen. Er nahm die Presse an die Kandare, ließ bei der Verfolgung von Regimegegnern noch härter durchgreifen, forcierte die Militarisierung der Gesellschaft[19], und er stürzte sich schließlich mit der Eroberung Albaniens im April 1939 sogar in ein weiteres Kriegsabenteuer; nach dem Feldzug in Abessinien und der Intervention im Spanischen Bürgerkrieg war es binnen weniger Jahre bereits das dritte.

Bei dieser totalitären Wende rückten unweigerlich auch die Juden in den Mittelpunkt des Interesses, galten diese doch als die Verkörperung der bürgerlichen Mentalität und konnte man, wenn man sie packte, doch am überzeugendsten beweisen, daß man den alten Geist überwunden hatte und bereit war, sich den Anforderungen der neuen Zeit zu stellen, so wie Mussolini sie definierte. »Die Juden«, so Enzo Collotti, »wurden das negative Ziel, gegen das die Bevölkerung mobilisiert werden sollte, damit die Faschisierung der Gesellschaft fortschreiten konnte.«[20] Schon 1936/37 begannen große publizistische Kampagnen gegen die Juden, ein Jahr später folgten erste Schikanen wie die Verdrängung aus dem öffentlichen Dienst und gewisse Zugangsbeschränkungen in Schulen und Universitäten, ehe im November 1938 ein umfassendes Gesetz über »Maßnahmen zur Verteidigung der italienischen Rasse« erlassen wurde, das genau definierte, wer als Jude zu gelten hatte (und dabei auch rassische Gesichtspunkte berücksichtigte), und außerdem die italienischen und ausländischen Juden mit »massiven Repressionen in sozialer, wirtschaftlicher und kultureller Hinsicht«[21] bedrohte, die freilich weit hinter dem zurückblieben, was den Juden zur gleichen Zeit im Staate Hitlers angetan wurde.

Bei Mussolinis neuem Kurs in der Rassen- und Judenpolitik, so ist oft gesagt worden, habe es sich um einen Alleingang des »Duce«, ja um einen Amoklauf gegen die Traditionen und das innere Wesen eines Landes gehandelt, das in puncto Antisemitismus bis dahin ganz unschuldig gewesen sei.[22] In solchen Äußerungen steckt freilich viel Schönfärberei und Selbsttäuschung, denn klar ist, daß viele Faschisten Mussolinis Judenpolitik billigten und diese vor allem bei der jungen Generation zahlreiche begeisterte Anhänger fand, die sich hatten einreden lassen, daß sich mit einer kräftigen Portion Judenhaß und Rassismus jene Dynamik bewirken ließe, die sie am Faschismus so sehr vermißten und am Nationalsozialismus so sehr bewunderten. Nicht zu leugnen ist außerdem, daß es vor 1938 auch in Italien, wie in allen europäischen Ländern, diverse Formen eines mehr oder weniger virulenten Rassismus und Antisemitismus gab: das superiorità-Denken gegenüber Slawen und Afrikanern, der Antijudaismus in der katholischen Kirche und die feine Dosis Antisemitismus, die auch das liberale Italien vor dem Faschismus schon vergiftet hatte. Wie kräftig die Feindschaft gegen die Juden auch in Italien entwickelt war, zeigte im übrigen nichts deutlicher als die Tatsache, daß das Judengesetz vom November 1938 bald durch neue Regelungen ergänzt wurde, die zahllose weitere Schikanen enthielten und insbesondere auf die Vertreibung der Juden aus der Wirtschaft zielten, und daß in der Praxis vielfach mehr getan wurde, als die Gesetze es vorschrieben. Antisemitisches Eiferertum war auch in Italien nicht selten.[23]

Die parallele Radikalisierung von Faschismus und Nationalsozialismus schuf der Annäherung zwischen Rom und Berlin ein solides Fundament, ja mehr noch: sie machte das 1936 geschlossene »Achsen«-Bündnis irreversibel, und zwar nicht zuletzt deshalb, weil beide Regime im Zuge der Radikalisierung fast im Gleichschritt die Brücken zur demokratischen westlichen Welt abbrachen. Vergleichbare historische Relevanz hatte die Radikalisierung der kleineren faschistischen Parteien nicht. Vielfach war es hier sogar so, daß diese sich, als sie Mitte der dreißiger Jahre ebenfalls auf einen härteren Kurs einschwenkten, gleichsam in die Sackgasse manövrierten, weil ihr gesellschaftliches Umfeld dafür nicht zu haben war und mit Ablehnung reagierte. Das gilt für die Rexisten ebenso wie für die Nasjonal Samling und die British Union of Fascists; als sie den Antisemitismus entdeckten, zunehmend mehr auf rohe Gewalt in der Politik setzten und schließlich immer größere (auch finanzielle) Anleihen beim Nationalsozialismus oder beim Faschismus machten, begann ihr Stern rasch zu sinken. Manche Bewegungen endeten sogar in der Bedeutungslosigkeit, ehe sie im Zweiten Weltkrieg doch noch eine Chance erhielten, in der Kollaboration ihre traurige Geschichte fortzuschreiben.

Anders lagen die Dinge bei den rumänischen Legionären und bei den ungarischen Pfeilkreuzlern, den – nach der NSDAP und dem PNF – stärksten faschistischen Bewegungen. Beide vermochten sich in den dreißiger Jahren eine eindrucksvolle Massenbasis zu schaffen, und auch sie waren denselben Radikalisierungsprozessen unterworfen, die sich im gesamten faschistischen Lager beobachten ließen. Konkret hieß das: Ihr nationalistischer Extremismus nahm noch krassere Formen an, ihre Gewalttätigkeit potenzierte sich und äußerte sich in einer Serie von blutigen Straßenschlachten, Attentaten und Anschlägen, und ihre Judenfeindschaft erreichte eine Intensität, die durchaus mit Hitlers fanatischem Antisemitismus vergleichbar war.

Der Griff nach der Macht blieb in beiden Fällen erfolglos. Das konservative Establishment in Ungarn und Rumänien vermochte die Pfeilkreuzler und die Legionäre in die Schranken zu weisen, allerdings nur um den Preis eines deutlichen Rechtsrukkes und der Integration eines Teils des faschistischen und extremistischen Potentials, das in den Parteien Codreanus und Szálasis steckte.[24] Ungarn und Rumänien rückten so ab Mitte der dreißiger Jahre zunehmend weiter nach rechts. Recht und Gesetz galten nun immer weniger, dissidente Stimmen wurden unnachsichtig zum Schweigen gebracht, die Organe des Polizeistaates ausgeweitet und perfektioniert. Die beiden Staaten gerieten damit fast unweigerlich in die Nähe von Faschismus und Nationalsozialismus, mit denen sie die Negation von Liberalismus und Demokratie sowie die Feindschaft gegen den Bolschewismus seit jeher verbunden hatte. Außenpolitische Rücksichten spielten bei dieser Annäherung ebenfalls eine Rolle, denn Rumänien brauchte (zumal nach der Erosion der alten, von Frankreich geschmiedeten Bündnisse nach 1938) das deutsche Wohlwollen zur Sicherung der territorialen Unversehrtheit, und Ungarn durfte nur auf Erfüllung der alten Revisionswünsche hoffen, wenn Berlin auf seiner Seite war.[25]

Die eigentlichen Opfer dieser inneren Radikalisierung waren die ethnischen Minderheiten und hier vor allem die Juden, die in beiden Ländern noch nie ganz ungefährdet gelebt hatten und immer dann schikaniert und verfolgt worden waren, wenn Schuldige für politische und soziale Mißstände gesucht wurden. In Ungarn hatten es die Juden besonders schwer. Der Antisemitismus war hier fast offizielle Staatsideologie, und schon 1920 erließ das Horthy-Regime erste antijüdische Gesetze, die die außerordentlich hohe Quote jüdischer Studenten an den Universitäten reduzieren und damit den Einfluß der Juden im Bildungswesen und in der Kultur des Landes beschränken[26] sollten. In den zwanziger Jahren folgten keine weiteren Judengesetze; immer wieder gingen aber antisemitische Wellen durch das Land, die kleinere Pogrome und Boykottaktionen nach sich zogen. Die Anstifter und Exekutoren dieser Schandtaten stammten in der Regel aus den Reihen der Pfeilkreuzler oder verwandter rechtsradikaler Organisationen, die in den dreißiger Jahren ein solches Gewicht erlangten, daß ihre Anliegen nicht mehr ignoriert werden konnten. So dachte jedenfalls die Regierung, die den Antisemitismus der Rechten freilich nicht nur widerwillig aufgriff, um ihm die Spitze und den Pfeilkreuzlern eine propagandistische Waffe zu nehmen, sondern auch aus innerer Neigung. Er sei sein ganzes Leben Antisemit gewesen und habe niemals mit Juden verkehrt, schrieb Horthy 1940 in einem vertraulichen Brief.[27]

Die Folge dieses von Konkurrenz und Affinität geprägten Zusammenwirkens von Regierung und faschistischer Opposition war die Verabschiedung eines weiteren Judengesetzes im Mai 1938, über das in Öffentlichkeit und Parlament bereits im Jahr zuvor leidenschaftlich debattiert worden war. Das Gesetz, so Martin Broszat, »richtete sich primär gegen den starken Einfluß von Juden in bestimmten akademischen, öffentlichen und wirtschaftlichen Berufszweigen. Seine wesentliche Bestimmung sah vor, daß der Anteil der Juden in keinem Betrieb und Berufszweig 20 Prozent übersteigen dürfe.«[28]

In Rumänien war der Antisemitismus schon einige Monate früher zum Regierungsprogramm erhoben worden. Auch hier war dabei neben einem weitverbreiteten Judenhaß das Bestreben der Regierung, die Rechtsopposition zu zügeln, maßgeblich. Das

Kabinett von Ministerpräsident Octavian Goga verbot Ende 1937 jüdische Zeitungen, es schränkte die Möglichkeit der Juden in der Privatwirtschaft ein, und es verdrängte sie aus dem öffentlichen Dienst. Außerdem verlangte die Regierung von allen Juden den zweifelsfreien Nachweis der rumänischen Staatsbürgerschaft, der angesichts der oft noch ganz archaischen Verhältnisse auf dem Lande meist schwer zu erbringen war.[29] »Goga handelt«, notierte Goebbels am 6. Januar 1938 in seinem Tagebuch. »Erläßt scharfe Rassengesetze. Juden dürfen keine rumänischen Dienstmädchen unter 40 Jahren haben. Die Juden wollen an allen Grenzen emigrieren.«[30]

Es kann keinem Zweifel unterliegen, daß die ungarischen und rumänischen Judengesetze von 1937/38 Produkte der Innenpolitik waren, die in beiden Ländern schon seit langem im Zeichen eines aggressiven Antisemitismus stand. Ebenso unstrittig scheint aber zu sein, daß sich die Regierungen in Budapest und Bukarest bemühten, den wütenden Aktivismus der fanatischen Judenhasser im Anhang von Codreanu und Szálasi in relativ gemäßigte gesetzliche Bahnen zu lenken. An dieser Linie versuchten sie auch in der Folgezeit festzuhalten, freilich nicht immer mit Erfolg. Beide Länder gerieten nämlich schon bald in große Abhängigkeit vom Deutschen Reich und mußten dieser Tatsache auch in ideologischer Hinsicht Rechnung tragen, wenn sie sich – um das mindeste zu sagen – das deutsche Wohlwollen nicht verscherzen wollten. »Man ist deutschfreundlich«, höhnte Goebbels am 3. Dezember 1939 mit Blick auf Rumänien, »aus Angst«.[31]

In der Judenfrage machte sich diese fatale Entwicklung sofort bemerkbar, denn hier mußte nun nicht nur dem Basisdruck von innen entsprochen, sondern auch noch dem Erwartungsdruck von außen genügt werden. Das Ergebnis waren neue Gesetze, die weit über die alten Regelungen hinausgingen und den Juden das Leben noch schwerer machten. In Ungarn, das dem Einfluß des Deutschen Reiches schon früher und nach dem »Anschluß« Österreichs auch sehr viel unmittelbarer ausgesetzt war als Rumänien, wurden solche gesetzlichen Weichenstellungen bereits 1939 getroffen – insbesondere durch das Judengesetz vom Mai, dessen einschneidendste Bestimmungen darauf hinausliefen, »den numerus clausus für Juden in den meisten Berufen auf 6

Prozent herab[zuschrauben], bei jüdischen Rechtsanwälten und Ärzten sowie Juden in Film, Presse und Theater auf 9 Prozent, für jüdische Studenten der volkswirtschaftlichen Fakultät auf 12 Prozent«[32]. Die rumänische Regierung beugte sich dem deutschen Erwartungsdruck erst ein Jahr später, dafür aber um so tiefer. Die Gesetze, die sie im Sommer 1940 erließ, waren nicht nur ungleich schärfer, sondern verrieten auch in mehreren Bestimmungen, daß sie dem deutschen Modell und dessen rassischer Begründung nachempfunden waren.[33]

Gemeinsamkeiten und Differenzen

Aus den Annäherungs- und Radikalisierungsprozessen, denen die faschistischen Diktaturen und Bewegungen und die von diesen nach rechts gedrückten autoritären Regime in der zweiten Hälfte der dreißiger Jahre unterworfen waren, entstand eine Art faschistischer Allianz, deren Beschaffenheit und Konsistenz schwer zu bestimmen und auf einen Nenner zu bringen sind. Klar ist aber: Den Kern dieses Bündnisses bildeten Deutschland und Italien. Diese beiden Staaten hatten, zumal nach der totalitären Wende des Faschismus ab 1936 und der Einführung der Rassengesetze in Italien, in ideologischer Hinsicht vieles gemeinsam. Beide dürstete außerdem nach Expansion, und sie hatten sich dazu auch schon lose verabredet. Den ersten Schritt in diese Richtung hatte Mussolini mit seinem »Achsen«-Diktum getan, den zweiten ebenfalls, als er bei seinem Deutschlandbesuch im September 1937 dem »Führer« versprach, mit ihm »bis ans Ende zusammen zu marschieren«[34], und diesem Versprechen mit dem Beitritt (November 1937) zu dem 1936 zwischen Berlin und Tokio abgeschlossenen Antikominternpakt sogleich auch Taten folgen ließ. Italien, Japan und das Deutsche Reich, so schrieb Ciano am 6. November 1937, »betreten gemeinsam einen Pfad, der sie vielleicht zum Kriege führt. Zu einem Kriege, der notwendig ist, um die Kruste zu durchbrechen, die die Energie und die Bestrebungen der jungen Nationen erstickt. Nach der Unterzeichnung haben wir uns zum Duce begeben. Nur selten habe ich ihn so glücklich gesehen. Wir sind nicht mehr in der Situation von 1935. Italien hat die Isolation durchbrochen: es ist im Zentrum des mächtigsten politisch-militärischen Bündnisses, das jemals existiert hat.«[35]

Die Initiative zum dritten, entscheidenden Schritt, der dann schließlich zum »Stahlpakt« vom Mai 1939 führte, ging dagegen von Hitler aus, der für einen schon 1938 ins Auge gefaßten Feldzug gegen den Westen einen verläßlichen Partner brauchte und deshalb die unverbindlichen Absprachen mit Rom in ein wirkliches Militärbündnis verwandeln wollte. Mussolini ließ diese Avancen zunächst unbeantwortet, weil er die militärische Verfassung seines Landes nicht ignorieren konnte, das auf einen Krieg gegen die Westmächte einfach nicht vorbereitet war. Realistische Erwägungen dieser Art vermochten allerdings die auf Expansion und Eroberung drängenden Kräfte im Faschismus nicht zu überzeugen, und sie konnten auch den Krieger in Mussolini nicht betäuben, der zu wissen glaubte, daß ein Krieg gegen die alten Demokratien unvermeidlich sei und nur an der Seite Hitlers reiche Beute winkte, während im gegnerischen Lager nur der bittere Lorbeer der Defensive zu erringen war. Mussolini fiel deshalb nur zu gerne auf die Beteuerungen Hitlers herein, daß der große Krieg erst in einigen Jahren zu führen sei, wenn auch Italien seine Vorbereitungen abgeschlossen habe, und ging auf die deutschen Vorschläge nicht nur ein, sondern – wie um sich mit großem Getöse selbst zu überzeugen, daß der eingeschlagene Weg richtig sei – weit über sie hinaus. Der Stahlpakt verpflichtete beide Partner dazu, »dem anderen unverzüglich militärisch zu Hilfe zu kommen, falls dieser Krieg führen sollte, gleichgültig ob gegen einen einzigen Feind oder gegen eine feindliche Koalition, ebenso gleichgültig ob es sich dabei um einen Verteidigungs- oder um einen Angriffskrieg handelte«[36]. Der Pakt war – wie Ciano gesagt haben soll – »echtes Dynamit«[37].

Hitler ließ, als der Stahlpakt unterzeichnet wurde, keine Silbe darüber verlauten, daß er zum Angriff auf Polen entschlossen war und die Planungen dafür schon auf Hochtouren liefen. Dieses absichtliche Versäumnis und eine Reihe vergleichbarer Vorfälle sagt viel über das Wesen des deutsch-italienischen Paktes, der den Kern der faschistischen Kriegsallianz bildete. Es gab, trotz intensiver Bemühungen, das »Achsen«-Bündnis mit Leben zu erfüllen, keine gemeinsame Politik, keine gemeinsamen

Kriegsziele und erst recht keine gemeinsamen Zukunftsentwürfe; die nationalen Egoismen ließen solche Abstimmungen und Arrangements vermutlich auch gar nicht zu. Sie waren aber auch nicht nötig, denn aus deutscher wie aus italienischer Perspektive ging es nicht darum, eine wirkliche Partnerschaft zur Durchsetzung gemeinsamer Ordnungsvorstellungen zu bilden, sondern um parallele Expansion, bei der beide Regime freilich nur dann mit Erfolg rechnen durften, wenn der Verbündete die Deckung und Abschirmung der jeweiligen Kriegszüge des anderen übernahm. Nach Lage der Dinge konnte diese Partnerschaft zur gegenseitigen Beihilfe zum Raub nur aus Deutschland und Italien bestehen; alle anderen revisionistischen Staaten waren dafür zu schwach.

Das deutsch-italienische Bündnis, wie es im Stahlpakt Gestalt zu gewinnen begann, war demnach primär eine Zweckgemeinschaft zweier, in manchen Bereichen sogar konkurrierender Imperialismen, deren Triebkräfte aber aus der besonderen Verfassung und Ideologie der beiden plebiszitären Diktaturen resultierten, mithin also aus einer Quelle stammten: aus dem Zwang zur ständigen Mobilisierung aller gesellschaftlichen Kräfte, die weder im Innern noch im Äußeren ein konstruktives Realziel fanden und die schließlich von den Führungsschichten der beiden Regime zur Durchsetzung ihrer verbrecherischen Ideologie genutzt und mißbraucht wurden. Zumal bei Hitler hatte diese Ideologie kein Maß und kein Ziel, sie legitimierte aber die rastlose Jagd nach der Fata Morgana eines grenzenlosen Imperiums der arischen Rasse – eine Jagd, die Vernichtung bedeutete und der mit tödlicher Konsequenz all jene zum Opfer fielen, die dem »Führer« nicht paßten, weil sie einen anderen Glauben hatten, einer anderen Rasse oder Volksgruppe angehörten, einer anderen Politik anhingen, weil sie, mit einem Wort, die Wahnvorstellung völkischer Geschlossenheit störten.

Um den Kraftkern der faschistischen Kriegsallianz bildeten sich in der zweiten Hälfte der dreißiger Jahre mehrere Schichten von Bündnispartnern. Die erste Schicht bestand aus einer bestimmten Gruppe von Fanatikern und Idealisten, die außerhalb der beiden Kernländer beheimatet waren. Ihr Spezifikum war, daß sie Faschismus und Nationalsozialismus gründlich mißverstanden und sich aus deren diffusem ideologischen Erscheinungsbild eine Heilslehre zusammenstellten, die ein blühendes und einträchtiges Europa oder ein ethnisch gesäubertes Großparadies verhieß, das keine Grenzen und Nationen mehr kannte und aus dem Bolschewismus und Sozialismus ebenso verbannt waren wie Demokratie und Liberalismus, die in ihren Augen nur Stagnation und Verfall verursacht hatten. Dieses irisierende Trugbild erschien ihnen so attraktiv, daß sie darüber ihre nationalen Belange vergaßen und alles guthießen, was aus Italien und Hitler-Deutschland stammte und diesen beiden Ländern nützte.

Solche blinden Idealisten und Fanatiker gab es in fast allen europäischen Ländern. Sie waren die geborenen Kollaborateure, die bei Kriegsbeginn auch keine Sekunde zögerten, sich – ohne Not und nur ihrer Idee gehorchend – ganz in den Dienst der faschistischen Führungsmächte zu stellen. Ihr Gewicht war freilich nicht allzu groß; sie bildeten in ihren Bewegungen und Parteien nur kleine Minderheiten, die mit Kriegsbeginn weiter an Einfluß verloren und fast schon als Fremdkörper im eigenen Land gelten konnten.

Wesentlich größer war das Gewicht der zweiten Schicht von Bündnispartnern. Zu ihr gehörten neben der überwiegenden Mehrheit etwa der belgischen, holländischen, spanischen und skandinavischen faschistischen Bewegungen vor allem die Hauptströmungen der ungarischen Pfeilkreuzler und der rumänischen Legionäre, die eine Massenbasis hatten und in ihren Ländern zu bestimmenden Faktoren geworden waren. Pfeilkreuzler und Legionäre dachten in vielem so ähnlich wie die italienischen Faschisten und die deutschen Nationalsozialisten, und sie waren auch aus demselben Holz geschnitzt: genauso radikal, gewalttätig und unerschrocken. Anders als die geborenen Kollaborateure der ersten Schicht blieben sie letztlich aber doch, was sie immer gewesen waren: extreme Nationalisten, die eigenen Wunschbildern von nationaler Größe (Großungarn, Großrumänien) nachjagten. Das trennte sie von den beiden Führungsfaschismen, verführte sie aber zugleich zur Annäherung, denn nur im Windschatten der deutsch-italienischen Expansion bot sich – so glaubten sie wenigstens – die Chance, ihren nationalen Traumzielen näherzukommen; die eigene Kraft reichte dazu nicht aus.

Die dritte Schicht von Bündnispartnern war nüchterner. Gemeint sind die autoritären Regime und Königsdiktaturen – unter ihnen namentlich Ungarn, Rumänien und Jugoslawien. Diese Staaten unterschied vieles von den faschistischen Regimen. Goebbels sah etwa in König Carol einen »lächerliche[n] König« und einen »fürstliche[n] Hanswurst«, und über Horthy schrieb er am 14. Oktober 1939: »Auch Horthy gehört zur Clique dort. Judenfreundlich, deutschfeindlich und hemmungslos egoistisch: das ist das heutige Ungarn.«[38] Diese Staaten waren dennoch durch Druck von unten, aus Angst vor der Sowjetunion und nicht zuletzt aufgrund der fast hegemonialen Position, die das Deutsche Reich nach 1936 in Südosteuropa gewonnen hatte, immer näher an den deutsch-italienischen Kern der faschistischen Allianz herangerückt. Den Kräften, die dabei am Werke waren, konnten sich die Regierungen von Rumänien und Ungarn kaum entziehen, sie wollten es aber auch nicht wirklich, weil sie ebenfalls große territoriale Ambitionen hatten, die sich nur im Zusammenwirken mit der faschistischen Allianz realisieren ließen. Im Gegensatz zu den Extremisten im eigenen Land ging es den Regierungen freilich nicht um Träume, sondern um konkrete Beutestücke – den Ungarn um die Rückgewinnung der 1919 verlorengegangenen Gebiete, den Rumänen um die Konsolidierung des 1919 erworbenen Territoriums.

Die erste und die zweite Schicht war durch Ideologie und imperiale Träume an den Kraftkern der faschistischen Allianz gebunden, die dritte durch konkrete Interessen und durch Verträge. Im Falle Ungarns handelte es sich um den Antikominternpakt, dem das Land im Februar 1939 beitrat, um die Gunst Hitlers zu erwerben, im Falle Rumäniens um den Wirtschaftsvertrag mit dem Großdeutschen Reich vom März 1939, der Rumänien in fast völlige wirtschaftliche Abhängigkeit von Deutschland brachte. »Dieser Vertrag sicherte Deutschland rund 50 Prozent der rumänischen Gesamtausfuhr und sah darüber hinaus eine weitgehende Umstellung der rumänischen Agrarproduktion auf die deutschen Einfuhrinteressen vor.«[39]

Die vierte und letzte war keine Schicht von Bündnispartnern, sie bestand aus Sympathisanten, deren innere Herrschaftsverhältnisse gewisse Ähnlichkeiten mit den Kernländern des Faschismus aufwiesen. Außerdem bekannten sie sich häufig zur Sache der deutsch-italienischen »Achse«, ohne sich ihr aber anzuschließen oder mehr als wirtschaftliche und propagandistische Beihilfe zu leisten. Die Rede ist von Diktaturen wie Portugal und Spanien, die freilich auch weit genug vom deutschen und italienischen Einflußbereich entfernt waren, daß sie sich solche Freiheiten leisten konnten. Bei Spanien ist im übrigen noch längst nicht eindeutig geklärt, ob Franco tatsächlich kluger Risikoabwägung folgte, als er sein Land von der »Achse« fernhielt. Manches deutet darauf hin, daß er die Nähe zur »Achse« durchaus suchte, weil er meinte, im Verband mit den Geburtshelfern seines Regimes, Hitler und Mussolini, sei Beute zu machen, daß aber die vom Bürgerkrieg aufgezehrten Ressourcen des Landes solche Experimente nicht zuließen und daß auch die Führungsschichten des Regimes, vor allem das Militär, zur Vorsicht rieten.[40]

Zu sagen ist schließlich noch, daß das faschistische Bündnis mit seinem deutsch-italienischen Kern und seinen vier Schichten mitnichten ein Fremdkörper im Europa der Zwischenkriegszeit war. Gewiß, es weckte heftige Abwehrreaktionen, die die Grundlage dafür bildeten, daß parallel zur faschistischen Herausforderung die Kräfte lebendig wurden und sich zusammenschlossen, die sie schließlich siegreich meistern sollten. Genauso richtig ist aber, daß das faschistische Bündnis auch außerhalb seines »natürlichen« Einzugsbereichs große Zustimmung fand, vor allem im bürgerlichen Lager, das zwar die Kriegsziele der Faschisten (in ihren vielen Varianten) nicht teilte, aber doch ebenfalls auf Expansion und Machtausdehnung gestimmt war.

Nimmt man alles zusammen, so wird man sich wohl kaum der Ansicht von Eric Hobsbawm anschließen können, der in seinem Meisterwerk ›Das Zeitalter der Extreme‹ schrieb: »Am Ende hatte der Faschismus außerhalb seiner Kernländer nichts mobilisiert als ein paar ideologische Minderheiten der radikalen Rechten, von denen die meisten in ihren eigenen Staaten bestenfalls zu den politischen Randgruppen zählen sollten.«[41] Die faschistische Allianz, die sich 1939 anschickte, die Welt herauszufordern, vermochte ungleich größere Resonanz zu finden, als Hobsbawm suggeriert, wenn sie auch längst nicht so geschlossen war und sich so bedingungslos die »Sache Hitlers«[42] zu eigen machte, wie

Ernst Nolte behauptete. Die faschistische Allianz war ein äußerst heterogenes Bündnis, in dem sich vieles von den gesellschaftlichen Kräften und Strömungen in Europa zusammenfand, die den Bolschewismus als tödliche Gefahr und das liberale System als dekadent betrachteten – und auf Expansion setzten. Es ist deshalb durchaus angemessen, sie als eine Art räuberischer Vereinigung auf Zeit zu bezeichnen, der es jedoch nicht um einen gemeinsamen großen Coup ging; jedes Mitglied hatte eine andere Beute vor Augen.

Hitler war ohne Zweifel die stärkste Kraft in der Allianz, die faschistische Herausforderung zum guten Teil eine deutsche, eine nationalsozialistische. Der »Führer« setzte außerdem am entschiedensten auf Krieg, und er war es schließlich auch, der ein ganz neues Element in das faschistische Bündnis brachte: das der rassischen »Flurbereinigung«, die Millionen von Menschen das Leben kostete.

Kapitel 6

Der Faschismus im Krieg 1939–1945

Unwillig und zurückgewiesen: Hitlers Partner 1939/40

Am 1. September 1939 griff Hitler Polen an; ein Jahr später hatte er auch Dänemark und Norwegen, Belgien und die Niederlande, Luxemburg und Frankreich mit Krieg überzogen und seiner Herrschaft unterworfen, ohne daß seine Beutegier nachgelassen hätte – England sollte das nächste Opfer sein, dann würde endlich der Osten folgen. Die stupenden militärischen Erfolge der Jahre 1939/40 waren fast ausschließlich das Werk der deutschen Kriegsmaschinerie. Die Partner der faschistischen Kriegsallianz, die sich vor 1939 zusammengetan hatten, standen abseits und fanden sich allenfalls dazu bereit, Hitler eine Art wirtschaftlicher und psychologischer Rückendeckung zu gewähren. Nicht einmal Mussolini, der engste Verbündete des nationalsozialistischen Deutschlands, stellte sich 1939 auf die Seite Hitlers, obwohl er aufgrund der Bestimmungen des sogenannten Stahlpakts eigentlich dazu verpflichtet gewesen wäre. Hitler führte in den Augen des »Duce« einen deutschen Krieg, der ihm anfangs als zu riskant erschien und vor allem noch keine Chance eröffnete, eigene Ziele zu verfolgen. Mussolini blieb deshalb ebenso neutral wie Franco, Horthy und König Carol, bemäntelte dies jedoch mit der martialischen Bezeichnung »Co-belligeranza«[1], die nach Krieg klang, aber ohne kriegerische Konsequenzen blieb.

Hitler, so scheint es, legte zunächst auch keinen größeren Wert auf militärischen Beistand. Er kam auch ohne fremde Hilfe aus und machte vor den Feldzügen der Jahre 1939/40 keinen ernsthaften Versuch, sich mit seinen Verbündeten auf eine Linie zu verständigen oder sie zu einer konzertierten Kriegsanstrengung zu verlocken. So behielt er völlige Entscheidungsfreiheit und brauchte sich nicht einmal mit dem Gedanken an territoriale Arrangements mit seinen Partnern zu beschäftigen, was natürlich unabweisbar geworden wäre, wenn sie zu den Waffen gegriffen hätten.

Wie wenig Hitler in Kategorien wie Partnerschaft und faschistischer Kooperation dachte, so lange er sie nicht benötigte, zeigte sich aber nicht nur an der fehlenden Abstimmung, sondern vor allem in der distanzierten Behandlung, die er den Häuptern der faschistischen Bewegungen in den Ländern angedeihen ließ, die 1939/40 in den deutschen Herrschaftsbereich fielen.

Vidkun Quisling war der erste, der diese bittere Erfahrung machen mußte. Als Anfang April 1940 deutsche Kriegsschiffe vor der norwegischen Küste kreuzten und Truppen der Wehrmacht das Land besetzten, glaubte der Führer der Nasjonal Samling fest daran, daß nun seine große Stunde gekommen sei. Die guten Beziehungen zu den Spitzen des Dritten Reiches, die er seit Jahren gepflegt hatte, würden sich auszahlen, und Hitler würde ihn ganz selbstverständlich im Amt des Regierungschefs bestätigen, das er am 9. April in einem Staatsstreich an sich gerissen hatte. Dieses Kalkül schien sich tatsächlich zu bestätigen: Hitler akzeptierte das Fait accompli, vor das Quisling ihn gestellt hatte, besann sich aber rasch eines Besseren, als offenkundig wurde, daß Quisling nicht nur den König, sondern fast die gesamte norwegische Bevölkerung gegen sich hatte und daß der militärische Widerstand Norwegens nicht zuletzt deshalb so zäh fortgesetzt wurde[2], weil man Quisling für unwürdig hielt, das Land zu repräsentieren.

Am 15. April trat Quisling nach einem Machtwort Hitlers zurück. Die deutschen Besatzer setzten statt dessen auf die eigene Kraft und für die Abwicklung der administrativen Tagesgeschäfte auf einen Verwaltungsrat, der sich aus dem alten norwegischen Establishment rekrutierte und vor allem eine Aufgabe hatte: Ruhe und Ordnung herzustellen. Quisling war deshalb bei den Deutschen keine persona non grata; er selbst genoß viele Privilegien, und seine Partei – übrigens die einzige, die eine Lizenz zur Betätigung erhielt –konnte sich vielfältiger, auch finanzieller deutscher Förderung sicher sein, ohne aber auch nur im entferntesten den bestimmenden Einfluß zu erlangen, mit dem Quisling gerechnet hatte.

So blieb es bis zum Februar 1942, als Quisling doch noch seine Chance als Regierungschef erhielt. Der Grund dafür war nicht, daß er sich im zweiten Glied besonders bewährt und damit das Vertrauen Hitlers zurückgewonnen hätte, sondern das definitive Scheitern der nie konfliktfreien Kooperation zwischen Besatzern und Verwaltungsrat. Größere Machtbefugnisse hatte Quisling auch jetzt nicht, den Ton gab weiter der deutsche Reichskommissar Josef Terboven an. Vor allem aber kam Quisling auch in dem neuen Amt seinem Hauptziel, »von Hitler einen Präliminarfrieden unter weitgehender Einordnung eines autonomen Norwegens in einen von Deutschland geführten ›Bund germanischer Völker‹ mit gemeinsamer Wehrmacht und Wirtschaft zu erreichen«, keinen Schritt näher.[3] Hitler wollte sich nicht binden und erst, wenn alles getan war, das heißt nach Kriegsende, sagen, was mit Norwegen geschehen würde.

Das Fiasko mit Quisling war für die deutsche Führung ein Schlüsselerlebnis, das namentlich Hitler in seinem Mißtrauen gegenüber seinen faschistischen Gesinnungsgenossen bestärkte, die allesamt doch Leichtgewichte waren. Die Lehre, die er daraus für die weiteren Etappen seiner Eroberungs- und Besatzungspolitik zog, war einfach: keine Experimente mit Verwandten, die kaum Rückhalt in der Gesellschaft hatten, ja mehr noch: als Kollaborateure verhaßt waren, dafür aber große Ansprüche in puncto Mitsprache und Mitbestimmung stellten und so die nationalsozialistischen Pläne nur störten.

Anton Mussert in den Niederlanden und Léon Degrelle in Belgien, die sich ebenso große Hoffnungen wie Quisling gemacht hatten, daß Hitler ihnen den Weg an die Spitze ihrer im Mai 1940 eroberten Staaten freimachen würde, wurden deshalb von Beginn an in den Hintergrund gedrängt. Die NS-Führung benutzte sie allenfalls als Instrumente zur Domestizierung und Nazifizierung ihrer Gesellschaften und, nicht zuletzt, als eine Art letzter Reserve für den Fall, daß sich die auch in Belgien und in den Niederlanden praktizierte begrenzte Zusammenarbeit mit den alten Führungsschichten als unfruchtbar erweisen sollte.[4]

Nicht anders erging es Jacques Doriot und Marcel Déat, den Führern der beiden einflußreichsten faschistischen Gruppierungen in Frankreich, also der »Parti Populaire Français« (PPF) und des »Rassemblement National Populaire« (RNP). Auch in ihrem Fall dachte Hitler nicht daran, ihnen die erträumten Hauptrollen im besetzten Frankreich zu geben; er hielt beide für schwache Figuren und blieb auch dann bei diesem abfälligen Urteil, als deutlich wurde, daß Déat und Doriot willfährige Kollaborateure waren und nahezu vorbehaltlos für eine Eingliederung Frankreichs in Hitlers »Neue Ordnung« für Europa eintraten. Hitler spielte lieber mit einer sicheren Karte: mit der Legende aus dem Ersten Weltkrieg, Marschall Philippe Pétain, der Mitte Juni 1940 – noch vor dem endgültigen militärischen Triumph Hitlers über Frankreich – auf den Trümmern der 3. Republik sein autoritäres Regime von Vichy errichtet hatte, das in Hitlers Augen die beste Gewähr dafür bot, daß Frankreich die demütigenden Bedingungen des Waffenstillstandes (vor allem die de-facto-Teilung des Landes) und insbesondere die wirtschaftlichen Wünsche des Dritten Reiches erfüllte, die auf eine skrupellose Ausbeutung des Landes hinausliefen.[5] Pétain entzog sich diesen Zumutungen nicht oder jedenfalls nicht wirkungsvoll genug; er hielt aber Distanz zu den Nazis, vermochte sich sogar einen gewissen Spielraum für autonome Politik zu bewahren und war alles in allem doch ein Kollaborateur ganz anderen Schlages als ein Doriot oder ein Déat, die deshalb auch nicht müde wurden, sich als Opposition und radikale Alternative zu Vichy zu präsentieren.[6] In Hitlers Plänen übernahmen sie damit genau die gleiche Rolle, die Mussert, Quisling oder Degrelle in ihren Ländern spielten; von den deutschen Besatzern gefördert, ja ausgehalten, führten sie den gemäßigten Kollaborateuren vor Augen, daß die Nationalsozialisten auch andere Möglichkeiten hatten, wenn sie nicht spurten oder sich den deutschen Wünschen widersetzten.

Dasselbe Muster wiederholte sich in den Ländern Europas, die nicht unmittelbar deutscher Herrschaft unterworfen waren, aber zum deutschen Einflußbereich gehörten. In Ungarn und Rumänien hätte die NS-Führung ebenfalls die Möglichkeit gehabt, den radikalen faschistischen Parteien an die Macht zu verhelfen. Aber auch hier ging pragmatisches Machtkalkül vor ideologischer Affinität, wie sich 1940/41 insbesondere in Rumänien zeigte: Das Land verlor 1940 mit der Niederlage Frankreichs auch noch den letzten Rest an außenpolitischem Halt. Von allen

Seiten stürzten sich nun die Nachbarn auf den schutz- und wehrlosen Staat und nahmen sich, was sie seit jeher als ihnen zugehörig betrachtet hatten: Die Sowjetunion annektierte Bessarabien und die Nordbukowina, Bulgarien die Süd-Dobrudscha und Ungarn Nordsiebenbürgen. König Carol, dem viele wegen seiner profranzösischen Außenpolitik die Schuld an diesen schmerzlichen Amputationen gaben, antwortete auf die nationale Krise mit hastiger Anlehnung an Berlin und mit einer Politik der nationalen Konzentration, die auch die bis dahin mühsam in Schach gehaltene faschistische Eiserne Garde umfaßte. Die Unruhe im Lande aber schwelte weiter, und auch Horia Simas Legionäre waren mit einigen Kabinettsposten nicht zu beruhigen. Sie wollten eine »rein legionäre Regierung«[7], die sich ganz auf die Seite der »Achsen«-Mächte schlagen sollte. Eine Chance dafür schien sich im Sommer 1940 zu bieten, als Rumänien sich den bulgarischen und rumänischen Gebietsansprüchen beugen mußte und deshalb in einen Zustand kollektiver Depression verfiel, der immer wieder von Wellen der Empörung und des Hasses auf das alte unfähige Establishment unterbrochen wurde.

Die Legionäre waren jetzt nicht mehr zu halten. Sie putschten, scheiterten aber und mußten sich dann mit Ion Antonescu, dem ehemaligen Generalstabschef der Streitkräfte, den der König in der Stunde der Not zum neuen Regierungschef ernannt und mit diktatorialen Vollmachten ausgestattet hatte, messen. Das eigentliche Opfer dieses Machtwechsels von Anfang September 1940 waren aber nicht die Legionäre, sondern der König, der von Antonescu sogleich zur Abdankung gezwungen wurde. Die Putschisten fanden sich sogar in der neuen Regierung wieder, weil Antonescu glaubte, die Politik der nationalen Konzentration fortsetzen zu müssen und die Legionäre bei der Regierungsbildung schon allein deshalb nicht übergehen zu dürfen, weil sie großen Rückhalt bei der NS-Führung zu genießen schienen, auf deren Wohlwollen auch Antonescu auf Gedeih und Verderb angewiesen war.

Den Militärdiktator trennte ebensoviel von den Legionären wie Pétain von den faschistischen Gruppen Frankreichs. Pétain konnte seinen Widersachern aber ungleich gelassener begegnen als Antonescu der Eisernen Garde, die mit rund 300000 Mitgliedern die wohl stärkste politische Kraft in Rumänien und auch in der Regierungsverantwortung nicht zu zähmen war. Die Legion zeigte erst jetzt ihr wahres Gesicht. Hatte sie bis dahin aus der Anonymität und dem Untergrund heraus agiert und ihre Gegner durch Attentate und Anschläge in Angst und Schrecken versetzt, so konnte sie nun offen tätig werden und, gestützt auf staatliche Machtmittel, ein Terrorregime errichten, das eine breite Blutspur hinterließ. Die Hauptleidtragenden waren die alte politische Klasse, mit der die Legionäre nun die offenen Rechnungen aus der Vergangenheit beglichen, und vor allem die rumänischen Juden, an denen sich die angeblich unbestechlichen und sauberen Apostel der Legion auch hemmungslos bereicherten.[8]

Antonescu stand bald klar vor Augen, daß seinem Land das Chaos drohte, wenn der Amoklauf der Legionäre nicht gestoppt würde, und er wußte auch, daß die Gefolgsleute von Horia Sima nicht mit den üblichen Mitteln der Politik zu Besinnung und Vernunft gebracht werden konnten; sie verstanden nur eine Sprache, die der Gewalt. Ehe er sich freilich zu ihrem Einsatz entschloß, hielt er im Januar 1941 Rücksprache mit Hitler, ohne dessen Zustimmung er nicht zu handeln wagte.[9] Hitler schätzte den General, während er Horia Sima als »unterklassig« betrachtete.[10] Aber nicht persönliche Sympathien gaben den Ausschlag dafür, daß Hitler Antonescu stützte und die Legion fallen ließ. Der »Führer« wollte Ruhe in Rumänien, das nicht nur wegen seiner Ölfelder, sondern auch als potentielles Aufmarschgebiet von zentraler strategischer Bedeutung für die deutsche Kriegführung war. Revolutionäre Experimente, wie die Eiserne Garde sie ins Werk zu setzen begonnen hatte, störten nur, und Hitler zögerte deshalb auch nicht, Antonescu freie Hand im Umgang mit seinen Gegenspielern zu lassen, die im Januar 1941 zum Generalangriff auf Antonescus Regime rüsteten. Er solle es so »machen wie Hitler beim Röhmputsch«, ließ der »Führer« dem Militärdiktator auf nochmalige Rückfrage durch Außenminister Ribbentrop mitteilen, »namentlich die aufsässigen Führer beseitigen, die Garde aber als solche behalten und sich selbst an ihre Spitze stellen«[11].

Damit war das Schicksal der Legion besiegelt. Antonescu griff tatsächlich mit eiserner Faust durch; er ließ die Legionäre verfolgen, Tausende vor Gericht stellen und nicht wenige umstandslos liquidieren. »Die Verluste der Garde sind enorm«, wie Goebbels am 30. Januar 1941 in seinem Tagebuch notierte.[12] Horia Sima und etwa 280 weitere Führer hatten Glück, ihnen gelang die Flucht ins Deutsche Reich, wo sie in der Obhut ihrer skrupellosen Verräter darauf warteten, daß ihre Stunde doch noch kommen würde.

Parallele Kriege 1940/41

Die Zurückhaltung, die Hitlers Partner aus der faschistischen Kriegsallianz 1939 bewiesen hatten, hielt nicht lange an. Die alten Beuteinstinkte brachen rasch wieder durch, als die deutsche Wehrmacht 1939/40 von Triumph zu Triumph eilte und sich abzuzeichnen begann, daß im Windschatten der deutschen Feldzüge vielleicht auch die eigenen Expansionspläne zu realisieren sein würden, ohne daß größere Risiken eingegangen werden mußten.

Am stärksten wühlten diese Beutetriebe in Mussolini, der sie schon 1939 nur mühsam hatte bezähmen können. Nach den Blitzsiegen der deutschen Wehrmacht in Polen, in Dänemark und Norwegen und insbesondere nach den ersten spektakulären Erfolgen in Frankreich konnte er der Versuchung nicht mehr widerstehen. Rationale Argumente, die gegen den Kriegseintritt sprachen, zählten nun nicht mehr; sie verblaßten vor dem Gedanken, eine Chance zur Vergrößerung des Imperiums zu verpassen, die sich vielleicht nie wieder bieten würde, und vor der Befürchtung, im Falle dauerhafter Nichtkriegführung gegenüber den anderen europäischen Mächten und namentlich dem deutschen Partner an Boden zu verlieren und definitiv in das zweite Glied verwiesen zu werden. Ende März 1940 faßte er die Träume und Ängste, die ihn bewegten, in einem geheimen Memorandum zusammen, das zeigte, daß Mussolini die Frage, ob und auf welcher Seite Italien in den Krieg eingreifen sollte, längst beantwortet hatte, und daß es nur noch um die Bestimmung des günstigsten Zeitpunkts ging: »Italien wird so lange keine wirklich unabhängige Nation sein, wie Korsika, Biserta und Malta die Gitter und Gibraltar und Suez die Mauern seines Gefängnisses im Mittelmeer bilden. Nachdem das Problem der Landesgrenzen gelöst ist, muß Italien, wenn es eine Weltmacht sein will, das Problem seiner Grenzen im Mittelmeer lösen; die Sicherheit des Imperiums hängt von der Lösung dieses Problems ab. Italien kann nicht für die Dauer des Krieges *neutral* bleiben, ohne seine Rolle aufzugeben, ohne sich auszuschließen, ohne sich auf das Niveau einer zehnfach vergrößerten Schweiz zu reduzieren.«[13]

Mussolini ließ dabei auch keinen Zweifel, daß er nicht im entferntesten daran dachte, sich im Krieg vor den Karren Hitlers spannen zu lassen. Er plante vielmehr einen »Parallelkrieg zu dem der Deutschen, um unsere Ziele zu erreichen, die sich so zusammenfassen lassen: Freiheit auf den Meeren, Zugang zum Ozean«[14]. Italiens eigentlicher Krieg begann deshalb auch nicht am 10. Juni 1940, als italienische Truppen die Grenze zu Frankreich überschritten und so noch im letzten Moment den Verpflichtungen des Stahlpaktes genügten; hier besorgten die Italiener ja nur den letzten Rest eines Geschäftes, das die deutsche Wehrmacht schon fast erledigt hatte. Er begann erst in den Wochen und Monaten danach, als Flotte und Luftwaffe englische Stützpunkte im Mittelmeer angriffen, als Italien in Ostafrika und Ägypten aktiv wurde und als Mussolini schließlich im Oktober 1940, ohne Hitler darüber zu informieren, von Albanien aus einen Feldzug gegen Griechenland startete, der sein ramponiertes Ansehen wieder heben sollte.

Die anderen Partner der faschistischen Kriegsallianz blieben vorsichtiger; in ihren Fällen war freilich die Versuchung nicht annähernd so groß wie bei Mussolini – noch nicht, wie sich 1941 herausstellte, als im weiteren Verlauf des Krieges ihre territorialen Ziele ebenfalls in Reichweite rückten. Ungarn, Rumänien und die Slowakei beeilten sich aber schon 1940, deutliche Signale auszusenden, daß sie sich dem Lager der »Achse« zugehörig fühlten. Sie traten im November dem einige Monate zuvor abgeschlossenen Dreimächtepakt zwischen Deutschland, Japan und Italien bei – wie um sich bei Hitler in guter Erinnerung zu halten und vielleicht auch, um anzudeuten, daß im Ernstfall Verlaß auf sie war, vorausgesetzt, auch für sie fiel etwas dabei ab. Ähnliche Signale kamen übrigens aus Bulgarien, das sich Hoffnungen machte, mit deutscher Hilfe einen Zugang zur Ägäis zu erhalten, und aus Jugoslawien, das sich ebenfalls im März 1941 zum Beitritt zum Dreimächtepakt entschloß; hier lockte die Aussicht auf den Erwerb des griechischen Saloniki.[15]

Auch Franco bekannte sich 1940 zur Sache der »Achse«. Dankbarkeit gegenüber seinen alten Wohltätern Hitler und Mussolini spielte dabei keine Rolle. Der Caudillo hatte ein Auge auf französische Besitzungen in Afrika geworfen und wäre im Sommer 1940 wahrscheinlich sogar bereit gewesen, in den Krieg einzutreten, wenn Hitler ihm seine afrikanischen Wünsche erfüllt hätte. Die deutsche Führung ging auf diese Offerte aber nicht ein. Spaniens Kriegsbeitrag schien ihr nicht attraktiv genug, vor allem aber wollte sie ihren französischen Kollaborationspartner Pétain schonen, der den Verlust des Kolonialreiches politisch wohl kaum überlebt hätte und damit als Ordnungsfaktor in Frankreich ausgefallen wäre. Hitler hielt Franco deshalb hin und machte ihm nur das vage Angebot, Spanien französische Besitzungen zu überlassen, wenn Frankreich durch britische Kolonien entschädigt werden konnte; das war zu wenig, wie Hitler selbst wußte.[16]

Nach dem deutschen Angriff auf die Sowjetunion am 22. Juni 1941 wurde alles anders – so jedenfalls schreibt Ernst Nolte in seinem Werk über die Krise des liberalen Systems und die faschistischen Bewegungen: »Der Angriff gegen die Sowjetunion war ein Gemeinschaftsunternehmen der faschistischen und philofaschistischen Bewegungen bzw. Regime ganz Europas; in ihm erreichten die Faschismen den höchsten Grad ihrer Kraftentfaltung und ihres ›Idealismus‹.«[17]

Die Reaktionen auf die Nachricht, daß nun endlich der »Kreuzzug Europas gegen den Bolschewismus« begonnen habe, fielen in der faschistischen Welt tatsächlich durchweg positiv, manchmal auch enthusiastisch aus. Mussolini beglückwünschte Hitler: »Ihre Entscheidung, Rußland an der Gurgel zu packen, hat in Italien begeisterte Zustimmung gefunden, besonders unter den alten Kämpfern der Partei [...]. Bei einem Krieg, der diesen Charakter annimmt, kann Italien nicht abseits stehen.«[18] Doriot dachte nicht anders: »Wenn es einen Krieg gibt, der mir sympathisch ist, so ist es dieser.« Noch zwei Jahre später glaubte er: »Es war Hitlers genialster Einfall, die Sowjetunion anzugreifen. Er hat sich an diesem Tage nicht allein als Führer Deutschlands erwiesen, sondern als Führer des ganzen Europas, als Führer der modernen Zivilisation.«[19] Selbst Nikolaus von Horthy, ansonsten nüchterner in seinen Urteilen über Hitler, soll »selig« gewesen sein: »Noch nach Jahrhunderten werde die Menschheit dem Führer für diese Tat danken. 180 Millionen Russen würden nun von dem ihnen durch zwei Millionen Bolschewiken aufgezwungenen Joch befreit werden.«[20]

Ganz so einfach, wie es diese Stellungnahmen vermuten lassen, lagen die Dinge aber nicht. Gewiß, in allen faschistischen Bewegungen hatte es nach 1918 beträchtliche antibolschewistische Energien gegeben. Am größten waren sie in Ländern wie Italien, Deutschland, Spanien oder Ungarn gewesen, wo es erst nach blutigen Auseinandersetzungen zwischen links und rechts gelungen war, faschistische oder autoritäre Regime zu etablieren; hier hatte der Antibolschewismus im übrigen auch großen Widerhall in der bürgerlichen Mitte und im alten Establishment gefunden, die sich vor dem Sowjetsystem ja am meisten ängstigten. Ebenso sicher ist aber, daß sich die antibolschewistischen Leidenschaften nach der »Zertrümmerung des Marxismus« und der Konsolidierung der Regime Hitlers, Mussolinis oder Francos meist rasch abkühlten und daß die Sowjetunion – bei allem Schrecken, den Stalin immer wieder verbreitete – in den dreißiger Jahren allgemein als viel zu schwach angesehen wurde, als daß sie der kommunistischen Weltrevolution neuen Auftrieb zu geben vermocht hätte.

«Antibolschewismus« war mithin oft nur ein propagandistisches Bindemittel, das der Integration und Festigung der faschistischen Bewegungen und Regime diente und immer wieder produziert wurde, ohne daß ernstliche Bedrohungsgefühle damit verbunden gewesen wären, und zugleich eine Art Erkennungszeichen, das gegeben wurde, um auf der internationalen Bühne den eigenen Standort zu bestimmen. Handlungsleitende Relevanz hatte es dagegen vielfach nicht, jedenfalls nicht in dem Sinne, daß dem antibolschewistischen Wort auch die antibolschewistische Tat gefolgt wäre.

Am ehesten war das noch bei den jungen Draufgängern aller Nationen der Fall, die sich nach dem Juni 1941 freiwillig zu den deutschen Waffen meldeten. Die NS-Führung begrüßte diesen

Zustrom, wußte zunächst aber nicht, wie sie mit den Freiwilligen umgehen sollte, deren Zahl und Tauglichkeit sich auch schwer abschätzen ließ. Schließlich kam man überein, sie – anknüpfend an die Rassenkriterien des Nationalsozialismus – in »Germanen« und »Nichtgermanen« zu scheiden; erstere, also etwa die Dänen, Holländer und Norweger, sollten in die Waffen-SS aufgenommen werden und dort nach den Vorstellungen Himmlers mit den deutschen »Germanen« den Kristallisationskern des Heeres des künftigen großgermanischen Imperiums bilden, während letztere (Franzosen, Kroaten, Spanier und Wallonen) in die Wehrmacht integriert werden sollten.[21]

Die Zahl der Freiwilligen blieb indessen weit hinter den Erwartungen zurück. »Ende 1941 kämpften 12000 ›germanische Freiwillige nichtdeutschen Volkstums‹ in der Waffen-SS: 2399 Dänen, 1180 Finnen, 1571 Flamen, 4814 Holländer, 1883 Norweger, 39 Schweden, 135 Schweizer und Liechtensteiner. Dazu kamen noch 6200 freiwillige ›Volksdeutsche‹ aus dem Elsaß, Kroatien, Lothringen, Luxemburg, Rumänien, Serbien, der Slowakei und Ungarn. 24000 Franzosen, Kroaten, Spanier und Wallonen waren in die Wehrmacht eingereiht.«[22]

Bis Kriegsende nahm die Zahl der »Freiwilligen« dann doch beträchtlich zu; wie viele es schließlich waren, ist nicht genau zu sagen. Unstrittig ist aber, daß die Werbetätigkeit der Waffen-SS in den westeuropäischen oder »germanischen« Ländern rasch an ihre Grenzen stieß und sich deshalb nach Osten verlagerte, wo vor allem das riesige Reservoir der Volksdeutschen lockte. Das Kriterium der Freiwilligkeit blieb dort rasch auf der Strecke. In Rumänien, Ungarn und Kroatien schloß die NS-Führung mit den dortigen Regierungen Abkommen, die »eine fast unbeschränkte Zwangsverpflichtung von Volksdeutschen« erlaubten. »In den besetzten Gebieten wie Serbien, Polen und Teilen der Sowjetunion wurden die Volksdeutschen einfach zur Waffen-SS einberufen, so wie gebürtige Deutsche zur Wehrmacht eingezogen wurden.«[23]

Ideologische Beweggründe dürften nicht nur in Fällen wie diesen kaum ins Gewicht gefallen sein. Der Faktor des Antibolschewismus wird als Triebkraft der Freiwilligenbewegung generell stark überschätzt. Er hatte vor allem im kleinen Lager der faschistischen Fanatiker und Idealisten eine gewisse Zugkraft. Aufs Ganze gesehen, spielte er aber keine ausschlaggebende Rolle, wie sich etwa einer niederländischen Studie entnehmen läßt, die zu dem Ergebnis kommt, »daß die große Mehrzahl durch Faktoren wie dem Verlangen nach Abenteuern, besserem Essen, dem Ansehen, das die SS-Uniform verlieh, reiner Langeweile oder durch den Wunsch, der tristen Arbeitsdienstpflicht zu entgehen, veranlaßt worden war, sich freiwillig zu melden. Hinzu kam noch eine Vielzahl persönlicher Beweggründe, darunter in einigen Fällen der Wunsch, sich der Strafverfolgung wegen Jugendkriminalität oder kleinerer Straftaten zu entziehen.«[24]

Realität und Propaganda liegen aber nicht nur mit Blick auf die Freiwilligen weit auseinander. Von einem »Gemeinschaftsunternehmen der faschistischen und philofaschistischen Bewegungen bzw. Regime ganz Europas« (Nolte) oder von einem »europäischen Befreiungskrieg« kann auch dann keine Rede sein, wenn die große Politik der Verbündeten Hitlers in der faschistischen Kriegsallianz in die Betrachtung miteinbezogen wird. Fast alle hatten den Angriff auf die Sowjetunion begrüßt – fast alle jedoch aus egoistischen Motiven, die letztlich immer in Beutegier wurzelten.

Antonescu brannte auf den Beginn des deutschen Ostfeldzuges. Rumänien würde an der Seite des Deutschen Reiches kämpfen und den Angriff an der Südflanke vortragen, so lautete die Absprache, die Hitler und Antonescu am 12. Juni 1941 in München noch einmal bekräftigten.[25] Solidarität unter Gleichgesinnten spielte dabei ebensowenig eine Rolle wie die Absicht, dem immer wieder beschworenen Antikommunismus nun gemeinsam kämpferischen Ausdruck zu verleihen; die Rumänen ließen auch die weitreichenden Eroberungs- und rassischen »Umbau«-Pläne, die Hitler in der Sowjetunion verfolgte, ziemlich kalt. Sie wollten ihren eigenen Krieg – und zwar die faschistische Eiserne Garde ebenso wie das autoritäre Regime. »Das rumänische Volk«, sagte Antonescu am 12. Juni 1941 zu Hitler, »habe Tag und Nacht an die Stunde der Abrechnung mit Rußland gedacht und wünsche, daß der Augenblick möglichst bald herbeikommen würde, damit es sich für alles, was ihm von Rußland geschehen sei, rächen könne.«[26] Antonescu proklamierte deshalb am 22.

Juni 1941 den »heiligen Krieg der rumänischen Nation«[27], der vor allem für die Rückeroberung der Nordbukowina und Bessarabiens, die 1940 an die Sowjetunion hatten abgetreten werden müssen, geführt werden sollte. Nach den ersten Erfolgen wollte die rumänische Führung dabei aber nicht stehenbleiben. Sie entdeckte neue Gelüste, die sich auf die Einverleibung der zwischen Dnjestr und Bug gelegenen ukrainischen Gebiete bezogen, die der Arrondierung des großrumänischen Staates dienen sollten.

Ungarn griff ebenfalls bereits im Juni 1941 in den Krieg gegen die Sowjetunion ein. In der ungarischen Führung war dieser Schritt nicht unumstritten. Der Vorsitzende der Kleinlandwirtepartei riet zu äußerster Zurückhaltung, weil er Hitler nicht traute und dessen Kreuzzugsdiktum für eine »billige Redensart« hielt[28], und auch Szálasi, der Führer der Pfeilkreuzler, vermochte sich anfangs nur schwer von der Notwendigkeit einer ungarischen Beteiligung an Hitlers Ostfeldzug zu überzeugen. Daß Horthy sich trotz dieser gravierenden Bedenken anders entschied, lag auch hier nicht primär an antibolschewistischen Ressentiments, die allerdings beim Reichsverweser und dem alten Establishment Ungarns besonders stark ausgeprägt waren. Den Ausschlag gaben vielmehr die gierige Hoffnung auf Landgewinn im sowjetischen Galizien und insbesondere die alte Rivalität mit Rumänien, dessen starker Beitrag zum Krieg gegen die Sowjetunion, so fürchtete man, Hitler vielleicht dazu bewegen könnte, die territorialen Regelungen des Jahres 1940 rückgängig zu machen und Rumänien auf Kosten Ungarns wieder zu vergrößern. Ungarn müsse, so der Chef des Generalstabes, »den Deutschen mindestens soviel Soldaten wie Rumänien anbieten, um bei der definitiven Lösung der Siebenbürgenfrage nach Kriegsende nicht benachteiligt zu werden«[29].

Erwägungen dieser Art bestimmten auch die slowakische Regierung, in den Krieg gegen die Sowjetunion einzutreten; ihr ging es darum, »in Berlin eine Stütze gegen weitere ungarische Gebietsansprüche zu finden«[30]. Und Ante Pavelić dachte ebenfalls in ganz pragmatischen Kategorien, als er im Juni 1941 zum Kampf gegen den Bolschewismus aufrief und kroatische Beihilfe in Aussicht stellte. Sein »Unabhängiger Staat Kroatien« war erst wenige Monate zuvor, nach der Zerschlagung Jugoslawiens im

April 1941, entstanden. Er selbst, der ehemalige Ustascha-Terrorist, verdankte sein Amt als Staatschef vor allem der italienischen Regierung, die Kroatien als ihr Einflußgebiet betrachtete und dort von Berlin auch weitgehend freie Hand erhalten hatte. Kroatische Waffenhilfe im Osten, so hoffte man in Sarajewo, würde das Ansehen des Landes erhöhen – vor allem bei Hitler, der Schutz vor den Zumutungen der Italiener bieten und vielleicht sogar dafür sorgen konnte, daß die deutsche Wehrmacht schlagkräftige kroatische Streitkräfte aufbaute, die zur Machtbehauptung im Innern bitter nötig waren.[31]

Selbst Mussolini hatte Hintergedanken, als er Hitler im Juni 1941 die Entsendung eines ganzen Armeekorps in die Sowjetunion in Aussicht stellte, obwohl er auf anderen Kriegsschauplätzen genug zu tun gehabt hätte. Der alte Antibolschewist in ihm war zwar nicht verstummt; der Gedanke, daß die Ausschaltung des weltpolitischen Gegenspielers im Kreml längst fällig sei und nun endlich mit aller Energie betrieben werden müsse, lag ihm aber doch sehr fern, sonst hätte sich das Verhältnis zwischen Moskau und Rom in den zwanziger und dreißiger Jahren wohl kaum so störungsfrei entwickeln können und sonst hätte er auch dem Hitler-Stalin-Pakt von 1939 nicht so begeistert zugestimmt. Mussolini hatte im Sommer 1941 anderes im Sinn. Ihn bekümmerten vor allem die militärischen Schlappen in Griechenland und in Nordafrika, die nur mit deutscher Hilfe hatten wettgemacht werden können. Italien war damit noch kein bloßer Satellit Hitler-Deutschlands, das Land und sein »Duce« hatten aber viel an Ansehen und Gewicht verloren – auch und vor allem im faschistischen Lager, in dem Italien bis dahin als die Nummer zwei gegolten hatte, die bei der Neuordnung Europas nach dem Krieg ein gewichtiges Wort würde mitsprechen können. Diesen Rang galt es durch militärisches Engagement im Osten zu befestigen – selbst gegen den Willen Hitlers, dem es lieber gewesen wäre, der italienische Verbündete hätte seine Kraft und Entschlossenheit im Mittelmeerraum demonstriert.[32]

Militärische Macht und ideologische Besessenheit

Im Herbst 1941 war die faschistische Kriegsallianz erstmals in voller Aktion. Hitlers großer Krieg, Mussolinis paralleler Krieg und die kleinen Kriege, die Rumänien, Ungarn und die Slowakei führten, griffen ineinander und gewannen unter deutscher Regie nicht zuletzt deshalb eine solche Schlagkraft, weil die faschistischen und autoritären Regime überall an breite patriotische Stimmungen anknüpfen konnten, die dem Krieg auch dann förderlich waren, wenn er für verbrecherische Ziele geführt wurde. Anfangs schien keine Macht dieser konzentrierten Wucht gewachsen. Erfolg reihte sich an Erfolg, und die territoriale Beute, die dabei anfiel, war so groß, daß niemand das Gefühl haben mußte, am Ende zu kurz zu kommen. Um die Jahreswende 1941/42 beherrschte die faschistische Kriegsallianz fast ganz Europa und beträchtliche Teile Nordafrikas: Ihre Truppen standen am Atlantik, am Schwarzen Meer, kurz vor Moskau und Leningrad, und sie bedrohten die britischen Stellungen in Ägypten. Seit dem Untergang des römischen Imperiums hatte in Europa kein Reich mehr eine so riesige Ausdehnung erlangt.

Für die unterjochten Völker vor allem Osteuropas hatten die militärischen Triumphe der faschistischen Kriegsallianz tödliche Konsequenzen. Denn die neuen Herren begnügten sich nicht damit, so aufzutreten, wie das Eroberer seit jeher taten; sie brachten eine ganz neue Ordnung, in der es für viele keinen Platz mehr gab. Das hatte sich 1939/40 schon in Polen gezeigt, das die deutschen Besatzer in eine Art koloniales Sklavenreservoir verwandelten, und das setzte sich mit noch größerer Brutalität in den eroberten Gebieten der Sowjetunion fort, wo alles aus dem Weg geräumt wurde, was die Realisierung der nationalsozialistischen Expansions- und Lebensraumpläne behindern konnte. Die politische und intellektuelle Elite fiel dieser rassischen Raserei ebenso zum Opfer wie sowjetische Kriegsgefangene, die Geistlichkeit und Zigeuner. Bei keiner Gruppe gingen die deutschen Besatzer aber so gründlich vor wie bei den Juden, für die es nur ein Schicksal gab: Tod und Ausrottung.

1939 hatte die NS-Führung noch daran gedacht[33], die in ihrem Machtbereich ansässigen Juden in ein Großreservat in der Nähe von Lublin zu schaffen. Doch dieses Vorhaben blieb Stückwerk – schreckliches Stückwerk, weil der Plan noch im Scheitern Zehntausende von Juden das Leben und Hunderttausende Existenz und Gesundheit kostete. Die Wehrmacht widersetzte sich dem Vorhaben, weil sie Raum für Truppenübungsplätze brauchte. Die Volkstumspolitiker bestanden darauf, daß die Um- und Neuansiedlung der Deutschen aus dem eroberten Baltikum und der Sowjetunion wichtiger war als die Deportation der Juden, und die Wirtschaftsplaner machten geltend, daß sie die zur Verschickung vorgesehenen Juden als Arbeitskräfte nicht entbehren konnten.

Die Judenpolitiker des Dritten Reiches faßten 1939/40 wohl noch nicht die »Endlösung« ins Auge, wie sie später ins Werk gesetzt worden ist. Klar ist aber eines: Der Plan, ein Judenreservat im ehemaligen Polen zu schaffen, hätte unermeßliche Opfer gefordert und wäre auf die Vernichtung eines beträchtlichen Teils der Juden durch Arbeit und Auszehrung hinausgelaufen. Noch mehr gilt dies für die Idee, die Juden auf die französische Inselkolonie Madagaskar zu verfrachten und dort ein »Großghetto« für vier Millionen Juden zu errichten. Dieser Plan war nicht neu, er geisterte schon seit geraumer Zeit durch die kranken Gehirne der europäischen Antisemiten. Nach dem militärischen Triumph Hitlers über Frankreich im Frühsommer 1940 gewann er aber plötzlich Aktualität und planerische Konkretion, denn nun schien es zum ersten Mal die Möglichkeit zu geben, die Judenfrage in ganz Europa zu regeln – und zwar definitiv, nicht wie bei dem Plan mit einem Judenreservat in Polen nur vorübergehend und irgendwie doch in bedrohlicher Nähe zum eigenen Territorium.

Da auch dieser Plan scheiterte (nicht zuletzt an der Tatsache, daß Großbritannien weiter die Seewege kontrollierte), wurde mit immer größerer Radikalität weiter improvisiert. In den besetzten Gebieten Osteuropas stießen SS, Partei und Wehrmacht bald alle kriegsrechtlichen und menschlichen Rücksichten beiseite. Hunderttausende Juden wurden dort aus Heimat und Beruf gerissen, von einem Tag auf den anderen »umgesiedelt« und in Ghettos gesteckt, in denen bald Hungersnöte und Seuchen wüteten und die Sterblichkeitsziffern in unglaubliche Höhen trieben. Das Inferno, das Madagaskar geworden wäre, gewann hier, in den Ghettos von Lublin und Warschau, schockierende Anschaulichkeit.[34]

Es kann keinem Zweifel unterliegen: Aus dem überall im Osten anzutreffenden Neben- und Gegeneinander von Rassenfanatismus, Umsiedlungswahn und Germanisierungshybris ergaben sich viele Impulse, die die Judenpolitik des NS-Regimes in Richtung Völkermord trieben. Auch im Altreich wurde im übrigen der antisemitische Druck immer größer; vor allem die Gauleiter von Berlin und Wien drängten unablässig darauf, ihre Juden loszuwerden – wie und wohin: das war ihnen egal. Chaotische Improvisation, Druck der Basis und selbstgeschaffene Sachzwänge führten aber nicht allein und gleichsam automatisch zur Vernichtung. Hitler war auch hier die richtungweisende Instanz – und er war es vielleicht nie mehr als um die Jahreswende 1940/41, als – zumindest konzeptionell – die Schwelle von der Deportation zur Vernichtung überschritten wurde. Um diese Zeit traf Hitler nicht nur die Entscheidung zum Angriff auf die Sowjetunion; jetzt beauftragte er Heydrich auch, ein Deportationsprogramm auszuarbeiten, das die Ausrottung von elf Millionen Juden beinhaltete, und kurz vor Beginn des Rußlandfeldzuges ließ er wohl den Einsatzgruppen der Sicherheitspolizei und des SD den Befehl zur möglichst umfassenden Beseitigung der sowjetischen Juden erteilen.[35]

Hitler befahl damit im Frühjahr 1941 noch nicht die quasi industrielle Vernichtung der Juden in Gaskammern, wie sie etwa neun Monate später begann. Der Befehl an die Mordkommandos von Sicherheitspolizei und SD bezog sich auf die Auslöschung der sowjetischen Juden, und der von Heydrich schließlich vorgelegte Plan zielte auf die biologische Vernichtung der Juden durch Arbeit, Hunger und Klima. Die arbeitsunfähigen Juden sollten zunächst in Sterbereservaten zusammengefaßt und nach dem Sieg über die Sowjetunion bis weit hinter den Ural, nach Sibirien oder ins Eismeergebiet, vertrieben werden und dort selbst sehen, wo sie blieben. Die jungen und kräftigen Juden hingegen wollte man noch eine Weile für die Zwecke des Nationalsozialismus einspannen; sie sollten sich buchstäblich zu Tode arbeiten.[36]

Dieses Programm, das in der Tradition der Reservats- und

Madagaskar-Pläne steht und diese doch im Hinblick auf die mörderische Konsequenz weit hinter sich läßt, war offenkundig in dem Bewußtsein ersonnen worden, der »Kreuzzug gegen den Bolschewismus« werde binnen weniger Monate zu Ende sein. Was aber, wenn der militärische Erfolg länger auf sich warten ließ? Mit dieser Möglichkeit mußte ab August 1941 tatsächlich gerechnet werden, denn der Gegner erwies sich als stärker und besser gerüstet, als der »Führer« und seine Berater vermutet hatten. Hitler ließ sich dadurch aber nicht aus dem Konzept bringen; wenn die biologische Lösung nicht (oder noch nicht) zu realisieren war, dann mußten eben andere Mittel zum Einsatz gebracht werden. Weiteren Aufschub sollte es jedenfalls nicht geben.

Die »große« Entscheidung, die das Schicksal der europäischen Judenheit besiegelte, fiel wahrscheinlich im September/Oktober 1941. Sie wurde vermutlich nicht schriftlich fixiert, und mit einiger Sicherheit handelte es sich auch nicht um eine detaillierte Anweisung, sondern um eine Generalbevollmächtigung, damit Himmler und Heydrich freie Hand hatten, die geeigneten Mittel zur totalen Ausrottung selbst zu bestimmen.[37]

Letztlich fielen dem nationalsozialistischen Rassenwahn etwa sechs Millionen Juden zum Opfer. »Das beispiellose Resultat eines Geschehens ohne Beispiel«, wie Hermann Graml geschrieben hat.[38] Mehr als die Hälfte davon wurden in den großen Vernichtungszentren Kulmhof, Belzec, Sobibor, Treblinka, Auschwitz und Majdanek durch Gas erstickt; allein in Auschwitz, das deshalb auch zum Synonym der technisch-fabrikmäßigen Tötung geworden ist, waren es weit über eine Million. Gleichwohl ist die Vorstellung, beim Massenmord an den Juden habe es sich um einen »anonymen Vorgang«, um einen »›sauberen‹ Tod durch Gas« gehandelt, nicht zutreffend.[39] »Der Holocaust war vielmehr zu einem ganz erheblichen Teil eine Menschenvernichtung in sehr traditionellen, nachgerade archaischen Formen.«[40] Die Opfer wie vor allem auch die Täter hatten Gesicht und Geschichte, sie standen sich gegenüber. Das war bei der Ermordung von etwa zwei Millionen sowjetischer Juden durch die Einsatzgruppen der Sicherheitspolizei und des SD und die Todesschwadronen anderer Polizeiverbände so, und nicht anders verhielt es sich bei den nach hunderttausenden zählenden Morden in den

Konzentrationslagern, in den Ghettos, bei den Transporten und Hungermärschen.[41] Hier war nichts anonym, nichts rationell, nichts industriell.

Der Holocaust war kein »gemeinschaftliches Werk der Faschismen bzw. der philofaschistischen autoritären Regime«[42], wie Ernst Nolte meinte. Solche oberflächlichen Pauschalisierungen gehen an der Wirklichkeit vorbei und lenken davon ab, daß die eindeutige Hauptverantwortung bei den Deutschen lag. Wahr ist aber auch, daß alle faschistischen und autoritären Regime und Bewegungen im Krieg einen weiteren Radikalisierungsschub erlebten und daß diese Radikalisierung wieder vor allem in einer Verschärfung des Antisemitismus zum Ausdruck kam; vieles davon war auf die Strahlkraft des deutschen Modells oder, einfacher noch, auf deutsche Erpressung zurückzuführen, aber eben nicht alles.

In Italien beispielsweise nahm der Druck auf die Juden nach der Einführung der Rassengesetze 1938 unaufhörlich zu. Die Juden sahen sich einer unbarmherzigen Pressehetze ausgesetzt; weit schlimmer aber war, daß auch die rechtliche Diskriminierung ständig an Schärfe gewann. Seit 1940 mußten alle staatenlosen sowie diejenigen ausländischen Juden, die aus Ländern mit eigenen Rassengesetzen stammten, mit der Internierung rechnen. Mussolini ließ sie selbst dann als Angehörige feindlicher Staaten behandeln, wenn sie seit Jahren in Italien gelebt und niemandem etwas zuleide getan hatten. Ab Mai 1942 durften sich dann auch die italienischen Juden keine Illusionen mehr machen. Sie wurden wie die ausländischen Juden zur Zwangsarbeit verdammt und dafür in Hunderten von Lagern kaserniert, die sich über das ganze Land ausbreiteten. Kurz vor seinem Sturz im Juli 1943 ließ Mussolini schließlich sogar die Verlegung der in Mittel- und Süditalien zernierten Juden an die deutsche Grenze vorbereiten; über den Sinn dieser Maßnahme brauchte man nicht lange zu rätseln: Der SS sollte die Deportation der Juden in die Vernichtungslager erleichtert werden.[43]

In Frankreich und Ungarn kam es Anfang der vierziger Jahre ebenfalls zu einer Verschärfung der Judengesetze, und auch in der Slowakei und in Kroatien wurden die Juden mehr und mehr an den Rand gedrängt, in der Ustascha-Diktatur gelegentlich sogar wie Freiwild behandelt. Am stärksten aber war der autochthone Antisemitismus in Rumänien, wo die Juden schon seit Menschengedenken einen schweren Stand hatten. Ihre Situation verschlechterte sich im September 1940 weiter, als mit Ion Antonescu ein fanatischer Antisemit an die Macht gelangte, und dann erneut nach dem Beginn des Feldzuges gegen die Sowjetunion, der Antonescu die Möglichkeit eröffnete, seinen antisemitischen Ressentiments freien Lauf zu lassen. Antonescu haßte die Juden, in seinen Augen waren sie »Teufel«[44], die in seinem Traum von einem ethnisch gesäuberten Großrumänien keinen Platz hatten und unbarmherzig vertrieben werden sollten.

Die größten Überlebenschancen hatten noch die innerhalb der alten Grenzen Rumäniens ansässigen Juden. Sie sahen sich nach Kriegsbeginn zwar einer beispiellosen Serie von Pogromen ausgesetzt, die mit dem Massaker von Jassy ihren Höhepunkt erreichte; nicht weniger als 10000 bis 12000 Opfer waren hier zu beklagen. Danach aber ebbte die Welle an Judenhaß wieder ab, und den Juden gelang es hier wenigstens, schikaniert, drangsaliert und zu schwersten Arbeiten gezwungen, ihr Leben zu retten. Weitaus schlimmer traf es die Juden aus den 1940 an die UdSSR verlorenen Provinzen Bessarabien und Bukowina, die 1941 wieder rumänisch wurden und nach Antonescus Willen gänzlich judenfrei werden sollten. »Ich bitte euch, seid unerbittlich«, sagte er im Juli 1941 im Kabinett. »Zucker und Menschenfreundlichkeit haben hier keinen Platz. Auf die Gefahr hin, von einigen Traditionalisten, die noch unter euch sein mögen, mißverstanden zu werden, ich bin für die Zwangsauswanderung aller Juden aus Bessarabien und der Bukowina, die über die Grenze geworfen werden müssen. [...] Ich weiß nicht, wann, nach wievielen Jahrhunderten, die rumänische Nation erneut diese totale Aktionsfreiheit genießen kann, mit der Möglichkeit für ethnische Säuberung und nationale Revision. Dies ist die Stunde, in der wir Herren unseres Landes sind. Laßt sie uns nutzen! [...] Wenn es sein muß, schießt mit Maschinengewehren, und ich sage, daß es kein Gesetz gibt. [...] Deshalb, ohne Formalitäten, komplette Freiheit.«[45] Ein jüdisches Leben war in diesen Regionen so gut wie nichts mehr wert; allein von Juni bis August 1941 wurden hier mindestens 150000 Juden ermordet.[46] Die Überlebenden steckte man in Ghettos und Lager, ehe man sie ab Mitte September 1941 Richtung Osten, in das Gebiet zwischen Dnjestr und Bug, in Marsch setzte. Dort sollten sie in der Nähe des Bug so lange interniert werden, bis die Kriegslage die Übergabe an die SS und die Deportation in die Vernichtungslager im Generalgouvernement erlaubte.

Auf diesen Märschen ereignete sich alles, was menschliche Phantasie an Grausamkeit ersinnen kann: Die Juden wurden ausgeraubt, von einheimischen Bauern und Banden überfallen und zu Tausenden und Abertausenden erschossen, wenn sie vor Entkräftung nicht mehr weiterkonnten. Nichts war vorbereitet für die Marschkolonnen, kein Proviant, keine Unterkünfte, ja nicht einmal die Sammellager am Bug waren rechtzeitig errichtet worden. Viele Kolonnen irrten deshalb kreuz und quer durch das Land und lösten sich häufig buchstäblich auf, weil auch Krankheiten wie Typhus und Ruhr, Hunger und Kälte enorme Opfer forderten.

In den Sammelpunkten am Bug trafen die Juden aus Bessarabien und der Bukowina gelegentlich mit Juden aus Transnistrien zusammen, das vor 1941 zur Sowjetunion gehört hatte und nun als ein Teil Rumäniens ebenfalls von Juden gesäubert werden sollte. Das Los der transnistrischen Juden war vermutlich noch schrecklicher als das der übrigen Juden, die auf rumänischem Gebiet lebten. Viele wurden gleich nach der militärischen Besetzung ermordet, Zehntausende dann im Winter 1941/42 in drei großen Lagern konzentriert, wo sie vergeblich auf den Weitertransport in die deutschen Vernichtungslager warteten. SS und Wehrmacht weigerten sich nämlich, die oft von ansteckenden Krankheiten geplagten Juden zu übernehmen, da sie eine Gefahr für die kämpfende Truppe bilden konnten; außerdem meinten sie, daß die Rumänen ihr Judenproblem selbst lösen sollten. Antonescu entschied sich deshalb im Dezember 1941 für eine radikale Lösung; er befahl die Tötung der Juden in den Lagern. »Sollen wir auf eine Entscheidung in Berlin warten?« fragte er in einer Besprechung mit seinen wichtigsten Mitarbeitern. »Sollen wir auf eine Entscheidung warten, die uns betrifft? Sollen wir ihren Schutz garantieren? Pfercht sie in die Katakomben, werft sie in das Schwarze Meer! [Was mich betrifft,] 100 können sterben, 1000 können sterben, alle können sterben.«[47]

Insgesamt, so wird geschätzt, beläuft sich die Zahl der ermordeten Juden in Rumänien auf ca. 350000.[48] Deutsche Mitschuld hieran ist offensichtlich: Hitler hatte den Rahmen für diesen Massenmord geschaffen, als er im Juni 1941 die Sowjetunion überfiel. Außerdem hatte die NS-Führung den Judenhaß der Eisernen Garde geschürt und auch die antisemitische Politik der rumänischen Regierung zu beeinflussen versucht, nicht zuletzt durch die Entsendung eines Referenten für Judenfragen im April 1941. Schließlich hatten die Einsatzgruppen der Sicherheitspolizei und des SD, die Wehrmacht und zahlreiche Volksdeutsche, die in den von Rumänien besetzten Gebieten lebten, an den Massakern mitgewirkt, die Einsatzgruppe D sogar in einer prominenten Rolle. Der Hauptverantwortliche aber bleibt Antonescu, dessen Radikalität selbst Hitler überraschte. »Und was die Judenfrage anlangt«, sagte er am 19. August 1941 zu Goebbels, »so kann man heute jedenfalls feststellen, daß z. B. ein Mann wie Antonescu in dieser Angelegenheit noch viel radikaler vorgeht, als wir das bisher getan haben.«[49]

Antonescu stand Hitler in puncto praktiziertem Judenhaß nicht sehr fern. Alle anderen Verbündeten der faschistischen Kriegsallianz hatten sich dem Erwartungs- und Realdruck, der von deutscher Seite ausging, angepaßt und den antisemitischen Pressionen, die sich in ihren eigenen Ländern entwickelt hatten, nicht zuletzt deshalb nachgegeben, weil sie selbst von tiefer Abneigung gegen alles Jüdische beseelt waren. Sie hatten sich diesem doppelten Druck aber nicht unterworfen und waren auch im Krieg nicht bereit, bei der Judenverfolgung alle Grenzen hinter sich zu lassen und in ähnlicher Weise aufs Ganze zu gehen, wie das NS-Regime es tat. Horthy entzog sich dem deutschen Wunsch nach Deportation der ungarischen Juden bis zu seiner Entmachtung 1944. Pétain versuchte immerhin, die französischen Juden zu schützen, und die Regierung der Slowakei willigte 1942 zwar in die Deportation der Juden ein, ließ aber zahlreiche Ausnahmen zu und stoppte die Verschleppung schließlich ganz; keiner machte sich die deutsche »Endlösung« ganz zu eigen. Selbst Antonescu erwachte schließlich aus seinem antisemitischen Rausch; seine Wut auf die Juden wurde dabei nicht geringer, sie trat aber zurück und machte rationalen Überlegungen

Platz, die sich aus der Tatsache ergaben, daß 1942/43 der Stern Hitlers zu sinken begann und daß ein siegreicher Feldzug gegen die Sowjetunion in weite Ferne rückte. Das Schicksal Rumäniens stehe auf dem Spiel, so redeten ihm Angehörige der alten politischen Klasse und insbesondere amerikanische Diplomaten zu, die Antonescu so beeindruckten, daß er sich trotz stärksten deutschen Drucks weigerte, die restlichen 300000 Juden vor allem aus den alten Kerngebieten Rumäniens an die SS auszuliefern – und damit dem sicheren Tod zu überantworten.[50] Hitler allein kam nicht zur Besinnung; er raste weiter und riß noch in den letzten Kriegstagen zahlreiche Juden in den Tod.

Zerfall und Untergang

Antonescus Kurswechsel in der Judenpolitik war nur ein Indiz. Bald häuften sich Erscheinungen dieser Art, und spätestens um die Jahreswende 1942/43 war nicht mehr zu übersehen: Die faschistische Kriegsallianz verlor an Kohäsion, und zwar im selben Maße, wie ihre Gegner an Kraft und Siegeszuversicht gewannen. Hitler und seine Verbündeten hatten den Bogen überspannt. Die Zahl der Feinde, die sie sich mit ihren skrupellosen Raubkriegen geschaffen hatten, war zu groß, das wirtschaftliche und militärische Potential, über das sie selbst geboten, zu gering, als daß die »Achsen«-Mächte ihre verbrecherische Expansion hätten fortsetzen können. Anfang November 1942 landeten angloamerikanische Truppen in Nordafrika, drei Monate später kapitulierten die Reste der deutschen 6. Armee Tausende von Kilometern weiter östlich vor der Übermacht sowjetischer Streitkräfte. Stalingrad wurde zum Symbol der Kriegswende, dessen Bedeutung natürlich auch Hitlers Verbündete zu erkennen vermochten.

Zuerst löste sich die Schicht der Sympathisanten von der faschistischen Kriegsallianz. Spanien etwa, das sich 1940 der »Achse« angenähert hatte, um bei der Verteilung der Beute ebenfalls bedacht zu werden, kehrte 1943 wieder zum Zustand der strikten Neutralität zurück und rief den Freiwilligenverband nach Hause, der seit 1941 an der Ostfront gekämpft hatte; ein Jahr später nahm Franco schon fast offen Kurs auf die sichere

Seite, als er die strikte in eine wohlwollende Neutralität zugunsten der Anti-Hitler-Koalition verwandelte.[51]

Auch den Führern der autoritären Regime kam 1942/43 zu Bewußtsein, daß der Raubzug mit Hitler ein Fehler gewesen war und daß sie diesen Fehler schleunigst korrigieren mußten, wenn sie nicht Herrschaft und Staat riskieren wollten. Nur wie? Hitlers Arm reichte auch nach 1943 noch weit, während der Siegeszug der Alliierten gerade erst begonnen hatte; Sicherheit war von ihnen jedenfalls noch nicht zu erwarten. Unter Hitlers Verbündeten regierte deshalb ab 1942/43 die Vorsicht. Sie blieben zwar im »Achsen«-Bündnis, versuchten aber, sich den militärischen Verpflichtungen zu entziehen, der mörderischen Judenpolitik der Deutschen zu verweigern und auch schon erste Fühler zu den Kriegsgegnern auszustrecken.

Antonescu durchkreuzte 1942 nicht nur die Deportationspläne der NS-Führung, er ließ seiner Regierung auch freie Hand für Verhandlungen mit den Westmächten, die auf einen baldigen Austritt aus dem Krieg zielten, der von Rumänien bereits bis dahin einen unermeßlichen Blutzoll gefordert hatte. Pétain und Horthy gingen 1943 ebenfalls auf Distanz zur »Achse«, und Gleiches tat die slowakische Regierung, die 1943 ihre Truppen von der Ostfront zurückrief.[52] Italien, der engste Verbündete des Deutschen Reiches, ging noch einen Schritt weiter. Dort wurde im Juli 1943 Mussolini entmachtet und das faschistische Regime zum Einsturz gebracht. Die Hilflosigkeit gegenüber den alliierten Luftangriffen, die demütigende Abhängigkeit vom unheimlichen deutschen »Achsen«-Partner und vor allem die militärischen Katastrophen in Jugoslawien, Griechenland und Nordafrika hatten Mussolinis Charisma aufgezehrt und das Einvernehmen zwischen Regime und Gesellschaft zerstört, das nach der Aussöhnung mit dem Vatikan, dem siegreichen Kolonialkrieg in Abessinien und der Proklamation des Imperiums entstanden war. Die Entfremdung ging schließlich so weit, daß ein beträchtlicher Teil des Volkes nur mehr Verachtung, Hohn und Spott für den Faschismus und den einst vergötterten, nun aber als Großmaul entlarvten »Duce« übrig hatte. Im Sommer 1943, als die Alliierten in Sizilien gelandet waren, fielen sogar seine engsten Weggefährten von ihm ab. Galeazzo Ciano, vor allem aber

Dino Grandi und Giuseppe Bottai, die von Anfang an dabeigewesen waren und bis zuletzt alles mitgemacht hatten, brachen nun mit der Vergangenheit, weil sie um ihre Zukunft fürchteten. Sie brachten Mussolini im faschistischen Großrat eine Abstimmungsniederlage bei und lieferten dem König damit den willkommenen Anlaß, den zur Belastung für Monarchie und Dynastie gewordenen Diktator zu entlassen. Die neuen Machthaber gaben danach zwar die Parole aus, der Krieg an der Seite des »Achsen«-Partners gehe weiter. Fast gleichzeitig bemühten sie sich aber um einen Waffenstillstand mit den Alliierten, der am 8. September 1943 in Kraft trat und schließlich fünf Wochen später die Kriegserklärung an Deutschland nach sich zog.[53]

1944 brach die faschistische Kriegsallianz ganz auseinander. Pétain rief nach der Landung alliierter Truppen in der Normandie im Juni seine Landsleute zur Neutralität auf[54] und setzte damit seiner Kollaboration mit der deutschen Besatzungsmacht de facto ein Ende. Im August kündigte Rumänien das Bündnis; Antonescu, lange Zeit dessen sicherer Garant, mußte einer neuen Regierung weichen, die es angesichts der näherrückenden Roten Armee für ein Gebot politischer Klugheit hielt, dem Deutschen Reich den Krieg zu erklären.[55] Im selben Monat mußten deutsche Truppen in der Slowakei eingreifen, um einen Aufstand niederzuschlagen, den demokratische und kommunistische Untergrundkämpfer inszeniert hatten; von einem solchen Verbündeten war natürlich ebenfalls nicht mehr viel Beistand zu erwarten.[56]

In Ungarn hatte es schon früher zu gären begonnen. Der Krieg gegen die Sowjetunion war hier nie populär gewesen. »Es ist nicht unser Krieg, wir haben in Rußland nichts zu suchen!«, soll ein Vertrauter von Horthy gesagt haben.[57] Die Regierung wurde deshalb zunehmend störrischer, als Hitler sie mit immer neuen Forderungen nach ungarischen Soldaten konfrontierte, die im Osten in die Schlachten geworfen werden sollten, und als 1943/44 nicht mehr zu verkennen war, daß die »Achsen«-Mächte der sicheren Katastrophe entgegengingen. Schließlich widersetzte auch sie sich den deutschen Wünschen und bestand darauf, die eigenen Truppen von der Ostfront abzuziehen.

Hitler sah dem nicht tatenlos zu, zumal er auch wußte, daß die ungarische Regierung schon seit längerem mit den Alliierten in Verbindung stand und über einen Ausweg aus jener Sackgasse verhandelte, in die sie sich selbst manövriert hatte. Im März 1944 bestellte er Horthy nach Schloß Kleßheim bei Salzburg und zwang ihn, der »Besetzung seines Landes durch deutsche Truppen« und der »Bildung einer zuverlässigen ›nationalen‹ Regierung« zuzustimmen[58]; an die Pfeilkreuzler hatte Hitler dabei übrigens nicht gedacht. Sie rückten in ihrem ab 19. März besetzten Land aber immer stärker in den Vordergrund und profilierten sich sogar als Alternative zu Horthy, der auch weiterhin im Amt und stark genug blieb, die deutschen Kreise zu stören, wie sich insbesondere im Juli 1944 zeigte, als er die Einstellung der Deportation der ungarischen Juden erwirkte, in deren Rahmen seit März 1944 nahezu 440000 Juden nach Auschwitz gebracht worden waren. Mit Horthy, so Hitlers Schluß, war nicht zu arbeiten; er mußte abgelöst werden, und zwar nicht zuletzt deshalb, weil er im August 1944 auch noch die Stirn besaß, die von den Deutschen installierte Regierung durch eine neue zu ersetzen, die das Ziel verfolgte, eine konservative Wende herbeizuführen und den Krieg zu beenden.[59]

Erst jetzt, nachdem sich auch noch die letzte Hoffnung auf eine Kooperation mit dem autoritären Regime Horthys zerschlagen hatte, erinnerte sich Hitler der Pfeilkreuzler und ihres Führer Szálasi, den er bis dahin nie ganz ernst genommen, aber trotzdem für den Fall konserviert hatte, daß Horthy nicht mehr spurte. Nun war dieser Fall eingetreten. Eine andere Lösung gab es nicht mehr; Szálasi wurde Regierungschef.[60]

Szálasi war kein Einzelfall. Alle konservativen und autoritären Regime zogen sich 1943/44 aus der faschistischen Kriegsallianz, der sie sich Ende der dreißiger, Anfang der vierziger Jahre angeschlossen hatten, zurück – aus Einsicht, auf Druck der Alliierten und nicht zuletzt auch deshalb, weil sie auf die Befindlichkeit ihrer Gesellschaften Rücksicht nehmen mußten, die den Krieg und insbesondere die Einspannung für Ziele satt hatten, die längst nicht mehr die ihren waren, sondern nur noch aus deutscher Hybris resultierten. Die konservativen und autoritären Kooperationsregime waren nicht »verschlissen«[61], sie besannen sich nur genauso eines Besseren, wie es weite Teile der deutschen Bevölkerung taten, die sich nach Stalingrad ebenfalls von der Ideologie des Nationalsozialismus und schließlich auch von ihrem »Führer« mehr und mehr abwandten – freilich nur innerlich und ohne daß es ernste Folgen für das Regime gehabt hätte.

Unerschütterlich blieben nur die Faschisten vom Schlage eines Szálasi, die ja auch den inneren Bestand der Kriegsallianz bildeten. Sie hielten an ihrer Weltanschauung fest, dachten nicht an Umkehr und klammerten sich bis zum Schluß an die Hoffnung, doch noch an die Macht zu kommen und ihre Großprojekte verwirklichen zu können. Hitler hatte sie bis dahin ignoriert und lieber mit Horthy, Antonescu oder Pétain kooperiert, die mehr Gewicht besaßen und lange Zeit trotzdem leichter gefügig zu machen waren. Nun brauchte er sie – als ultima ratio, um auch noch die letzten Reserven für seinen Krieg zu mobilisieren.

So kam es, daß im allgemeinen Untergang nicht nur Szálasi, sondern auch Doriot und Horia Sima doch noch große Karriere machten. Doriots Partei war nach der Kriegswende 1942/43 zu einer »Sekte verrannter Fanatiker«[62] verkümmert, deren Bedeutung höchstens noch darin lag, daß sie sich für nichts zu schade war und auch die übelsten Aufträge der deutschen Herren erledigte – bis hin zum gezielten Mord an Widerstandskämpfern und zur Mitwirkung an der Deportation der französischen Juden. Ihr Kollaborationseifer ließ auch nach der alliierten Landung in der Normandie nicht nach; im Gegenteil: Doriot rief seine Weggefährten zum letzten Gefecht und hätte wohl tatsächlich einen Guerilla-Krieg gegen die Alliierten eröffnet, wären die Deutschen nicht dagegen gewesen. Nach weiteren vergeblichen Versuchen, eine Art militärischen Widerstand zu entfachen, setzte er sich im September 1944 nach Deutschland ab, wo die NS-Führung mittlerweile an der Bildung einer neuen französischen Regierung arbeitete; die alte von Vichy hatte sich nämlich kurz zuvor zerstreut. Doriot war zunächst nur einer von mehreren, die für die Nachfolge in Frage kamen. Er machte aber schließlich das Rennen, weil er skrupelloser und willfähriger war als die anderen Kandidaten, die sich zierten und auch zögerten, offen mit Vichy zu brechen und eine ganz von Hitler abhängige Kollaborationsregierung zu bilden.

Hitlers letzter Mann in Rumänien saß im Konzentrationslager, als auch in seiner Heimat plötzlich Bedarf an einer neuen Regierung bestand. Horia Sima war nach Antonescus Vernichtungsschlag gegen die Eiserne Garde im Januar 1941 zunächst nach Deutschland geflohen und dort auf Drängen des Militärdiktators inhaftiert worden. 1942 hatte er sich nach Italien abgesetzt, war aber sofort gefaßt und wieder in das Reich zurückgeschickt worden, wo man ihn nach Sachsenhausen steckte. Auch die anderen Legionäre, die 1941 mit Horia Sima ihre Heimat verlassen hatten, wurden in Konzentrationslager geschickt, wie überhaupt zu sagen ist, daß die Eiserne Garde 1944 alles andere als ein politischer Faktor war.

Das änderte sich im August 1944. Hitler brauchte nun einen Politiker, den er der nach Antonescus Entmachtung gebildeten Regierung von General Sanatescu entgegenstellen konnte, die Deutschland den Krieg erklärt hatte. Horia Sima war dafür nicht nur der rechte Mann, sondern der einzige, der sich finden ließ und von dem man hoffen konnte, daß er wenigstens einen kleinen Teil der rumänischen Kräfte bei der Stange zu halten vermochte. Der Führer der Legion wurde deshalb eilends aus dem KZ entlassen, von Ribbentrop persönlich instruiert und dann mit seinen ebenfalls reaktivierten Genossen nach Wien in Marsch gesetzt, wo er sein Hauptquartier aufschlug und sofort eine fieberhafte Tätigkeit entfaltete, die insbesondere auf die Etablierung einer Regierung unter seiner Führung gerichtet war. Im Dezember 1944 hatte er dieses Ziel endlich erreicht; heimatlichen Boden betrat die Regierung freilich nicht mehr.[63]

Das letzte Aufgebot der faschistischen Kriegsallianz vermochte nichts mehr zu retten. Es richtete aber auch in der Endphase des Krieges noch unermeßlichen Schaden an, als Vernunft und Moral schon längst dafür sprachen, nun endlich die Verfolgung der Regimegegner und »inneren Feinde« einzustellen und die Waffen ruhen zu lassen. Insbesondere Hitler gab keine Ruhe. Sein Terror, der sich bis dahin vor allem gegen andere Völker gerichtet hatte, tobte nun im eigenen Land. Wer sich im falschen Augenblick aus der Deckung wagte, eine regimekritische oder auch nur unbedachte Bemerkung machte, seine Heimat vor der Zerstörung bewahren wollte oder sonst etwas tat, was das Regime als hinderlich betrachten konnte, »der wurde von der

Mordwelle verschluckt, ›umgelegt‹, ›abgeknallt‹, erhängt und erschlagen – ebenso wie nun noch einmal Tausende von kriegsmüden Soldaten, Häftlingen, Zwangsarbeitern und Kriegsgefangenen«[64]. Die Geschichte, hat Klaus-Dietmar Henke geschrieben, »kennt nicht allzu viele Beispiele für eine Staatsführung, die ihre destruktiven Energien derart ungezügelt gegen die eigene Nation schießen ließ«[65].

Doriot dagegen schrieb höchstens eine Fußnote in der Geschichte des untergehenden Faschismus; er stritt von der Insel Mainau im Bodensee aus letztlich ja nur über den Äther für seinen Endsieg. Anders fällt die Schlußbilanz bei Horia Sima und Szálasi aus, die – wie Hitler – bis zuletzt Gefangene ihres Fanatismus blieben. Horia Sima plante Sabotageakte, schickte seine Legionäre auf riskante Fallschirmeinsätze hinter den feindlichen Linien und baute mit einigen tausend Soldaten eine nationalrumänische Armee auf, die sogar noch zum Einsatz kam – und bitter bezahlte für den Wahn ihres »Căpitan«.[66]

Szálasi blieb nicht einmal ein halbes Jahr, um zu beweisen, was in ihm steckte. Es waren schreckliche Monate, die alles in den Schatten stellten, was im autoritären Horthy-Regime geschehen war. Schon die Etablierung seiner Regierung war von Ausschreitungen und wilden Exzessen begleitet, die freilich nur den Auftakt bildeten für den Taumel von Gewalt und Willkür, in dem die Herrschaft der Pfeilkreuzler schließlich unterging. Erneut waren es dabei vor allem die Juden, die das schlimmste Schicksal erwartete. Die im Juli 1944 gestoppten Deportationen wurden zwar nicht wieder aufgenommen – vor allem, weil die dazu nötige Infrastruktur zusammengebrochen war –, dafür begann aber eine Serie von Pogromen, die Tausende das Leben kostete, dafür sperrte man die Juden Budapests in ein Ghetto, in dem Nacht für Nacht der Terror der Pfeilkreuzler wütete, und dafür organisierten die Deutschen noch in den letzten Monaten »Todesmärsche von Juden in Richtung Österreich, [...] bei denen [ebenfalls] Tausende zugrunde gingen«[67]. Insgesamt, so Margit Szöllösi-Janze, belief sich die »Zahl der jüdischen Todesopfer unter dem Szálasi-Regime auf ungefähr 50000«[68].

Es war, so wird man abschließend sagen können, ein apokalyptisches Ende, das der Faschismus nicht nur in Ungarn nahm.

Ganz gleich, ob er von außen, von den Armeen der Anti-Hitler-Koalition niedergerungen wurde oder ob ihn nationale Befreiungsbewegungen in blutigem Bürgerkrieg von innen aushöhlten und schließlich zum Einsturz brachten – überall hinterließ der Faschismus nichts als Elend und Verwüstung, Leid und Tod. Das einzig Tröstliche daran war, daß sich dabei auch die Energien, die den Faschismus in seinen vielen Varianten angetrieben hatten, fast restlos verbrauchten – so wie sich Dynamit, wenn es explodiert, auch selbst vernichtet.

Konkret hieß das: Hitler verübte Selbstmord, Mussolini, Mussert und Quisling wurden hingerichtet, Szálasi, Degrelle und Pavelić verkrochen sich im Exil, und auch viele andere Aktivisten, die die faschistischen Regime und Bewegungen getragen und vor Ort repräsentiert hatten, verloren im Krieg ihr Leben oder fielen der tödlichen Vergeltung von Partisanen zum Opfer. Der Typus des Faschisten starb im Krieg aus und wuchs auch nicht mehr nach, weil das Reizklima, in dem er nach 1918 gediehen war, nicht mehr bestand: Militarismus und Nationalismus waren diskreditiert, die Soldaten des Zweiten Weltkriegs erschöpft und vielfach für immer geheilt. An Dolchstoß und Verrat glaubte ohnehin niemand; für solchen Selbstbetrug, den 1918 viele begingen, war angesichts des offenkundigen politischen und militärischen Bankrotts nach 1945 kein Platz.

Eine Renaissance des Faschismus stand aber auch deshalb nicht zu befürchten, weil seine Glaubenssätze jegliche Attraktivität verloren hatten. Die nationalistischen Leidenschaften, das vielleicht wichtigste Kraftreservoir, von dem die Faschismen lebten, waren weitgehend ausgeglüht. Der Rassismus hatte sich als mörderischer Wahn erwiesen, und selbst die Verachtung für Demokratie und Rechtsstaat hatte sich gelegt; als sie preisgegeben waren, hatten viele ja doch erkannt, wie teuer sie sind. Wer diese Lektion 1945 noch nicht begriffen hatte, erhielt Nachhilfe – in den großen Prozessen gegen Kriegsverbrecher, von den Schwurgerichten und Säuberungskommissionen, die überall in Europa den Versuch machten, die Verbrechen der faschistischen Regime, die Korruption der Bonzen und die Schäbigkeit der Mitläufer ans Licht zu bringen. Dabei handelte es sich um eine großangelegte gesellschaftliche Gewissenserforschung mittels Aufklärung, die

die kleinsten Dörfer so gut wie die wichtigsten Städte erfaßte und sich auch nicht nur auf die politischen Eliten, sondern auf die gesamte Gesellschaft erstreckte. Millionen waren in ganz Europa als Richter und Schöffen, Staatsanwälte und Verteidiger, Zeugen und Beobachter in diesen Großprozeß involviert. Sie gewannen dabei eine so genaue Vorstellung vom Ausmaß der Verbrechen und von der Hybris und Hohlheit der Faschismen, daß nur noch ewig Unbelehrbaren der Sinn nach einer Wiederholung stand.

Selbst wenn der Faschismus die Gefahr einer Wiederbelebung nicht – nolens volens – aus eigener Kraft gebannt hätte, wäre eine Neuauflage nach 1945 dennoch wenig chancenreich gewesen, denn Europa war nach dem Zweiten Weltkrieg nicht mehr sich selbst überlassen – seinen unheilvollen Traditionsbeständen, Konflikten und ideologischen Tollheiten, die den Kontinent seit Jahrhunderten in Atem gehalten hatten. Es war geteilt und stand östlich wie westlich des Eisernen Vorhangs unter der Aufsicht der neuen Großmächte, die Anpassung an ihre Linie verlangten und faschistischen Experimenten schnell einen Riegel vorgeschoben hätten. Auch deshalb war die Epoche des Faschismus 1945 definitiv vorbei. Der Schoß ist fruchtbar nicht, hätte Bertolt Brecht also sagen müssen, um die historische Wirklichkeit zu treffen.

Anmerkungen

Rom, 28. Oktober 1922

1 Das Gemälde trägt den Titel ›La Prima Ondata‹ und befindet sich im Besitz der Banca Toscana in Florenz, die mir dankenswerterweise eine farbige Reproduktion zur Verfügung gestellt hat.

2 Vgl. Renzo De Felice, Mussolini il rivoluzionario 1883–1920. Turin 1965; ders., Mussolini il fascista. Bd. 1: La conquista del potere 1921–1925. Turin 1966; Dennis Mack Smith, Mussolini. Eine Biographie. München, Wien 1983.

3 Adrian Lyttelton, La conquista del potere. Il fascismo dal 1919 al 1929. Rom, Bari 1974, S. 138.

4 Angelo Tasca, Glauben, gehorchen, kämpfen. Aufstieg des Faschismus. Wien u.a. 1969, S. 344. Vgl. auch Italo Balbo, Der Marsch auf Rom (Tagebuch der Revolution 1922). Leipzig 1933.

5 Vgl. Antonino Répaci, La marcia su Roma. Mito e realtà. 2 Bde. Rom 1963.

6 Harry Graf Kessler, Tagebücher 1918–1937. Hg. von Wolfgang Pfeiffer-Belli. Frankfurt a.M. 1961, S. 343.

Kapitel 1

1 Lyttelton, La conquista del potere, S. 14; Federico Chabod, Die Entstehung des neuen Italien. Von der Diktatur zur Republik. Reinbek 1965; Gaetano Salvemini, Le origini del fascismo in Italia. Lezioni di Harvard. 5. Aufl. Mailand 1979; Roberto Vivarelli, Storia delle origini del fascismo. L'Italia della grande guerra alla marcia su Roma. 2 Bde. Bologna 1991.

2 Vgl. Nicola Tranfaglia, La prima guerra mondiale e il fascismo. Turin 1995, S. 131–146.

3 Eric Hobsbawm, Das Zeitalter der Extreme. Weltgeschichte des 20. Jahrhunderts. München, Wien 1995, S. 163.

4 Vgl. Tranfaglia, La prima guerra mondiale e il fascismo, S. 260.

5 Vgl. ebd., S. 183; Jens Petersen, Faschismus und Industrie 1919–1929. In: Gesellschaft. Beiträge zur Marxschen Theorie 7. Frankfurt a.M. 1976, S. 164.

6 Vgl. Vivarelli, Storia delle origini del fascismo, Bd. 2, S. 428–473.

7 Vgl. ebd., S. 211–428; Tasca, Glauben, gehorchen, kämpfen, S. 115.

8 Vgl. ebd., S. 119.

9 Ebd., S. 122.

10 Hobsbawm, Zeitalter der Extreme, S. 165.

11 Vgl. De Felice, Mussolini il rivoluzionario, S. 500–520; Lyttelton, La conquista del potere, S. 71–80.

12 Vgl. Mack Smith, Mussolini, S. 74.

13 Vgl. Roger Engelmann, Regionalismus und Zentralismus in der faschistischen Bewegung Italiens. In: Horst Möller, Andreas Wirsching und Walter Ziegler (Hg.), Nationalsozialismus in der Region. Beiträge zur regionalen und lokalen Forschung und zum internationalen Vergleich. München 1996, S. 308.

14 Ebd.; ders., Provinzfaschismus in Italien. Politische Gewalt und Herrschaftsbildung in der Marmorregion Carrara 1921–1924. München 1992.

15 Vgl. Jens Petersen, Das Problem der Gewalt im italienischen Faschismus, 1919–1925. In: Wolfgang J. Mommsen und Gerhard Hirschfeld (Hg.), Sozialprotest, Gewalt, Terror. Gewaltanwendung durch politische und gesellschaftliche Randgruppen im 19. und 20. Jahrhundert. Stuttgart 1982, S. 325–348; Adrian Lyttelton, Faschismus und Gewalt: Sozialer Konflikt und politische Aktion in Italien nach dem Ersten Weltkrieg. In: Ebd., S. 303–324.

16 Vgl. De Felice, Mussolini il fascista, Bd. 1, S. 5–11; Tasca, Glauben, gehorchen, kämpfen, S. 155.

17 Engelmann, Regionalismus und Zentralismus in der faschistischen Bewegung Italiens, S. 309.

18 Vgl. Hans-Ulrich Thamer und Wolfgang Wippermann, Faschistische und neofaschistische Bewegungen. Probleme empirischer Faschismusforschung. Darmstadt 1977, S. 193.

19 Vgl. Lyttelton, La conquista del potere, S. 88–90.

20 Vgl. Stanley G. Payne, A History of Fascism 1914–1945. London 1995, S. 99.

21 Vgl. Emilio Gentile, Storia del Partito Fascista 1919–1922. Movimento e Milizia. Rom, Bari 1989, Kap. IV, V, VI.

22 Vgl. De Felice, Mussolini il fascista, Bd. 1, passim.

23 Vgl. ebd., S. 270–274.

24 Vgl. Giorgio Amendola, Der Antifaschismus in Italien. Ein Interview von Piero Melograni. Stuttgart 1977, S. 74; Salvemini, Le origini del fascismo in Italia, S. 163–176.

25 Vgl. De Felice, Mussolini il fascista, Bd. 1, S. 375–380; Tasca, Glauben, gehorchen, kämpfen, S. 356.

26 Zit. nach Mack Smith, Mussolini, S. 103.

27 Vgl. Petersen, Faschismus und Industrie 1919–1929, S. 164.

28 Vgl. De Felice, Mussolini il fascista, Bd. 1, S. 117.

29 Vgl. Alberto Acquarone, L'organizzazione dello Stato totalitario. Turin 1965, S. 15 und 37ff.

30 Vgl. De Felice, Mussolini il fascista, Bd. 1, S. 568–587; Jens Petersen, Wählerverhalten und soziale Basis des Faschismus in Italien zwischen 1919 und 1928. In: Wolfgang Schieder (Hg.), Faschismus als soziale Bewegung.

Deutschland und Italien im Vergleich. 2. Aufl. Göttingen 1983, S. 119–156.

31 Vgl. Wolfgang Schieder, Der Strukturwandel der faschistischen Partei Italiens in der Phase der Herrschaftsstabilisierung. In: Ebd., S. 80.

32 Vgl. ebd., S. 81f.

33 Vgl. De Felice, Mussolini il fascista, Bd. 1, S. 619–730; Tranfaglia, La prima guerra mondiale e il fascismo, S. 341–350.

34 Zit. nach De Felice, Mussolini il fascista, Bd. 1, S. 721.

35 Vgl. Acquarone, L'organizzazione dello Stato totalitario, S. 48f.

36 Vgl. ebd., S. 95–98.

37 Vgl. ebd., S. 98–108.

38 Vgl. Mack Smith, Mussolini, S. 164–167; Acquarone, L'organizzazione dello Stato totalitario, S. 65, 162 und 541.

39 Vgl. Marco Palla, Mussolini e il fascismo. Florenz 1993, S. 72–80.

40 Vgl. Acquarone, L'organizzazione dello Stato totalitario, S. 112–147.

41 Vgl. August Bernhard Hasler, Das Duce-Bild in der faschistischen Literatur. In: Quellen und Forschungen aus italienischen Archiven und Bibliotheken 60 (1980), S. 420–506; Jens Petersen, Mussolini: Wirklichkeit und Mythos eines Diktators. In: Karl-Heinz Bohrer (Hg.), Mythos und Moderne. Frankfurt a. M. 1983, S. 242–261.

42 Vgl. Tranfaglia, La prima guerra mondiale e il fascismo, S. 418–420; Pietro Scoppola, Chiesa e fascismo. Documenti e interpretazioni. Rom, Bari 1971.

43 Vgl. Renzo De Felice, Mussolini il fascista. Bd. 2: L'organizzazione dello Stato fascista 1925–1929. Turin 1968, S. 363; Lyttelton, La conquista del potere, S. 478.

44 Zit. nach Ernst Nolte, Der Faschismus. Von Mussolini zu Hitler. München 1968, S. 45f.

45 Mack Smith, Mussolini, S. 265.

46 Vgl. Vera Torunsky, Der Korfu-Konflikt von 1923. Großmachtinteressen und das System der kollektiven Sicherheit. In: Jost Dülffer, Hans-Otto Mühleisen, Vera Torunsky, Inseln als Brennpunkte internationaler Politik. Konfliktbewältigung im Wandel des internationalen Systems 1890–1984: Kreta, Korfu, Zypern. Köln 1986, S. 60–96.

47 Zit. nach Mack Smith, Mussolini, S. 156.

48 Vgl. Ennio Di Nolfo, Mussolini e la politica estera italiana 1919–1933. Padua 1960; Jens Petersen, Die Außenpolitik des faschistischen Italien als historiographisches Problem. In: VfZ 22 (1974), S. 417–457.

49 Vgl. Angelo Del Boca, Gli italiani in Libia. 2 Bde., Rom, Bari 1986, 1988; ders. (Hg.), Le Guerre Coloniali del Fascismo. Rom, Bari 1991; ders., Le leggi razziali nell'impero di Mussolini. In: Angelo Del Boca, Massimo Legnani und Mario G. Rossi (Hg.), Il regime fascista. Storia e storiografia. Rom, Bari 1995, S. 329–351.

Kapitel 2

1 Ernst Nolte, Der Faschismus in seiner Epoche. Action française. Italienischer Faschismus. Nationalsozialismus. München 1963.

2 Payne, A History of Fascism 1914–1945; ders., Fascism. Comparison and Definition. Madison, Wi. 1980; vgl. auch Enzo Collotti, Fascismo, Fascismi. Florenz 1989; Eugen Weber, Varieties of Fascism. Doctrines of Revolution in the Twentieth Century. Princeton, New Jersey 1964.

3 Wolfang Schieder, War Hitlers Diktatur faschistisch? In: Wissenschaftskolleg – Institute for Advanced Study – zu Berlin, Jahrbuch 1985/86. Berlin 1987, S. 83.

4 Vgl. Ernst Nolte (Hg.), Theorien über den Faschismus. Köln, Berlin 1967; Richard Saage, Faschismustheorien. Eine Einführung. München 1976; Karl Dietrich Bracher, Zeitgeschichtliche Kontroversen. Um Faschismus, Totalitarismus, Demokratie. München 1976; Totalitarismus und Faschismus. Eine wissenschaftliche und politische Begriffskontroverse. München, Wien 1980.

5 Zit. nach Ernst Nolte, Die Krise des liberalen Systems und die faschistischen Bewegungen. München 1968, S. 11.

6 Vgl. Hermann Graml, Europas Weg in den Krieg. Hitler und die Mächte 1939. München 1990, S. 48f.

7 Zit. nach Nolte, Die Krise des liberalen Systems, S. 58.

8 Hobsbawm, Zeitalter der Extreme, S. 147–150.

9 Ebd., S. 149.

10 Vgl. Arnd Bauerkämper, Die »radikale Rechte« in Großbritannien. Nationalistische, antisemitische und faschistische Bewegungen vom späten 19. Jahrhundert bis 1945. Göttingen 1991, S. 153–159.

11 Vgl. Klaus-Jürgen Müller, Protest – Modernisierung – Integration. Bemerkungen zum Problem faschistischer Phänomene in Frankreich 1924–1934. In: Francia Bd. 8 (1980), München 1981, S. 465–524; ders., Die französische Rechte und der Faschismus in Frankreich 1924–1932. In: Dirk Stegmann, Bernd-Jürgen Wendt und Peter-Christian Witt (Hg.), Industrielle Gesellschaft und politisches System. Beiträge zur politischen Sozialgeschichte. Bonn 1978, S. 413–430; Robert Soucy, French Fascism: The First Wave, 1924–1933. New Haven, London 1986; Andreas Wirsching, Vom Weltkrieg zum Bürgerkrieg? Politischer Extremismus in Deutschland und Frankreich 1918–1933/39. Berlin und Paris im Vergleich. München 1999, S. 289ff.

12 Müller, Protest – Modernisierung – Integration, S. 497.

13 Vgl. Margit Szöllösi-Janze, Die Pfeilkreuzlerbewegung in Ungarn. Historischer Kontext, Entwicklung und Herrschaft. München 1989; Wolfgang Wippermann, Europäischer Faschismus im Vergleich (1922–1982). Frankfurt a. M. 1983, S. 91–96.

14 Nicholas M. Nagy-Talavera, The Green Shirts and the Others. A History of Fascism in Hungary and Rumania. Stanford, Ca. 1970, S. 51f. und 70–75.
15 Szöllösi-Janze, Pfeilkreuzlerbewegung, S. 60.
16 Vgl. Armin Heinen, Die Legion »Erzengel Michael« in Rumänien. Soziale Bewegung und politische Organisation. Ein Beitrag zum Problem des internationalen Faschismus. München 1986; Martin Broszat, Die Eiserne Garde und das Dritte Reich. Zum Problem des Faschismus in Ostmitteleuropa. In: Politische Studien 101 (1958), S. 628–636.
17 Vgl. Heinen, Legion »Erzengel Michael«, S. 130–139.
18 Ebd., S. 149.
19 Ladislaus Hory und Martin Broszat, Der kroatische Ustascha-Staat 1941–1945. Stuttgart 1964, S. 16.
20 Vgl. Jerzy W. Borejsza, Il Fascismo e l'Europa Orientale. Dalla propaganda all'aggressione. Rom, Bari 1981, S. 111–113.
21 Zit. nach Bernd Nellessen, José Antonio Primo de Rivera. Der Troubadour der spanischen Falange. Stuttgart 1965, S. 8.
22 Vgl. ders., Die verbotene Revolution. Aufstieg und Niedergang der Falange. Hamburg 1963, S. 41.
23 Vgl. Thamer und Wippermann, Faschistische und neofaschistische Bewegungen, S. 22–54.
24 Vgl. António Costa Pinto, Der Zusammenbruch der portugiesischen Demokratie in der Zwischenkriegszeit. In: Fernando Rosas (Hg.), Vom Ständestaat zur Demokratie. Portugal im zwanzigsten Jahrhundert. München 1997, S. 27.
25 Vgl. Francis L. Carsten, Faschismus in Österreich. Von Schönerer zu Hitler. München 1977.
26 Vgl. Walter Wiltschegg, Die Heimwehr. Eine unwiderstehliche Volksbewegung? München 1985; C. Earl Edmondson, The Heimwehr and Austrian Politics 1918–1936. Athens 1978.
27 Carsten, Faschismus in Österreich, S. 104.
28 Vgl. ebd., S. 67–80 und 131–155.
29 Vgl. Gerhard Botz, Soziale »Basis« und Typologie der österreichischen Faschismen im innerösterreichischen und europäischen Vergleich. In: Jahrbuch für Zeitgeschichte 1980/81. Wien 1982, S. 33.
30 Zit. nach Carsten, Faschismus in Österreich, S. 152.
31 Hobsbawm, Zeitalter der Extreme, S. 124.
32 Die Tagebücher von Joseph Goebbels. Sämtliche Fragmente. Teil I: Aufzeichnungen 1924–1941. Bd. 1: 27. 6. 1924 – 31. 12. 1930. Hg. von Elke Fröhlich im Auftrag des Instituts für Zeitgeschichte und in Verbindung mit dem Bundesarchiv. München u.a. 1987, S. 486 und 626.
33 Zit. nach Renzo De Felice, Mussolini il duce. Bd. 1: Gli anni del consenso 1929–1936. Turin 1974, S. 553.

[34] Zit. nach ebd., S. 551f.
[35] Zit. nach ebd., S. 542f.
[36] Zit. nach ebd., S. 544.
[37] In: Gewissen, 6. 11. 1922. Vgl. Wolfgang Schieder, Das italienische Experiment. Der Faschismus als Vorbild in der Krise der Weimarer Republik. In: HZ 262 (1996), S. 73–125.
[38] Vgl. Konrad Kwiet, Zur Geschichte der Mussert-Bewegung. In: VfZ 18 (1970), S. 164–195.
[39] Vgl. ebd., S. 169f.
[40] Vgl. Bauerkämper, Die »radikale Rechte« in Großbritannien, S. 159–173.
[41] Vgl. N. Nicolson, Harold Nicolson. Diaries and Letters 1930–1939. London 1966.
[42] Vgl. Bauerkämper, Die »radikale Rechte« in Großbritannien, S. 197ff.
[43] Vgl. Stanley G. Payne, Falange. A History of Spanish Fascism. Stanford, Ca. 1961, S. 10–20; Nellessen, Die verbotene Revolution, S. 49–64.
[44] Vgl. Ernst Nolte, Die faschistischen Bewegungen. Die Krise des liberalen Systems und die Entwicklung der Faschismen. 5. Aufl. München 1975, S. 302; Costa Pinto, Der Zusammenbruch der portugiesischen Demokratie in der Zwischenkriegszeit, S. 25ff.
[45] Vgl. Jorma Kalela, Right-Wing Radicalism in Finland during the interwar period. In: Scandinavian Journal of History 1 (1976), S. 105–124; A.F. Upton, Finland. In: Stuart J. Woolf, European Fascism. London 1968, S. 184–216.
[46] Vgl. Nolte, Faschistische Bewegungen, S. 237–239.
[47] Vgl. Wiltschegg, Die Heimwehr, S. 178f.
[48] Hans Habe, Ich stelle mich. Meine Lebensgeschichte. München, Berlin 1986, S. 236.
[49] Vgl. Wippermann, Europäischer Faschismus im Vergleich (1922–1982), S. 84.
[50] Vgl. Heinen, Legion »Erzengel Michael«, S. 220–222.
[51] Vgl. Hory und Broszat, Der kroatische Ustascha-Staat, S. 20–25.
[52] Vgl. Schieder, Das italienische Experiment, S. 108f.; Borejsza, Il Fascismo e l'Europa Orientale, S. 129.
[53] Vgl. ebd., S. 47–53 und 124.
[54] Zit. nach Federico Scarano, Mussolini e la Repubblica di Weimar. Le relazioni diplomatiche tra Italia e Germania dal 1927 al 1933. Neapel 1996, S. 213f.
[55] Vgl. Borejsza, Il Fascismo e l'Europa Orientale, S. 110–112.
[56] Vgl. Scarano, Mussolini e la Repubblica di Weimar, S. 189f.; Alan Cassels, Mussolini and German Nationalism 1922–25. In: Journal of Modern History 35 (1963), Nr. 2, S. 150ff.; Meir Michaelis, I rapporti tra fascismo e nazismo prima dell'avvento di Hitler al potere (1922–1933). Parte Prima: 1922–1928. In: Rivista storica italiana, September 1973, S. 544–600.
[57] Vgl. Bauerkämper, Die »radikale Rechte« in Großbritannien, S. 226–228.

[58] Zit. nach De Felice, Mussolini il duce, Bd. 1, S. 592.

[59] Vgl. Lajos Kerekes, Abenddämmerung einer Demokratie. Mussolini, Gömbös und die Heimwehr. Wien u.a. 1966, S. 119–125; Scarano, Mussolini e la Repubblica di Weimar, S. 111, 174 und 469f.; Enzo Collotti, Fascismo e Heimwehren: la lotta antisocialista nella crisi della prima repubblica austriaca. In: Rivista di Storia contemporanea 12 (1983), S. 301–337.

[60] Vgl. Renzo De Felice, Mussolini e Hitler. I rapporti segreti (1922–1933). Florenz 1983.

[61] Vgl. Hans Woller, Machtpolitisches Kalkül oder ideologische Affinität? Zur Frage des Verhältnisses zwischen Mussolini und Hitler vor 1933. In: Wolfgang Benz, Hans Buchheim, Hans Mommsen (Hg.), Der Nationalsozialismus. Studien zur Ideologie und Herrschaft. Frankfurt a.M. 1993, S. 42–63.

Kapitel 3

[1] Zit. nach Volker Ullrich, Die nervöse Großmacht. Aufstieg und Untergang des deutschen Kaiserreichs 1871–1918. Frankfurt a.M. 1997, S. 194.

[2] Joachim C. Fest, Hitler. Eine Biographie. Bd. 1, Frankfurt a.M. u.a. 1976, S. 149.

[3] Vgl. Fritz Stern, Kulturpessimismus als politische Gefahr. Bern u.a. 1963.

[4] Ullrich, Nervöse Großmacht, S. 377.

[5] Martin Broszat, Die Machtergreifung. Der Aufstieg der NSDAP und die Zerstörung der Weimarer Republik. München 1984, S. 68.

[6] Vgl. Statistisches Jahrbuch für das Deutsche Reich, 44. Jahrgang 1924/25. Berlin 1925, S. 24–28.

[7] Norbert Elias, Studien über die Deutschen. Machtkämpfe und Habitusentwicklung im 19. und 20. Jahrhundert. Hg. von Michael Schröter. Frankfurt a.M. 1989, S. 259.

[8] Vgl. Broszat, Machtergreifung, S. 71.

[9] Vgl. Horst Möller, Weimar. Die unvollendete Demokratie. 6. Aufl. München 1997, S. 134ff.

[10] Broszat, Machtergreifung, S. 74.

[11] Vgl. Detlev J. K. Peukert, Die Weimarer Republik. Krisenjahre der Klassischen Moderne. Frankfurt a.M. 1987, S. 46–52.

[12] Ebd., S. 16.

[13] Heinrich August Winkler, Weimar 1918–1933. Die Geschichte der ersten deutschen Demokratie. 2. Aufl. München 1994, S. 144.

[14] Vgl. Broszat, Machtergreifung, S. 76.

[15] Vgl. Hans Mommsen, Die verspielte Freiheit. Der Weg der Republik von Weimar in den Untergang 1918 bis 1933. Berlin 1989, S. 94.

[16] Vgl. Hellmuth Auerbach, Hitlers politische Lehrjahre und die Münchener Gesellschaft 1919–1923. Versuch einer Bilanz anhand der neueren Forschung. In: VfZ 25 (1977), S. 1–45.

[17] Brigitte Hamann, Hitlers Wien. Lehrjahre eines Diktators. München, Zürich 1996, S. 261.

[18] Vgl. Hans-Ulrich Thamer, Verführung und Gewalt. Deutschland 1933–1945. Berlin 1986, S. 90.

[19] Broszat, Machtergreifung, S. 16.

[20] Vgl. Hamann, Hitlers Wien.

[21] Vgl. ebd., S. 337–364.

[22] Vgl. Ian Kershaw, Hitlers Macht. Das Profil der NS-Herrschaft. München 1992, S. 40ff.

[23] Zit. nach Fest, Hitler, Bd. 1, S. 293.

[24] Philippe Burrin, Hitler und die Juden. Die Entscheidung für den Völkermord. Frankfurt a.M. 1993, S. 22.

[25] Fest, Hitler, Bd. 1, S. 297.

[26] Ebd., S. 296.

[27] Vgl. Martin Broszat, Zur Struktur der NS-Massenbewegung. In: VfZ 31 (1983), S. 59f.; Ernst von Salomon, Die Geächteten. Berlin 1930, S. 78f.

[28] Vgl. Peter Longerich, Die braunen Bataillone. Geschichte der SA. München 1989, S. 9–44.

[29] Ernst Deuerlein, Hitler. Eine politische Biographie. München 1969, S. 60.

[30] Winkler, Weimar, S. 223.

[31] Vgl. Sonja Noller und Hildegard von Kotze (Hg.), Facsimile Querschnitt durch den Völkischen Beobachter. München 1967, S. 6.

[32] Vgl. Ernst Hanfstaengl, Zwischen Weißem und Braunem Haus. Erinnerungen eines politischen Außenseiters. München 1970, S. 132; Karl Alexander von Müller, Erinnerungen. Bd. 3: Im Wandel einer Welt. 1919–1932. München 1966, S. 162.

[33] Zit. nach Broszat, Machtergreifung, S. 28.

[34] Vgl. Hermann Graml, Europa zwischen den Kriegen. München 1969, S. 173–236.

[35] Vgl. Gotthard Jasper, Die gescheiterte Zähmung. Wege zur Machtergreifung Hitlers 1930–1934. Frankfurt a.M. 1986, S. 70.

[36] Vgl. Reinhard Kühnl, Zur Programmatik der nationalsozialistischen Linken: Das Strasser-Programm von 1925/26. In: VfZ 14 (1966), S. 317–333.

[37] Vgl. Helmut Heiber, Joseph Goebbels. 2. Aufl. München 1974, S. 49ff.; zur Geschichte der NSDAP nach ihrer Wiedergründung 1925 vgl. vor allem die vom Institut für Zeitgeschichte herausgegebenen insgesamt 12 Bände: Hitler. Reden, Schriften, Anordnungen. Februar 1925 bis Januar 1933. München 1992–1998.

[38] Ian Kershaw, Der Hitler-Mythos. Volksmeinung und Propaganda im Dritten Reich. Stuttgart 1980, S. 25 und 27.

[39] Peukert, Weimarer Republik, S. 227.

[40] Vgl. Albrecht Tyrell (Hg.), Führer befiehl... Selbstzeugnisse aus der ›Kampf-

zeit‹ der NSDAP. Dokumentation und Analyse, Düsseldorf 1969, S. 352; Peter Manstein, Die Mitglieder und Wähler der NSDAP 1919–1933. Untersuchungen zu ihrer schichtenmäßigen Zusammensetzung. Frankfurt a.M. 1990.

41 Vgl. Heinrich August Winkler, Der Weg in die Katastrophe. Arbeiter und Arbeiterbewegung in der Weimarer Republik 1930–1933. Berlin, Bonn 1987, S. 24.

42 Broszat, Machtergreifung, S. 95.

43 Jürgen Falter u. a., Wahlen und Abstimmungen in der Weimarer Republik. Materialien zum Wahlverhalten. München 1986, S. 41 und 44.

44 Möller, Weimar, S. 85.

45 Vgl. Winkler, Weimar, S. 389; Peukert, Weimarer Republik, S. 235.

46 Vgl. vor allem Jürgen W. Falter, Hitlers Wähler. München 1991; Gerhard Paul, Aufstand der Bilder. Die NS-Propaganda vor 1933. Bonn 1990.

47 Broszat, Zur Struktur der NS-Massenbewegung, S. 66.

48 Wolfgang Schieder, Die NSDAP vor 1933. Profil einer faschistischen Partei. In: Geschichte und Gesellschaft 19 (1993), S. 152.

49 Vgl. Christian Hartmann, Die NSDAP als militärischer Faktor vor 1933 (Ms.).

50 Vgl. Broszat, Machtergreifung, S. 101.

51 Vgl. Hans Mommsen, Regierung ohne Parteien. Konservative Pläne zum Verfassungsumbau am Ende der Weimarer Republik. In: Heinrich August Winkler (Hg.), Die deutsche Staatskrise 1930–1933. Handlungsspielräume und Alternativen. München 1992, S. 1–18, und Mommsens Diskussionsbeitrag (S. 55).

52 Vgl. Hermann Graml, Präsidialsystem und Außenpolitik. In: VfZ 21 (1973), S. 134–145; ders., Probleme einer Hitler-Biographie. Kritische Bemerkungen zu Joachim C. Fest. In: VfZ 22 (1974), S. 84; Karl Dietrich Bracher, Brünings unpolitische Politik und die Auflösung der Weimarer Republik. In: VfZ 19 (1971), S. 113–123.

53 Winkler, Weimar, S. 604.

54 Wie Anm. 52 und Jasper, Gescheiterte Zähmung, S. 41, 60 und 64.

55 Vgl. ebd., S. 83ff.

56 Gordon A. Craig, Deutsche Geschichte 1866–1945. Vom Norddeutschen Bund bis zum Ende des Dritten Reiches. 2. Aufl. München 1980, S. 494.

57 Vgl. Henry A. Turner, Hitlers Weg zur Macht. Der Januar 1933. München 1996, S. 32.

58 Vgl. ebd., S. 109ff.

59 Vgl. Udo Kissenkoetter, Gregor Straßer und die NSDAP. Stuttgart 1978, S. 123ff.

60 Vgl. vor allem Turner, Hitlers Weg zur Macht, passim.

61 Vgl. Fest, Hitler, Bd. 1, S. 473ff.

62 Vgl. Turner, Hitlers Weg zur Macht, und Kissenkoetter, Gregor Straßer.
63 Zit. nach Thamer, Verführung und Gewalt, S. 14.
64 Bericht von Giuseppe Renzetti, 31. Januar 1933. In: BA Koblenz, NL Renzetti, Nr. 12.
65 Schieder, Das italienische Experiment, S. 84.
66 Zit. nach ebd., S. 104.
67 Ebd., S. 93.
68 Zit. nach Walter Werner Pese, Hitler und Italien 1920–1926. In: VfZ 3 (1955), S. 113.
69 Hitlers Zweites Buch. Ein Dokument aus dem Jahr 1928. Eingeleitet und kommentiert von Gerhard L. Weinberg. Stuttgart 1961, S. 187; neue Ausgabe: Hitler. Reden, Schriften, Anordnungen. Februar 1925 bis Januar 1933. Hg. vom Institut für Zeitgeschichte, Bd. II A: Außenpolitische Standortbestimmung nach der Reichstagswahl Juni – Juli 1928. Hg. und kommentiert von Gerhard L. Weinberg, Christian Hartmann und Klaus A. Lankheit. München 1995.
70 Vgl. Schieder, War Hitlers Diktatur faschistisch?, S. 85f.; ders., Das italienische Experiment, S. 108–110.
71 Nolte, Der Faschismus. Von Mussolini zu Hitler, S. 45 f.
72 Graml, Europa zwischen den Kriegen, S. 226.
73 Vgl. De Felice, Mussolini e Hitler. I rapporti segreti (1922–1933), S. 47–124; zur breiten Rezeption des Faschismus in Deutschland vgl. Schieder, Das italienische Experiment, S. 73–125.
74 Klaus-Peter Hoepke, Die deutsche Rechte und der italienische Faschismus. Düsseldorf 1968, S. 278.
75 Vgl. Michaelis, I rapporti tra fascismo e nazismo prima dell'avvento di Hitler al potere (1922–1933), S. 565ff.
76 Vgl. Woller, Machtpolitisches Kalkül oder ideologische Affinität?, S. 42–63.
77 Ebd., S. 57ff.
78 Zit. nach Jens Petersen, Hitler–Mussolini. Die Entstehung der Achse Berlin–Rom 1933–1936. Tübingen 1973, S. 100f.
79 Bericht von Renzetti, 30. April 1932. In: BA Koblenz, NL Renzetti, Nr. 11.
80 Vgl. Berichte von Renzetti, 12. Juni und 25. Oktober 1932. In: BA Koblenz, NL Renzetti, Nr. 11.
81 Zit. nach Henry Picker, Hitlers Tischgespräche im Führerhauptquartier 1941–1942. Stuttgart 1963, S. 134.
82 Thamer, Verführung und Gewalt, S. 18.
83 Ebd., S. 19.

Kapitel 4

1 Hobsbawm, Zeitalter der Extreme, S. 170; vgl. dazu auch die Position von Collotti, Fascismo, fascismi, S. 23.

2 Zit. nach Stefano Eleuteri, Paneuropa und »Antieuropa«. Eine Zeitschrift zwischen europäischem Gedankengut und italienischem Faschismus (1929–1943). Magisterarbeit München 1995, S. 89.

3 Vgl. Statistisches Jahrbuch für das Deutsche Reich. 55. Jahrgang 1936. Berlin 1936, S. 335 ff.

4 Vgl. Nolte, Der Faschismus in seiner Epoche.

5 Zit. nach Hans-Dietrich Loock, Quisling, Rosenberg und Terboven. Zur Vorgeschichte und Geschichte der nationalsozialistischen Revolution in Norwegen. Stuttgart 1970, S. 68; Oddvar K. Hoidal, Quisling. A Study in Treason. Oxford 1989.

6 Loock, Quisling, S. 144.

7 Vgl. Martin Conway, Collaboration in Belgium. Léon Degrelle and the Rexist Movement 1940–1944. New Haven, London 1993, S. 1–20; Luc Schepens, Fascists and Nationalists in Belgium, 1919–1940. In: Stein Ugelvik Larsen, Bernt Hagtvet und Jan Petter Myklebust (Hg.), Who were the Fascists. Social Roots of European Fascism. Bergen, Oslo, Tromsø 1980, S. 501–516; Daniéle Wallef, The Composition of Christus Rex. In: Ebd., S. 517–523.

8 Schepens, Fascists and Nationalists in Belgium, S. 507.

9 Conway, Collaboration in Belgium, S. 14.

10 Vgl. Schepens, Fascists and Nationalists in Belgium, S. 510 f.

11 Vgl. S. 58 f.

12 Vgl. Wirsching, Vom Weltkrieg zum Bürgerkrieg?, S. 437–525; Zeev Sternhell, Ni droite ni gauche. L'idéologie fasciste en France. Paris 1983.

13 Vgl. Wirsching, Vom Weltkrieg zum Bürgerkrieg?

14 Vgl. Dieter Wolf, Die Doriot-Bewegung. Ein Beitrag zur Geschichte des französischen Faschismus. Stuttgart 1967, S. 19–62; Philippe Burrin, La dérive fasciste. Doriot, Déat, Bergery 1933–1945. Paris 1986.

15 Wolf, Doriot-Bewegung, S. 171.

16 Vgl. ebd., S. 131–183; Wilfried Loth, Geschichte Frankreichs im 20. Jahrhundert. Frankfurt a. M. 1995, S. 106.

17 Wolf, Doriot-Bewegung, S. 193.

18 Ebd., S. 231–308.

19 Nolte, Faschistische Bewegungen, S. 220.

20 Vgl. Borejsza, Il Fascismo e l'Europa Orientale, S. 133.

21 Payne, A History of Fascism 1914–1945, S. 278.

22 Vgl. ebd., S. 280.

23 Heinen, Legion »Erzengel Michael«, S. 321; ders., Faschismus als Reflex und Voraussetzung autoritärer Herrschaft in Rumänien. In: Geschichte und Gesellschaft 12 (1986), S. 139–162; ders., Rituelle Reinigung. Politische, soziale und kulturelle Bedingungsfaktoren faschistischer Gewalt in Rumänien. In: Christof Dipper, Rainer Hudemann und Jens Petersen (Hg.), Faschismus

und Faschismen im Vergleich. Wolfgang Schieder zum 60. Geburtstag. Köln 1998, S. 263–272.

24 Vgl. ders., Legion »Erzengel Michael«, S. 372f.

25 Vgl. Nolte, Faschistische Bewegungen, S. 208.

26 Vgl. Szöllösi-Janze, Pfeilkreuzlerbewegung, S. 103f.

27 Vgl. ebd., S. 220–250.

28 Dies., Horthy-Ungarn und die Pfeilkreuzlerbewegung. In: Geschichte und Gesellschaft 12 (1986), S. 175.

29 Ebd., S. 163.

30 Vgl. dies., Pfeilkreuzlerbewegung, S. 274–282.

31 Vgl. ebd., S. 250–282; Martin Broszat, Deutschland – Ungarn – Rumänien. Entwicklung und Grundfaktoren nationalsozialistischer Hegemonial- und Bündnispolitik 1938–1941. In: HZ 206 (1968), S. 45–96.

32 Vgl. Payne, Falange, S. 38–100; ders., Social Composition and Regional Strength of the Spanish Falange. In: Larsen, Hagtvet und Myklebust, Who were the Fascists, S. 423–434.

33 Zit. nach Nellessen, Verbotene Revolution, S. 84f.

34 Walther L. Bernecker, Spaniens ›verspäteter‹ Faschismus und der autoritäre ›Neue Staat‹ Francos. In: Geschichte und Gesellschaft 12 (1986), S. 193; Javier Tusell Gómez, Franchismo e fascismo. In: Del Boca, Legnani und Rossi, Il regime fascista, S. 57–92.

35 Vgl. Thamer und Wippermann, Faschistische und neofaschistische Bewegungen, S. 35–41.

36 Vgl. Juan Pablo Fusi, Franco. Spanien unter der Diktatur 1936–1975. München 1992, S. 34–61.

37 Zit. nach Nellessen, Verbotene Revolution, S. 145.

38 Vgl. ebd., S. 155–157.

39 Golo Mann, Deutsche Geschichte des 19. und 20. Jahrhunderts. Frankfurt a.M. 1966, S. 876.

40 Christoph Boyer und Jaroslav Kučera, Die Deutschen in Böhmen, die Sudetendeutsche Partei und der Nationalsozialismus. In: Möller, Wirsching und Ziegler, Nationalsozialismus in der Region, S. 277.

41 Vgl. Ronald M. Smelser, Die Henleinpartei. Eine Deutung. In: Karl Bosl (Hg.), Die Erste Tschechoslowakische Republik als multinationaler Parteienstaat. München, Wien 1979, S. 187–201; Ferdinand Seibt, Unterwegs nach München. Zur Formierung nationalsozialistischer Perspektiven unter den Deutschen in der Tschechoslowakei 1930–1938. In: Benz, Buchheim und Mommsen, Nationalsozialismus, S. 133–152.

42 Critica Fascista 11 (1933), 9, S. 174f.

43 Graml, Europa zwischen den Kriegen, S. 280.

44 Beate Dils, Der faschistische Universalismus in Italien 1928–1935. Magisterarbeit Trier 1993, S. 76, und dies., Italienischer Faschismus als ›Export‹-

Artikel (1927–1935). Ideologische und organisatorische Ansätze zur Verbreitung des italienischen Faschismus im Ausland. Dissertation Trier 1996.

[45] Vgl. Borejsza, Il Fascismo e l'Europa Orientale, S. 137.

[46] Pierre Milza und Serge Berstein, Le fascisme italien, 1919–1945. Paris 1980, S. 325.

[47] Zit. nach Eleuteri, Paneuropa und »Antieuropa«, S. 67.

[48] Dils, Der faschistische Universalismus, S. 161.

[49] Faschismus und Internationalismus. Beziehungen von PNF und NSDAP mit anderen Parteien der extremen Rechten in Europa. In: Faschismus in Österreich und international. Jahrbuch für Zeitgeschichte 1980/81, S. 121.

[50] Wolfgang Schieder, Faschismus und kein Ende? In: Neue politische Literatur XV (1970), S. 173.

[51] Dils, Der faschistische Universalismus, S. 162. Vgl. auch Michael Arthur Ledeen, L'internazionale fascista. Rom, Bari 1973, S. 151–162.

[52] Völkischer Beobachter (Norddeutsche Ausgabe), 19. 12. 1934, S. 4.

[53] Vgl. Bauerkämper, Die »radikale Rechte« in Großbritannien, S. 197; Heinen, Legion »Erzengel Michael«, S. 323f.

[54] Zu Montreux vgl. Ledeen, L'internazionale fascista, S. 151–162; Borejsza, Il Fascismo e l'Europa Orientale, S. 147–149.

[55] Vgl. Ledeen, L'internazionale fascista, S. 156–159.

[56] Vgl. ebd., S. 160.

[57] Vgl. ebd., S. 162f.

[58] Vgl. Botz, Soziale »Basis« und Typologie der österreichischen Faschismen, S. 33.

[59] Graml, Europa zwischen den Kriegen, S. 296.

[60] Vgl. Petersen, Hitler – Mussolini, S. 186–206.

[61] Vgl. ebd., S. 361–366.

[62] Vgl. ebd., S. 344–354.

[63] Zit. nach Manfred Funke, Sanktionen und Kanonen. Hitler, Mussolini und der internationale Abessinienkonflikt 1934–1936. Düsseldorf 1970, S. 28.

[64] Graml, Europas Weg in den Krieg, S. 80.

[65] Ludolf Herbst, Das nationalsozialistische Deutschland 1933–1945. Die Entfesselung der Gewalt: Rassismus und Krieg. Frankfurt a. M. 1996, S. 139.

[66] Petersen, Hitler – Mussolini, S. 399.

[67] Graml, Europas Weg in den Krieg, S. 87.

[68] Funke, Sanktionen und Kanonen, S. 7–14.

[69] Vgl. Tranfaglia, La prima guerra mondiale e il fascismo, S. 576–583; Mack Smith, Mussolini, S. 301; De Felice, Mussolini il duce, Bd. 1, S. 597–757.

[70] Vgl. ebd.

[71] Vgl. ebd., S. 524–533.

[72] Mack Smith, Mussolini, S. 296.

[73] Vgl. Funke, Sanktionen und Kanonen, S. 48–81.

74 Vgl. ebd., S. 82–117, und Esmonde M. Robertson, Hitler und die Sanktionen des Völkerbundes – Mussolini und die Besetzung des Rheinlands. In: VfZ 26 (1978), S. 237–264.
75 Vgl. Funke, Sanktionen und Kanonen, S. 108.
76 Vgl. ebd., S. 61.
77 Vgl. De Felice, Mussolini il duce, Bd. 1, S. 718–725; Anthony Eden, Angesichts der Diktatoren. Memoiren 1923–1938. Köln 1964, S. 345–368.
78 Vgl. Funke, Sanktionen und Kanonen, S. 102f. und 108ff.
79 Vgl. Eden, Angesichts der Diktatoren, S. 385ff.
80 Vgl. Graml, Europas Weg in den Krieg, S. 89.
81 Vgl. Wolfgang Schieder und Christof Dipper (Hg.), Der spanische Bürgerkrieg in der internationalen Politik 1936–1939. München 1976.
82 Vgl. Tranfaglia, La prima guerra mondiale e il fascismo, S. 605.
83 Vgl. Hans-Henning Abendroth, Die deutsche Intervention im Spanischen Bürgerkrieg. Ein Diskussionsbeitrag. In: VfZ 30 (1982), S. 117–129.
84 Vgl. Petersen, Hitler – Mussolini, S. 490ff. und 502.
85 Tranfaglia, La prima guerra mondiale e il fascismo, S. 608.

Kapitel 5
1 Vgl. Die Tagebücher von Joseph Goebbels. Sämtliche Fragmente. Teil I: Aufzeichnungen 1924–1941. Bd. 3: 1. 1. 1937–31. 12. 1939. Hg. von Elke Fröhlich im Auftrag des Instituts für Zeitgeschichte und in Verbindung mit dem Bundesarchiv. München u. a. 1987, S. 10, 13, 50, 74, 103, 109, 122, 126 und 128f.
2 Vgl. ebd., S. 130, 133, 163, 175, 177f., 182, 195 und 212.
3 Ebd., S. 284; vgl. auch S. 257, 279 und 282–284.
4 Ebd., S. 309.
5 Ebd., S. 312.
6 Jens Petersen, Vorspiel zu »Stahlpakt« und Kriegsallianz: Das deutsch-italienische Kulturabkommen vom 23. November 1938. In: VfZ 36 (1988), S. 48.
7 Ende 1936 wurde auch ein deutsch-italienischer Regierungsausschuß eingesetzt, der die Wirtschaftskooperation fördern sollte. Vgl. Maximiliane Rieder, Wirtschaftliche Aspekte der deutschen Besatzung in Italien. In: Jahrbuch des italienisch-deutschen historischen Instituts in Trient XIX (1993), S. 601f.
8 Vgl. Graml, Europas Weg in den Krieg, S. 96f.
9 Vgl. Boris Celovsky, Das Münchener Abkommen. Stuttgart 1958.
10 Graml, Europas Weg in den Krieg, S. 152.
11 Vgl. Saul Friedländer, Das Dritte Reich und die Juden. Bd. 1: Die Jahre der Verfolgung 1933–1939. München 1998; Hermann Graml, Reichskristallnacht. Antisemitismus und Judenverfolgung im Dritten Reich. München 1988.

[12] Vgl. Reinhard Rürup, Das Ende der Emanzipation: Die antijüdische Politik in Deutschland von der »Machtergreifung« bis zum Zweiten Weltkrieg. In: Arnold Paucker (Hg.), Die Juden im Nationalsozialistischen Deutschland. The Jews in Nazi Germany 1933–1945. Tübingen 1986, S. 113.

[13] Vgl. Magnus Brechtken, »Madagaskar für die Juden«. Antisemitische Idee und politische Praxis 1885–1945. München 1997.

[14] Mack Smith, Mussolini, S. 309.

[15] Vgl. Giorgio Rochat, L'impiego dei gas nella guerra d'Etiopia 1935–1936. In: Angelo Del Boca (Hg.), I gas di Mussolini. Il fascismo e la guerra d'Etiopia. Rom 1996, S. 60f.

[16] Nolte, Faschistische Bewegungen, S. 127.

[17] Referat von Jens Petersen. In: Der italienische Faschismus. Probleme und Forschungstendenzen. München, Wien 1983, S. 82.

[18] Zit. nach Del Boca, Le leggi razziali nell'impero di Mussolini, S. 339.

[19] Vgl. Tranfaglia, La prima guerra mondiale e il fascismo, S. 630.

[20] Enzo Collotti, Die Historiker und die Rassengesetze in Italien. In: Dipper, Hudemann und Petersen, Faschismus und Faschismen im Vergleich, S. 63.

[21] Katharina Weber, Die Judenpolitik unter Mussolini. In: Zeitgeschichte Nr. 1–2, 24. Jg. (1997), S. 7.

[22] Vgl. Renzo De Felice, Storia degli ebrei italiani sotto il fascismo. 7. Aufl. Turin 1993.

[23] Vgl. Collotti, Die Historiker und die Rassengesetze in Italien.

[24] Vgl. Martin Broszat, Faschismus und Kollaboration in Ostmitteleuropa zwischen den Weltkriegen. In: VfZ 14 (1966), S. 238.

[25] Vgl. ders., Deutschland – Ungarn – Rumänien. Entwicklung und Grundfaktoren nationalsozialistischer Hegemonial- und Bündnispolitik 1938–1941. In: HZ 206 (1968), S. 45–96.

[26] Vgl. Szöllösi-Janze, Pfeilkreuzlerbewegung, S. 61f.

[27] Zit. nach ebd., S. 61.

[28] Martin Broszat, Das deutsch-ungarische Verhältnis und die ungarische Judenpolitik in den Jahren 1938–1941. In: Gutachten des Instituts für Zeitgeschichte. Bd. 1. München 1958, S. 186.

[29] Vgl. Heinen, Legion »Erzengel Michael«, S. 359.

[30] Die Tagebücher von Goebbels. Sämtliche Fragmente, Teil I, Bd. 3, S. 392.

[31] Ebd., S. 656.

[32] Broszat, Das deutsch-ungarische Verhältnis und die ungarische Judenpolitik, S. 189f.

[33] Vgl. ders., Das Dritte Reich und die rumänische Judenpolitik. In: Gutachten des Instituts für Zeitgeschichte. Bd. 1. München 1958, S. 102–183.

[34] Zit. nach Mack Smith, Mussolini, S. 328.

[35] Galeazzo Ciano, Diario 1937–1943. Hg. von Renzo De Felice. Mailand 1990, S. 53f.

36 Graml, Europas Weg in den Krieg, S. 220. Vgl. auch Payne, A History of Fascism 1914–1945, S. 243.

37 Zit. nach Jerzy W. Borejsza, Italiens Haltung zum Deutsch-Polnischen Krieg. In: Wolfgang Benz und Hermann Graml (Hg.), Sommer 1939. Die Großmächte und der Europäische Krieg. Stuttgart 1979, S. 159.

38 Die Tagebücher von Goebbels. Sämtliche Fragmente, Teil I, Bd. 3, S. 551 und 609.

39 Vgl. Broszat, Das Dritte Reich und die rumänische Judenpolitik, S. 110.

40 Vgl. Walther L. Bernecker, Neutralität wider Willen. Spaniens verhinderter Kriegseintritt. In: Helmut Altrichter und Josef Becker (Hg.), Kriegsausbruch 1939. Beteiligte, Betroffene, Neutrale. München 1989, S. 153–177.

41 Hobsbawm, Zeitalter der Extreme, S. 224.

42 Nolte, Die Krise des liberalen Systems, S. 203.

Kapitel 6

1 Vgl. Renzo De Felice, Mussolini il duce. Bd. 2: Lo Stato totalitario 1936–1940. Turin 1981, S. 626ff.; ders., Mussolini l'alleato. Bd. 1: L'Italia in guerra 1940–1943. Teil 1: Dalla guerra »breve« alla guerra lunga. Turin 1990.

2 Vgl. Loock, Quisling, S. 277–330.

3 Gruchmann, Totaler Krieg, S. 61.

4 Vgl. Konrad Kwiet, Reichskommissariat Niederlande. Versuch und Scheitern nationalsozialistischer Neuordnung. Stuttgart 1968; Conway, Collaboration in Belgium.

5 Vgl. Wolf, Doriot-Bewegung; Brender, Kollaboration in Frankreich.

6 Ebd.

7 Heinen, Legion »Erzengel Michael«, S. 425.

8 Vgl. ebd., S. 437.

9 Vgl. Andreas Hillgruber (Hg.), Staatsmänner und Diplomaten bei Hitler. Vertrauliche Aufzeichnungen über Unterredungen mit Vertretern des Auslandes 1939–1941. Frankfurt a. M. 1967, S. 425–434.

10 Die Tagebücher von Joseph Goebbels. Im Auftrag des Instituts für Zeitgeschichte und mit Unterstützung des Staatlichen Archivdienstes Rußland herausgegeben von Elke Fröhlich. Teil I: Aufzeichnungen 1923–1941. Bd. 9: Dezember 1940 – Juli 1941. München 1998, S. 127.

11 Zit. nach Heinen, Legion »Erzengel Michael«, S. 452.

12 Die Tagebücher von Goebbels, Teil I: Aufzeichnungen 1923–1941, Bd. 9, S. 117.

13 Zit. nach De Felice, Mussolini il duce, Bd. 2, S. 774.

14 Ebd.

15 Vgl. Hory und Broszat, Der kroatische Ustascha-Staat, S. 37.

16 Vgl. Fusi, Franco, S. 77–80; Klaus-Jörg Ruhl, Spanien im Zweiten Weltkrieg. Franco, die Falange und das »Dritte Reich«. Hamburg 1975.

[17] Nolte, Die Krise des liberalen Systems, S. 212.
[18] Mussolini an Hitler, 23. 6. 1941. In: DDI, Nona Serie: 1939–1943. Bd. VII, Rom 1987, S. 285f.
[19] Zit. nach Wolf, Doriot-Bewegung, S. 253 und 254.
[20] Zit. nach Peter Gosztony, Hitlers Fremde Heere. Das Schicksal der nichtdeutschen Armeen im Ostfeldzug. Düsseldorf, Wien 1976, S. 117.
[21] Vgl. Jürgen Förster, Freiwillige für den »Kreuzzug Europas gegen den Bolschewismus«. Der Aspekt des »Kreuzzuges«. In: Das Deutsche Reich und der Zweite Weltkrieg. Bd. 4: Der Angriff auf die Sowjetunion. Hg. vom Militärgeschichtlichen Forschungsamt. Stuttgart 1983, S. 910.
[22] Ebd., S. 911.
[23] George H. Stein, Geschichte der Waffen-SS. Düsseldorf 1967, S. 156.
[24] Zit. nach ebd., S. 126. Vgl. auch Bruno De Wever, »Rebellen« an der Ostfront. Die flämischen Freiwilligen der Legion »Flandern« und der Waffen-SS. In: VfZ 39 (1991), S. 589–610; Bernd Wegner, Hitlers Politische Soldaten: Die Waffen-SS 1933–1945. Studien zu Leitbild, Struktur und Funktion einer nationalsozialistischen Elite. Paderborn 1982; ders., Auf dem Wege zur pangermanischen Armee. Dokumente zur Entstehungsgeschichte des III. (»germanischen«) SS-Panzerkorps. In: Militärgeschichtliche Mitteilungen 28 (1980), S. 101–136; George H. Stein und H. Peter Krosby, Das finnische Freiwilligen-Bataillon der Waffen-SS: Eine Studie zur SS-Diplomatie und zur ausländischen Freiwilligen-Bewegung. In: VfZ 14 (1966), S. 413–453.
[25] Vgl. Hillgruber, Staatsmänner und Diplomaten bei Hitler, S. 580–594.
[26] Zit. nach ebd., S. 594.
[27] Zit. nach Gosztony, Hitlers Fremde Heere, S. 105; vgl. auch Andreas Hillgruber, Hitler, König Carol und Marschall Antonescu. Die deutsch-rumänischen Beziehungen 1938–1944. Wiesbaden 1954.
[28] Zit. nach Jürgen Förster, Die Entscheidungen der »Dreierpaktstaaten«. Die engagierten Verbündeten. In: Das Deutsche Reich und der Zweite Weltkrieg, Bd. 4, S. 890.
[29] Zit. nach Gosztony, Hitlers Fremde Heere, S. 158.
[30] Gruchmann, Totaler Krieg, S. 114.
[31] Vgl. Hory und Broszat, Der kroatische Ustascha-Staat, S. 58–74; Jürgen Förster, Freiwillige für den »Kreuzzug Europas gegen den Bolschewismus«. Freiwillige aus West- und Südosteuropa. In: Das Deutsche Reich und der Zweite Weltkrieg, Bd. 4, S. 923–926.
[32] Vgl. Förster, Die Entscheidungen der »Dreierpaktstaaten«, S. 897–900.
[33] Vgl. S. 196f.
[34] Vgl. Christopher Browning, Nazi Ghettoization Policy in Poland: 1939–41. In: Central European History 19 (1986), S. 343–368; Yisrael Gutman, The Jews of Warsaw, 1939–1943. Ghetto, Underground, Revolt. Bloomington 1982.

35 Vgl. Helmut Krausnick und Hans-Heinrich Wilhelm, Die Truppe des Weltanschauungskrieges. Die Einsatzgruppen der Sicherheitspolizei und des SD 1938–1942. Stuttgart 1981, und die Kontroverse dazu in Eberhard Jäckel und Jürgen Rohwer (Hg.), Der Mord an den Juden im Zweiten Weltkrieg. Entschlußbildung und Verwirklichung. Stuttgart 1985.

36 Vgl. Götz Aly, »Endlösung«. Völkerverschiebung und der Mord an den europäischen Juden. Frankfurt a. M. 1995, S. 268–279.

37 Vgl. Burrin, Hitler und die Juden, S. 133–153.

38 Graml, Reichskristallnacht, S. 254.

39 So Ulrich Herbert in der Einleitung des von ihm herausgegebenen Bandes über Nationalsozialistische Vernichtungspolitik 1939–1945. Neue Forschungen und Kontroversen. Frankfurt a. M. 1998, S. 57.

40 Ebd.

41 Graml, Reichskristallnacht, S. 252–254.

42 Nolte, Die Krise des liberalen Systems, S. 212.

43 Vgl. Carlo Spartaco Capogreco, I campi di internamento fascisti per gli ebrei (1940–1943). In: Storia contemporanea 12 (1991), Nr. 4, S. 663–682.

44 Jean Ancel, The Romanian Campaigns of Mass Murder in Transnistria, 1941–1942. In: Randolph L. Braham (Hg.), The Destruction of Romanian and Ukrainian Jews during the Antonescu Era. New York 1997, S. 109.

45 Zit. nach ders., The Romanian Way of Solving the »Jewish Problem« in Bessarabia and Bukovina, June–July 1941. In: Yad Vashem Studies XIX (1988), S. 190.

46 Vgl. ders., Antonescu and the Jews. In: Ebd. XXIII (1993), S. 237.

47 Ebd., S. 256.

48 Vgl. ebd., S. 279.

49 Die Tagebücher von Goebbels, Teil II: Diktate 1941–1945, Bd. 1, S. 269.

50 Vgl. Jean Ancel, Plans for Deportation of the Rumanian Jews and their Discontinuation in Light of Documentary Evidence (July–October 1942). In: Yad Vashem Studies XVI (1984), S. 381–420.

51 Vgl. Fusi, Franco, S. 81 ff.

52 Vgl. Gosztony, Hitlers Fremde Heere, S. 376 f.

53 Vgl. Hans Woller, Die Abrechnung mit dem Faschismus in Italien 1943 bis 1948. München 1996, S. 2 und 76.

54 Vgl. Brender, Kollaboration in Frankreich, S. 179.

55 Vgl. Heinen, Legion »Erzengel Michael«, S. 461 f.; Gruchmann, Totaler Krieg, S. 206 f.

56 Vgl. ders., Der Zweite Weltkrieg. Kriegführung und Politik. 5. Aufl. München 1978, S. 325 f.

57 Zit. nach Gosztony, Hitlers Fremde Heere, S. 159.

58 Gruchmann, Totaler Krieg, S. 187.

59 Vgl. Szöllösi-Janze, Pfeilkreuzlerbewegung, S. 299 ff.

[60] Vgl. ebd., S. 314–323.
[61] Der Ausdruck stammt aus Broszat, Faschismus und Kollaboration in Ostmitteleuropa, S. 250.
[62] Wolf, Doriot-Bewegung, S. 271.
[63] Vgl. Heinen, Legion »Erzengel Michael«, S. 459–463.
[64] Klaus-Dietmar Henke, Die amerikanische Besetzung Deutschlands. München 1995, S. 844f.
[65] Ebd., S. 32.
[66] Vgl. Heinen, Legion »Erzengel Michael«, S. 459–463.
[67] John S. Conway, Der Holocaust in Ungarn. Neue Kontroversen und Überlegungen. In: VfZ 32 (1984), S. 211; Sandor Szenes und Frank Baron, Von Ungarn nach Auschwitz. Die verschwiegene Warnung. Münster 1994; Rudolf Vrba, Die mißachtete Warnung. Betrachtungen über den Auschwitz-Bericht von 1944. In: VfZ 44 (1996), S. 1–24.
[68] Szöllösi-Janze, Pfeilkreuzlerbewegung, S. 432.

Abkürzungen

BA	Bundesarchiv
CEDA	Confederación Española de Derechas Autónomas
CGL	Confederazione Generale del Lavoro
DAP	Deutsche Arbeiterpartei
DDI	Documenti Diplomatici Italiani
DNP	Deutsche Nationalpartei
DNSAP	Deutsche Nationalsozialistische Arbeiterpartei
HZ	Historische Zeitschrift
IMRO	Internal Macedonian Revolutionary Organization
JONS	Juntas de Ofensiva Nacional-Sindicalistica
KPD	Kommunistische Partei Deutschlands
NL	Nachlaß
NS	Nationalsozialismus
NSB	Nationaal-Socialistische Beweging
NSDAP	Nationalsozialistische Deutsche Arbeiterpartei
PCF	Parti Communiste Français
PNF	Partito Nazionale Fascista
PPF	Parti Populaire Français
RNP	Rassemblement National Populaire
SA	Sturmabteilung
SD	Sicherheitsdienst
SdP	Sudetendeutsche Partei
VfZ	Vierteljahrshefte für Zeitgeschichte
VNV	Vlaamsch Nationaal Verband

Literatur

Altrichter, Helmut und Josef Becker (Hg.), Kriegsausbruch 1939. Beteiligte, Betroffene, Neutrale. München 1989.

Amendola, Giorgio, Der Antifaschismus in Italien. Ein Interview. Stuttgart 1977.

Ancel, Jean, Antonescu and the Jews. In: Yad Vashem Studies 23 (1993), S. 213–280.

Ders., Plans for Deportation of the Rumanian Jews and Their Discontinuation in Light of Documentary Evidence (July–October 1942). In: Yad Vashem Studies 16 (1984), S. 381–420.

Ders., The Romanian Campaigns of Mass Murder in Transnistria, 1941–1942. In: Braham, Randolph L. (Hg.), The Destruction of Romanian and Ukrainian Jews during the Antonescu Era. New York 1997.

Ders., The Romanian Way of Solving the «Jewish Problem« in Bessarabia and Bukovina, June–July 1941. In: Yad Vashem Studies 19 (1988), S. 187–232.

Aquarone, Alberto, L'organizzazione dello Stato totalitario. Turin 1965.

Ders. und Maurizio Vernassa (Hg.), Il regime fascista. Bologna 1974.

Armon, Theodor I., Fascismo italiano e Guardia di Ferro. In: Storia contemporanea 3 (1972), S. 505–548.

Auerbach, Hellmuth, Hitlers politische Lehrjahre und die Münchener Gesellschaft 1919–1923. Versuch einer Bilanz anhand der neueren Forschung. In: VfZ 25 (1977), S. 1–45.

Ders., Regionale Wurzeln und Differenzen der NSDAP 1919–1923. In: Möller, Wirsching und Ziegler, Nationalsozialismus in der Region.

Balbo, Italo, Der Marsch auf Rom. Leipzig 1933.

Bauerkämper, Arnd, Die »radikale Rechte« in Großbritannien. Nationalistische, antisemitische und faschistische Bewegungen vom späten 19. Jahrhundert bis 1945. Göttingen 1991.

Benz, Wolfgang (Hg.), Dimension des Völkermords. Die Zahl der jüdischen Opfer des Nationalsozialismus. München 1991.

Berghahn, Volker R., Sarajewo, 28. Juni 1914. Der Untergang des alten Europa. München 1997.

Bernecker, Walther L., Spaniens ›verspäteter‹ Faschismus und der autoritäre ›Neue Staat‹ Francos. In: Geschichte und Gesellschaft 12 (1986), S. 183–211.

Bloch, Marc, Die seltsame Niederlage: Frankreich 1940. Der Historiker als Zeuge. Frankfurt a. M. 1995.

Böcker, Manfred, Ideologie und Programmatik im spanischen Faschismus der Zweiten Republik. Frankfurt a. M. 1996.

Borejsza, Jerzy W., Il Fascismo e l'Europa Orientale. Dalla propaganda all' aggressione. Rom, Bari 1981.
Ders., Faschismus und Internationalismus. Beziehungen von PNF und NSDAP mit anderen Parteien der extremen Rechten in Europa. In: Faschismus in Österreich und international. Jahrbuch für Zeitgeschichte 1980/81. Hg. von der Österreichischen Gesellschaft für Zeitgeschichte. Wien 1982, S. 121–138.
Ders., Italiens Haltung zum Deutsch-Polnischen Krieg. In: Wolfgang Benz und Hermann Graml (Hg.), Sommer 1939. Die Großmächte und der Europäische Krieg. Stuttgart 1979.
Ders., Die Rivalität zwischen Faschismus und Nationalsozialismus in Ostmitteleuropa. In: VfZ 29 (1981), S. 579–614.
Boyer, Christoph und Jaroslav Kučera, Die Deutschen in Böhmen, die Sudetendeutsche Partei und der Nationalsozialismus. In: Möller, Wirsching und Ziegler, Nationalsozialismus in der Region, S. 273–285.
Bracher, Karl Dietrich, Europa in der Krise. Innengeschichte und Weltpolitik seit 1917. Frankfurt a. M. 1979.
Ders., Die Auflösung der Weimarer Republik. Eine Studie zum Problem des Machtverfalls in der Demokratie. 6. Aufl. Düsseldorf 1978.
Ders., Zeitgeschichtliche Kontroversen. Um Faschismus, Totalitarismus, Demokratie. München 1976.
Brender, Reinhold, Kollaboration in Frankreich im Zweiten Weltkrieg. Marcel Déat und das Rassemblement national populaire. München 1992.
Britz, Werner, Die Rolle des Fürsten Ernst Rüdiger Starhemberg bei der Verteidigung der österreichischen Unabhängigkeit gegen das Dritte Reich 1933–1936. Frankfurt a. M. 1993.
Broszat, Martin, Die Machtergreifung. Der Aufstieg der NSDAP und die Zerstörung der Weimarer Republik. München 1984.
Ders., Das deutsch-ungarische Verhältnis und die ungarische Judenpolitik in den Jahren 1938–1941. In: Gutachten des Instituts für Zeitgeschichte. Bd. I. München 1958, S. 183–200.
Ders., Das Dritte Reich und die rumänische Judenpolitik. In: Gutachten des Instituts für Zeitgeschichte. Bd. I. München 1958, S. 102–183.
Ders., Zur Struktur der NS-Massenbewegung. In: VfZ 31 (1983), S. 52–76.
Ders. und Horst Möller (Hg.), Das Dritte Reich. Herrschaftsstruktur und Geschichte. München 1983.
Burrin, Philippe, Hitler und die Juden. Die Entscheidung für den Völkermord. Frankfurt a. M. 1993.
Capogreco, Carlo Spartaco, I campi di internamento fascisti per gli ebrei (1940–1943). In: Storia contemporanea 22 (1991), S. 663–682.
Carsten, Francis L., Faschismus in Österreich. Von Schönerer zu Hitler. München 1977.

Chabod, Federico, Die Entstehung des neuen Italien. Von der Diktatur zur Republik. Reinbek bei Hamburg 1965.
Ciano, Galeazzo, Diario 1937–1943. Hg. von Renzo De Felice. Mailand 1980.
Conway, Martin, Collaboration in Belgium. Léon Degrelle and the Rexist Movement 1940–1944. New Haven, London 1993.
Collotti, Enzo, Fascismo, Fascismi. Florenz 1989.
Ders., Fascismo e Heimwehren: la lotta antisocialista nella crisi della prima repubblica austriaca. In: Rivista di storia contemporanea 12 (1983), S. 301–337.
Costa Pinto, António, Fascist Ideology Revisited: Zeev Sternhell and His Critics. In: European History Quarterly 16 (1986), S. 465–483.
Craig, Gordon A., Deutsche Geschichte 1866–1945. Vom Norddeutschen Bund bis zum Ende des Dritten Reiches. 2. Aufl. München 1980.
Das Deutsche Reich und der Zweite Weltkrieg. Bd. 4: Der Angriff auf die Sowjetunion. Hg. vom Militärgeschichtlichen Forschungsamt. Stuttgart 1983.
De Felice, Renzo, Die Deutungen des Faschismus. Hg. von Josef Schröder. Göttingen, Zürich 1980.
Ders., Der Faschismus. Ein Interview von Michael A. Ledeen. Stuttgart 1977.
Ders., Mussolini e Hitler. I rapporti segreti (1922–1933). Florenz 1983.
Ders., Mussolini il rivoluzionario 1883–1920. Turin 1965.
Ders., Mussolini il fascista. Bd. I: La conquista del potere 1921–1925. Bd. II: L'organizzazione dello Stato fascista 1925–1929. Turin 1966 und 1968.
Ders., Mussolini il duce. Bd. I: Gli anni del consenso 1929–1936. Bd. II: Lo Stato totalitario 1936–1940. Turin 1974 und 1981.
Ders., Mussolini l'alleato. Teil 1: L'Italia in guerra 1940–1943. Bd. I: Dalla guerra »breve« alla guerra lunga. Bd. II: Crisi e agonia del regime. Turin 1990.
Ders., Mussolini l'alleato. Teil 2: La guerra civile 1943–1945. Turin 1997.
Ders., Rosso e Nero. Hg. von Pasquale Chessa. Mailand 1995.
Ders., Storia degli ebrei italiani sotto il fascismo. Turin 1993.
Del Boca, Angelo, I gas di Mussolini. Il fascismo e la guerra d'Etiopia. Rom 1996.
Ders. (Hg.), Le Guerre Coloniali del Fascismo. Rom, Bari 1991.
Ders., Massimo Legnani und Mario G. Rossi (Hg.), Il Regime Fascista. Storia e Storiografia. Rom 1995.
Der italienische Faschismus. Probleme und Forschungstendenzen. München 1983.
Deuerlein, Ernst, Hitler. Eine politische Biographie. München 1969.
Deutschlands Weg in die Diktatur. Internationale Konferenz zur nationalso-

zialistischen Machtübernahme im Reichstagsgebäude zu Berlin. Ein Protokoll. Hg. von Martin Broszat u.a. Berlin 1983.
Die deutsche Staatskrise 1930–1933. Handlungsspielräume und Alternativen. Hg. von Heinrich August Winkler unter Mitarbeit von Elisabeth Müller-Luckner. München 1992.
Die Tagebücher von Joseph Goebbels. Sämtliche Fragmente. Teil I, Bde. 1–4. Hg. von Elke Fröhlich im Auftrag des Instituts für Zeitgeschichte und in Verbindung mit dem Bundesarchiv. München u.a. 1997.
Die Tagebücher von Joseph Goebbels. Teil II: Diktate 1941–1945. Bde. 1–15. Hg. von Elke Fröhlich im Auftrag des Instituts für Zeitgeschichte und mit Unterstützung des Staatlichen Archivdienstes Rußlands. München u.a. 1993–1996.
Dils, Beate, Der faschistische Universalismus in Italien 1928–1935. Magisterarbeit des Fachbereichs III der Universität Trier.
Dies., Italienischer Faschismus als ›Export‹-Artikel (1927–1935). Ideologische und organisatorische Ansätze zur Verbreitung des italienischen Faschismus im Ausland. Diss. Trier 1996.
Dipper, Christof, Rainer Hudemann und Jens Petersen (Hg.), Faschismus und Faschismen im Vergleich. Wolfgang Schieder zum 60. Geburtstag. Köln 1998.
Dülffer, Jost, Hans-Otto Mühleisen und Vera Torunsky, Inseln als Brennpunkte internationaler Politik. Konfliktbewältigung im Wandel des internationalen Systems 1890–1984: Kreta, Korfu, Zypern. Köln 1986.
Eden, Anthony, Angesichts der Diktatoren. Memoiren 1923–1938. Köln, Berlin 1964.
Edmondson, C. Earl, The Heimwehr and Austrian Politics 1918–1936. Athens, Ga 1978.
Eleuteri, Stefano, Paneuropa und »Antieuropa«. Eine Zeitschrift zwischen europäischem Gedankengut und italienischem Faschismus (1929–1943). Magisterarbeit der Ludwig-Maximilians-Universität München 1995.
Elias, Norbert, Studien über die Deutschen. Machtkämpfe und Habitusentwicklung im 19. und 20. Jahrhundert. Hg. von Michael Schröter. 2. Aufl. Frankfurt a. M. 1989.
Engelmann, Roger, Provinzfaschismus in Italien. Politische Gewalt und Herrschaftsbildung in der Marmorregion Carrara 1921–1924. München 1992.
Eschenburg, Theodor, Die Rolle der Persönlichkeit in der Krise der Weimarer Republik. Hindenburg, Brüning, Groener, Schleicher. In: VfZ 9 (1961), S. 3–29.
Falter, Jürgen W., Hitlers Wähler. München 1991.
Ders. und Michael H. Kater, Wähler und Mitglieder der NSDAP. Neue Forschungsergebnisse zur Soziographie des Nationalsozialismus 1925 bis 1933. In: Geschichte und Gesellschaft 19 (1993), S. 155–177.
Faschismus in Österreich und international. Jahrbuch für Zeitgeschichte

1980/81. Hg. von der Österreichischen Gesellschaft für Zeitgeschichte. Wien 1982.
Fest, Joachim C., Das Gesicht des Dritten Reiches. Profile einer totalitären Herrschaft. 8. Aufl. München 1986.
Ders., Hitler. Eine Biographie. Bd. I: Der Aufstieg. Bd. II: Der Führer. Frankfurt a. M. u. a. 1976.
Frei, Norbert, Der Führerstaat. Nationalsozialistische Herrschaft 1933 bis 1945. München 1987.
Friedländer, Saul, Das Dritte Reich und die Juden. Bd. 1: Die Jahre der Verfolgung 1933–1939. München 1998.
Funke, Manfred, Sanktionen und Kanonen. Hitler, Mussolini und der internationale Abessinienkonflikt 1934–1936. Düsseldorf 1970.
Fusi, Juan Pablo, Franco. Spanien unter der Diktatur 1936–1975. München 1992.
Gentile, Emilio, La via italiana al totalitarismo. Il partito e lo Stato nel regime fascista. Rom 1995.
Ders., Storia del partito fascista 1919–1922. Movimento e milizia. Rom, Bari 1989.
Ders., La politica estera del partito fascista. Ideologia e organizzazione dei Fasci italiani all'estero (1920–1930). In: Storia contemporanea 26 (1995), S. 897–956.
Glaus, Beat, Die Nationale Front. Eine Schweizer faschistische Bewegung 1930–1940. Zürich 1969.
Gosztony, Peter, Hitlers Fremde Heere. Das Schicksal der nichtdeutschen Armeen im Ostfeldzug. Düsseldorf, Wien 1976.
Graml, Hermann, Europas Weg in den Krieg. Hitler und die Mächte 1939. München 1990.
Ders., Europa zwischen den Kriegen. München 1976.
Ders., Reichskristallnacht. Antisemitismus und Judenverfolgung im Dritten Reich. München 1988.
Ders., Probleme einer Hitler-Biographie. Kritische Bemerkungen zu Joachim C. Fest. In: VfZ 22 (1974), S. 76–92.
Ders., Präsidialsystem und Außenpolitik. In: VfZ 21 (1973), S. 134–145.
Grebing, Helga, Die Krise der liberalen Demokratie in Europa und der Aufstieg des Nationalsozialismus in Deutschland. In: Büttner, Ursula und Werner Jochmann (Hg.), Zwischen Demokratie und Diktatur. Nationalsozialistische Machtaneignung in Hamburg. Tendenzen und Reaktionen in Europa. Hamburg 1984, S. 15–40.
Gruchmann, Lothar, Totaler Krieg. Vom Blitzkrieg zur bedingungslosen Kapitulation. München 1991.
Ders., Der Zweite Weltkrieg. Kriegführung und Politik. 5. Aufl. München 1978.

Habe, Hans, Ich stelle mich. Meine Lebensgeschichte. München, Berlin 1986.

Haffner, Sebastian, Anmerkungen zu Hitler. Frankfurt a. M. 1990.

Hamann, Brigitte, Hitlers Wien. Lehrjahre eines Diktators. 4. Aufl. München, Zürich 1996.

Hasler, August Bernhard, Das Duce-Bild in der faschistischen Literatur. In: Quellen und Forschungen aus italienischen Archiven und Bibliotheken 60 (1980), S. 421–506.

Heiber, Helmut, Joseph Goebbels. 2. Aufl. München 1974.

Heinen, Armin, Die Legion »Erzengel Michael« in Rumänien. Soziale Bewegung und politische Organisation. Ein Beitrag zum Problem des internationalen Faschismus. München 1986.

Henke, Klaus-Dietmar, Die amerikanische Besetzung Deutschlands. München 1995.

Herbert, Ulrich (Hg.), Nationalsozialistische Vernichtungspolitik 1939–1945. Neue Forschungen und Kontroversen. Frankfurt a. M. 1998.

Herbst, Ludolf, Das nationalsozialistische Deutschland 1933–1945. Die Entfesselung der Gewalt: Rassismus und Krieg. Frankfurt a. M. 1996.

Hillgruber, Andreas, Hitler, König Carol und Marschall Antonescu. Die deutsch-rumänischen Beziehungen 1938–1944. Wiesbaden 1954.

Ders. (Hg.), Staatsmänner und Diplomaten bei Hitler. Vertrauliche Aufzeichnungen über Unterredungen mit Vertretern des Auslandes 1939–1941. Frankfurt a. M. 1967.

Hirschfeld, Gerhard, Fremdherrschaft und Kollaboration. Die Niederlande unter deutscher Besatzung 1940–1945. Stuttgart 1984.

Hoidal, Oddvar K., Quisling. A study in treason. Oslo 1989.

Hory, Ladislaus und Martin Broszat, Der kroatische Ustascha-Staat 1941–1945. Stuttgart 1964.

Jasper, Gotthard, Die gescheiterte Zähmung. Wege zur Machtergreifung Hitlers 1930–1934. Frankfurt a. M. 1986.

Kalela, Jorma, Right-Wing Radicalism in Finland during the Interwar Period. Perspectives from and an appraisal of recent literature. In: Scandinavian Journal of History 1 (1976), S. 105–124.

Keegan, John, Die Maske des Feldherrn. Alexander der Große, Wellington, Grant, Hitler. Weinheim, Berlin 1997.

Kerekes, Lajos, Abenddämmerung einer Demokratie. Mussolini, Gömbös und die Heimwehr. Wien u. a. 1966.

Kershaw, Ian, Der Hitler-Mythos. Volksmeinung und Propaganda im Dritten Reich. Stuttgart 1980.

Ders., Hitlers Macht. Das Profil der NS-Herrschaft. München 1992.

Kessler, Harry Graf, Tagebücher 1918–1937. Hg. von Wolfgang Pfeiffer-Belli. Frankfurt a. M. 1961.

Kirkpatrick, Ivone, Im inneren Kreis. Erinnerungen eines Diplomaten. Berlin 1964.
Klein, Peter (Hg.), Die Einsatzgruppen in der besetzten Sowjetunion 1941/42. Die Tätigkeits- und Lageberichte des Chefs der Sicherheitspolizei und des SD. Berlin 1997.
Kwiet, Konrad, Reichskommissariat Niederlande. Versuch und Scheitern nationalsozialistischer Neuordnung. Stuttgart 1968.
Ders., Zur Geschichte der Mussert-Bewegung. In: VfZ 18 (1970), S. 164–195.
Lackó, Miklós, Ostmitteleuropäischer Faschismus. Ein Beitrag zur allgemeinen Faschismus-Definition. In: VfZ 21 (1973), S. 39–51.
Landes, David S., Der entfesselte Prometheus. Technologischer Wandel und industrielle Entwicklung in Westeuropa von 1750 bis zur Gegenwart. Köln 1973.
Laqueur, Walter, Faschismus. Gestern – Heute – Morgen. Berlin 1997.
Ders. und George L. Mosse (Hg.), Internationaler Faschismus 1920–1945. München 1966.
Larsen, Stein Ugelvik, Bernt Hagtvet und Jan Petter Myklebust (Hg.), I Fascisti. Le radici e le cause di un fenomeno europeo. Florenz 1996.
Ledeen, Michael Arthur, Universal Fascism. The theory and practice of the fascist international 1928–1936. New York 1972.
Lindström, Ulf, Fascism in Scandinavia 1920–1940. Stockholm 1985.
Longerich, Peter, Die braunen Bataillone. Geschichte der SA. München 1989.
Loock, Hans-Dietrich, Quisling, Rosenberg und Terboven. Zur Vorgeschichte und Geschichte der nationalsozialistischen Revolution in Norwegen. Stuttgart 1970.
Loth, Wilfried, Geschichte Frankreichs im 20. Jahrhundert. Frankfurt a. M. 1995.
Lukacs, John, Hitler. Geschichte und Geschichtsschreibung. München 1997.
Lyttelton, Adrian, La conquista del potere. Il fascismo dal 1919 al 1929. Rom, Bari 1974.
Mack Smith, Denis, Mussolini. Eine Biographie. München, Wien 1983.
Maier, Charles S., Recasting Bourgeois Europe. Stabilization in France, Germany and Italy in the decade after world war I. Princeton 1975.
Mantelli, Brunello, La nascita del fascismo. Mailand 1994.
Möller, Horst, Europa zwischen den Weltkriegen. München 1998.
Ders., Weimar. Die unvollendete Demokratie. 6. Aufl. München 1997.
Möller, Horst, Andreas Wirsching und Walter Ziegler (Hg.), Nationalsozialismus in der Region. Beiträge zur regionalen und lokalen Forschung und zum internationalen Vergleich. München 1996.
Mommsen, Hans, Die verspielte Freiheit. Der Weg der Republik von Weimar in den Untergang 1918 bis 1933. Berlin 1989.

Mosse, George L., Il fascismo. Verso una teoria generale. Rom, Bari 1996.
Müller, Klaus-Jürgen, Protest – Modernisierung – Integration. Bemerkungen zum Problem faschistischer Phänomene in Frankreich 1924–1934. In: Francia 8 (1980), S. 465–524.
Nagy-Talavera, Nicholas M., The Green Shirts and the Others. A History of Fascism in Hungary and Rumania. Stanford, Ca 1970.
Nellessen, Bernd, Die verbotene Revolution. Aufstieg und Niedergang der Falange. Hamburg 1963.
Ders. (Hg.), José Antonio Primo de Rivera. Der Troubadour der spanischen Falange. Stuttgart 1965.
Nolte, Ernst, Der europäische Bürgerkrieg 1917–1945. Nationalsozialismus und Bolschewismus. 4. Aufl. Frankfurt a. M. 1989.
Ders., Die faschistischen Bewegungen. Die Krise des liberalen Systems und die Entwicklung der Faschismen. 5. Aufl. München 1975.
Ders., Die Krise des liberalen Systems und die faschistischen Bewegungen. München 1968.
Palla, Marco, Mussolini e il Fascismo. Florenz 1993.
Payne, Stanley G., Falange. A History of Spanish Fascism. Stanford, Ca 1961.
Ders., Fascism. Comparison and Definition. Madison, Wi 1980.
Ders., A History of Fascism 1914–1945. London 1995.
Petersen, Jens, Hitler–Mussolini. Die Entstehung der Achse Berlin–Rom 1933–1936. Tübingen 1973.
Ders., Faschismus und Industrie in Italien 1918–1929. In: Gesellschaft. Beiträge zur Marxschen Theorie, Heft 7. Frankfurt a. M. 1976, S. 133–189.
Ders., Vorspiel zu »Stahlpakt« und Kriegsallianz: Das deutsch-italienische Kulturabkommen vom 23. November 1938. In: VfZ 36 (1988), S. 41–77.
Peukert, Detlev J.K., Die Weimarer Republik. Krisenjahre der Klassischen Moderne. Frankfurt a. M. 1987.
Pommerin, Reiner, Rassenpolitische Differenzen im Verhältnis der Achse Berlin-Rom 1938–1943. In: VfZ 27 (1979), S. 646–680.
Price, G. Ward, Führer und Duce, wie ich sie kenne. Berlin 1939.
Procacci, Giuliano, Geschichte Italiens und der Italiener. München 1983.
Répaci, Antonino, La Marcia su Roma. Mito e realtà. Bd. I und Bd. II. Rom 1963.
Robertson, Esmonde M., Hitler und die Sanktionen des Völkerbunds. Mussolini und die Besetzung des Rheinlands. In: VfZ 26 (1978), S. 237–264.
Ruhl, Klaus-Jörg, Franco, die Falange und das »Dritte Reich«. Hamburg 1975.
Saage, Richard, Faschismustheorien. Eine Einführung. München 1976.
Salvemini, Gaetano, Le origini del Fascismo in Italia. Lezioni di Harvard. Hg. von Roberto Vivarelli. 4. Aufl. Mailand 1979.

Sarfatti, Michele, Mussolini contro gli ebrei. Cronaca dell'elaborazione delle leggi del 1938. Turin 1994.
Scarano, Federico, Mussolini e la Repubblica di Weimar. Le relazioni diplomatiche tra Italia e Germania dal 1927 al 1933. Neapel 1996.
Schieder, Wolfgang (Hg.), Faschismus als soziale Bewegung. Deutschland und Italien im Vergleich. 2. Aufl. Göttingen 1983.
Ders., Aspekte des italienischen Imperialismus vor 1914. In: Mommsen, Wolfgang J. (Hg.), Der moderne Imperialismus. Stuttgart 1971, S. 140–171.
Ders., Das faschistische Italien. In: Frei, Norbert und Hermann Kling (Hg.), Der nationalsozialistische Krieg. Frankfurt a. M. 1990, S. 48–61.
Ders., Das italienische Experiment. Der Faschismus als Vorbild in der Krise der Weimarer Republik. In: HZ, Bd. 262 (1996), S. 73–125.
Ders., Die NSDAP vor 1933. Profil einer faschistischen Partei. In: Geschichte und Gesellschaft 19 (1993), S. 141–154.
Ders., War Hitlers Diktatur faschistisch? In: Jahrbuch 1985/86 des Wissenschaftskollegs, Institute for Advanced Study, Berlin 1987.
Schulz, Gerhard, Faschismus – Nationalsozialismus. Versionen und theoretische Kontroversen 1922–1972. Frankfurt a. M. u. a. 1974.
Schulze, Hagen, Weimar. Deutschland 1917–1933. Berlin 1982.
Smelser, Ronald M., Die Henleinpartei. Eine Deutung. In: Die Erste Tschechoslowakische Republik als multinationaler Parteienstaat. Hg. von Karl Bosl. München 1979.
Stegmann, Dirk, Bernd-Jürgen Wendt und Peter-Christian Witt (Hg.), Industrielle Gesellschaft und politisches System. Beiträge zur politischen Sozialgeschichte. Bonn 1978.
Stein, George H., Geschichte der Waffen-SS. Düsseldorf 1967.
Ders. und H. Peter Krosby, Das finnische Freiwilligen-Bataillon der Waffen-SS: Eine Studie zur SS-Diplomatie und zur Ausländischen Freiwilligen-Bewegung. In: VfZ 14 (1966), S. 413–453.
Steinberg, Jonathan, Deutsche, Italiener und Juden. Der italienische Widerstand gegen den Holocaust. Göttingen 1992.
Sternburg, Wilhelm von (Hg.), Die deutschen Kanzler. Von Bismarck bis Schmidt. Königstein 1985.
Szöllösi-Janze, Margit, Die Pfeilkreuzlerbewegung in Ungarn. Historischer Kontext, Entwicklung und Herrschaft. München 1989.
Tasca, Angelo, Glauben, gehorchen, kämpfen. Aufstieg des Faschismus. Wien u. a. 1969.
Thamer, Hans-Ulrich, Verführung und Gewalt. Deutschland 1933–1945. Berlin 1986.
Ders. und Wolfgang Wippermann, Faschistische und neofaschistische Bewegungen. Probleme empirischer Faschismusforschung. Darmstadt 1977.

Togliatti, Palmiro, Lektionen über den Faschismus. Hg. vom Institut für Marxistische Studien und Forschungen. Frankfurt a.M. 1973.
Totalitarismus und Faschismus. Eine wissenschaftliche und politische Begriffskontroverse. München, Wien 1980.
Tranfaglia, Nicola, La prima guerra mondiale e il fascismo. Turin 1995.
Ders., Un passato scomodo. Fascismo e postfascismo. Rom, Bari 1996.
Turner, Henry A., Geißel des Jahrhunderts. Hitler und seine Hinterlassenschaft. Berlin 1989.
Ders., Hitlers Weg zur Macht. Der Januar 1933. München 1996.
Ullrich, Volker, Die nervöse Großmacht 1871–1918. Aufstieg und Untergang des deutschen Kaiserreichs. Frankfurt a.M. 1997.
Veneruso, Danilo, L'Italia fascista 1922–1945. Bologna 1981.
Vivarelli, Roberto, Storia delle origini del fascismo. L'Italia dalla grande guerra alla marcia su Roma. Bd. I und II. Bologna 1991.
Völkl, Ekkehard, Transnistrien und Odessa (1941–1944). Regensburg 1996.
Voigt, Klaus, Zuflucht auf Widerruf. Exil in Italien 1933–1945. Bd. 2. Stuttgart 1993.
Ders., Die faschistische Judenverfolgung. Ein Überblick über die Veröffentlichungen zum fünfzigsten Gedenkjahr. In: Quellen und Forschungen aus italienischen Archiven und Bibliotheken, Bd. 70. Tübingen 1990.
Wagner, Wilfried, Belgien in der deutschen Politik während des Zweiten Weltkrieges. Boppard 1974.
Walter, Katharina, Die Judenpolitik unter Mussolini. Standpunkte und Entwicklungen der Forschung. In: Zeitgeschichte 1–2, 24 (1997), S. 3–29.
Weber, Eugen, Varieties of Fascism. Doctrines of Revolution in the Twentieth Century. Princeton, NJ 1964.
Wegner, Bernd, Hitlers Politische Soldaten: Die Waffen-SS 1933–1945. Paderborn 1982.
Ders., Auf dem Wege zur pangermanischen Armee. Dokumente zur Entstehungsgeschichte des III. (»germanischen«) SS-Panzerkorps. In: Militärgeschichtliche Mitteilungen, 2/1980, S. 101–136.
Wehler, Hans-Ulrich (Hg.), Scheidewege der deutschen Geschichte. Von der Reformation bis zur Wende 1517–1989. München 1995.
Wiltschegg, Walter, Die Heimwehr. Eine unwiderstehliche Volksbewegung? München 1985.
Winkler, Heinrich August, Extremismus der Mitte? Sozialgeschichtliche Aspekte der nationalsozialistischen Machtergreifung. In: VfZ 20 (1972), S. 175–191.
Ders., Weimar 1918–1933. Die Geschichte der ersten deutschen Demokratie. 2. Aufl. München 1994.
Wirsching, Andreas, Vom Weltkrieg zum Bürgerkrieg? Politischer Extre-

mismus in Deutschland und Frankreich 1918–1933/39. Berlin und Paris im Vergleich. München 1999.
Ders., Auf dem Weg zur Kollaborationsideologie. Antibolschewismus im Denken der französischen extremen Rechten 1936 bis 1939. In: VfZ 41 (1993), S. 31–60.
Wolf, Dieter, Die Doriot-Bewegung. Ein Beitrag zur Geschichte des französischen Faschismus. Stuttgart 1967.
Woller, Hans, Die Abrechnung mit dem Faschismus in Italien 1943 bis 1948. München 1996.
Woolf, Stuart J. (Hg.), European Fascism. London 1968.
Ders. (Hg.), The Nature of Fascism. New York 1968.
Zitelmann, Rainer, Adolf Hitler. Eine politische Biographie. Göttingen, Zürich 1989.
Ders., Hitler. Selbstverständnis eines Revolutionärs. 2., überarbeitete und ergänzte Aufl. Stuttgart 1989.

Nachwort

Eine ganze Epoche der europäischen Geschichte in den Blick zu nehmen und dabei den Rahmen eines schmalen Taschenbuches nicht zu sprengen, ist ein Wagnis, das ich wahrscheinlich nur deshalb eingegangen bin, weil ich meiner Versicherung vertraute. Diese besteht aus einem Kreis von Kollegen und Freunden im Institut für Zeitgeschichte, die auch diesmal – wie bei früheren Arbeiten – mit Rat und Zuspruch nicht gegeizt haben. Dem Kreis gehören Norbert Frei (jetzt leider in Bochum), Hermann Graml, Christian Hartmann, Matthias Hochstätter, Thomas Schlemmer und Dietmar Süß sowie Sybille Benker und Renate Bihl an, die alle zusammen auch das Wichtigste geschaffen haben, was man im Arbeitsleben erwarten darf: eine anregend-heitere Atmosphäre. Ihnen danke ich ebenso herzlich wie meiner Frau Hedi Straub-Woller und unseren Söhnen Jakob und Matthias, die mich in den letzten Jahren wahrscheinlich nicht immer von der besten Seite sahen.

München, 22. September 1998

Personenregister

Der Autor

Hans Woller, geb. 1952 in Aldersbach/Niederbayern, Mitarbeiter des Instituts für Zeitgeschichte und Chefredakteur der ›Vierteljahrshefte für Zeitgeschichte‹, 1985 bis 1988 Mitarbeiter des Deutschen Historischen Instituts in Rom. Veröffentlichungen u. a.: ›Die Loritz-Partei. Geschichte, Struktur und Politik der Wirtschaftlichen Aufbau-Vereinigung (WAV) 1945–1955‹ (1982); ›Gesellschaft und Politik in der amerikanischen Besatzungszone. Die Region Ansbach und Fürth‹ (1986); ›Die Abrechnung mit dem Faschismus in Italien 1943 bis 1948‹ (1996; it. Ausgabe 1997); Herausgeber von ›Italien und die Großmächte 1943–1949‹ (1988); Herausgeber mit Klaus-Dietmar Henke von ›Die Lehrjahre der CSU. Eine Nachkriegspartei im Spiegel vertraulicher Berichte an die amerikanische Militärregierung‹ (1984) und von ›Politische Säuberung in Europa. Die Abrechnung mit Faschismus und Kollaboration nach dem Zweiten Weltkrieg‹ (1991); Herausgeber mit Martin Broszat und Klaus-Dietmar Henke von ›Von Stalingrad zur Währungsreform. Zur Sozialgeschichte des Umbruchs in Deutschland‹ (1988).

20 Tage im 20. Jahrhundert

Herausgegeben von Norbert Frei, Klaus-Dietmar Henke und Hans Woller

20 Tagesereignisse aus den letzten hundert Jahren bilden den Ausgangspunkt für eine umfassende Darstellung der historischen, gesellschaftlichen und kulturellen Entwicklung vom Beginn des Jahrhunderts bis zum Ende des Jahrtausends. Als Ergebnis liegt damit eine Bilanz des 20. Jahrhunderts vor.

Volker R. Berghahn
Sarajewo, 28. Juni 1914
Der Untergang des alten Europa
dtv 30601

Dietrich Beyrau
Petersburg, 25. Oktober 1917
Die russische Revolution und der Aufstieg des Kommunismus
dtv 30602 (i. Vorb.)

Hans Woller
Rom, 28. Oktober 1922
Die faschistische Herausforderung
dtv 30603

Jürgen Osterhammel
Shanghai, 30. Mai 1925
Die chinesische Revolution
dtv 30604

Hans Mommsen
Auschwitz, 17. Juli 1942
Rassenideologie, Genozid und Ausrottungspolitik
dtv 30605 (i. Vorb.)

Jost Dülffer
Jalta, 4. Februar 1945
Der Zweite Weltkrieg und die Entstehung der bipolaren Welt
dtv 30606

Detlef Bald
Hiroshima, 6. August 1945
Die nukleare Bedrohung
dtv 30607

Dietmar Rothermund
Delhi, 15. August 1947
Das Ende kolonialer Herrschaft
dtv 30608

Franz Knipping
Rom, 25. März 1957
Die Einigung Europas
dtv 30609

Robert D. Johnson
Washington, 20. Januar 1961
Der amerikanische Traum
dtv 30610

Helmut Mejcher
Sinai, 5. Juni 1967
Krisenherd Naher und Mittlerer Osten
dtv 30611

Norbert Frei
Paris, 13. Mai 1968
Kulturprotest und Gesellschaftsreform
dtv 30612 (i. Vorb.)

Brigitte Röthlein
Mare Tranquillitatis, 20. Juli 1969
Die wissenschaftlich-technische Revolution
dtv 30613

Wilfried Loth
Helsinki, 1. August 1975
Entspannung und Abrüstung
dtv 30614

Harold James
Rambouillet, 15. November 1975
Die Globalisierung der Wirtschaft
dtv 30615

Mária Huber
Moskau, 10. März 1985
Die Auflösung des sowjetischen Imperiums
dtv 30616 (i. Vorb.)

Franz J. Brüggemeier
Tschernobyl, 26. April 1986
Die ökologische Herausforderung
dtv 30617

Klaus-Dietmar Henke,
Kurt Sontheimer
Berlin, 9. November 1989
Die deutsche Frage
dtv 30618 (i. Vorb.)

Walther L. Bernecker
Port Harcourt, 10. November 1995
Aufbruch und Elend in der Dritten Welt
dtv 30619

Lutz Niethammer
Boston, 26. Dezember 2000
Schöne neue Welt: Erwartung und Erfahrung
dtv 30620 (i. Vorb.)

Joseph Rovan

Geschichte der Deutschen

Von ihren Ursprüngen bis heute
Aus dem Französischen von Enrico Heinemann,
Reiner Pfleiderer und Reinhard Tiffert
dtv 30638

Zwei Jahrtausende deutscher Geschichte zeichnet Joseph Rovan in den großen Entwicklungslinien und Epochen nach. Er charakterisiert die Kräfte, die der Geschichte der Deutschen ihre besondere Dynamik und Zielrichtung gegeben haben. Ein besonderes Merkmal dieser Geschichte ist nach Ansicht von Rovan unter anderem der Föderalismus, der auch die Basis für ein gemeinsames Europa bilden muß.

»Ein ungewöhnlich kühnes und souveränes Buch, durch das der Verfasser seinen Anspruch auf Mitbesitz an der deutschen Geschichte, die, wie er sagt, ihm einst entrissen und verboten wurde, zum Ausdruck bringt.«
Michael Stürmer

»So lesbar und lehrreich kann Vergangenheitsbewältigung sein, wenn sie ein Nachbar und Kenner lesbar und lehrreich darbietet.«
Hannoversche Allgemeine

dtv

Deutsche Geschichte der neuesten Zeit im dtv

Herausgegeben von Martin Broszat, Wolfgang Benz und Hermann Graml in Verbindung mit dem Institut für Zeitgeschichte, München.

Peter Burg
Der Wiener Kongreß
dtv 4501

Wolfgang Hardtwig
Vormärz
dtv 4502

Hagen Schulze
Der Weg zum Nationalstaat
dtv 4503

Michael Stürmer
Die Reichsgründung
dtv 4504

Wilfried Loth
Das Kaiserreich
dtv 4505

Richard H. Tilly
Vom Zollverein zum Industriestaat
dtv 4506

Helga Grebing
Arbeiterbewegung
dtv 4507

Hermann Glaser
Bildungsbürgertum und Nationalismus
dtv 4508

Michael Fröhlich
Imperialismus
dtv 4509

Gunther Mai
Das Ende des Kaiserreichs
dtv 4510

Klaus Schönhoven
Reformismus und Radikalismus
dtv 4511

Horst Möller
Weimar
dtv 4512

Peter Krüger
Versailles
dtv 4513

Corona Hepp
Avantgarde
Moderne Kunst, Kulturkritik und Reformbewegungen nach der Jahrhundertwende
dtv 4514

Fritz Blaich
Der Schwarze Freitag
dtv 4515

Deutsche Geschichte der neuesten Zeit im dtv

Martin Broszat
Die Machtergreifung
dtv 4516

Norbert Frei
Der Führerstaat
dtv 4517

Bernd-Jürgen Wendt
Großdeutschland
Außenpolitik und Kriegsvorbereitung des Hitler-Regimes · dtv 4518

Hermann Graml
Reichskristallnacht
dtv 4519

Hartmut Mehringer
Widerstand und Emigration
dtv 4520

Lothar Gruchmann
Totaler Krieg
dtv 4521

Wolfgang Benz
Potsdam 1945
dtv 4522

Wolfgang Benz
Die Gründung der Bundesrepublik
dtv 4523

Dietrich Staritz
Die Gründung der DDR
dtv 4524

Kurt Sontheimer
Die Adenauer-Ära
dtv 4525

Ludolf Herbst
Option für den Westen
dtv 4527

Peter Bender
Die »Neue Ostpolitik« und ihre Folgen
Vom Mauerbau bis zur Vereinigung
dtv 4528

Thomas Ellwein
Krisen und Reformen
Die Bundesrepublik seit den sechziger Jahren
dtv 4529

Helga Haftendorn
Sicherheit und Stabilität
Außenbeziehungen der Bundesrepublik zwischen Ölkrise und NATO-Doppelbeschluß
dtv 4530

Hagen Schulze

Kleine deutsche Geschichte

dtv 30703

Wer die Gegenwart verstehen will, muß die Vergangenheit kennen. Nach den turbulenten Entwicklungen der letzten Jahre mit der Entstehung eines neuen deutschen Nationalstaats und auch im Hinblick auf die Zukunft in der EU ist das wichtiger denn je. Dem Autor ist es gelungen, 2000 Jahre deutscher Geschichte von den Anfängen bis zur Vereinigung des geteilten Deutschland im Jahre 1990 zusammenzufassen, in ihren Grundzügen darzustellen und alle wesentlichen Aspekte prägnant und anschaulich zu schildern. Gebündelte Information führt so zu solidem Wissen.

»Eine deutsche Geschichte, wie sie das Publikum lange nicht hatte: knapp, temperamentvoll, modern...«
Frankfurter Allgemeine Zeitung

»Schulze zeigt einmal mehr, daß große Geschichtsschreibung nicht unverständlich sein muß.«
Die Welt

»...die großen Linien, die oft zupackende, pointierte und überdies flüssige Darstellung machen die anregende Lektüre des Buches für jeden Leser zu einem Gewinn.«
Rheinischer Merkur

Deutsche Kolonialgeschichte

»...da und dort ein junges Deutschland gründen«
Rassismus, Kolonien und kolonialer Gedanke
vom 16. bis zum 20. Jahrhundert
Eingeleitet und herausgegeben von Horst Gründer
dtv 30713 (i.Vb.)

Eine reichhaltige Quellensammlung voller überraschender Fundstücke zu den kolonialen Taten und Träumen der Deutschen (das Titelzitat stammt von Richard Wagner). Ideologie und Praxis werden gleichermaßen berücksichtigt. Es beginnt mit den Venezuela-Plänen der Familie Welser im 16. Jahrhundert und endet mit den kolonialen Phantasien der Nazis. Die Dokumente sind chronologisch geordnet und ausführlich kommentiert.

Michael Fröhlich
Imperialismus
Deutsche Kolonial- und Weltpolitik 1880–1914
(Deutsche Geschichte der neuesten Zeit)
dtv 4509

Nationale Ideologie, militärisches Denken und nicht zuletzt handfeste ökonomische Interessen veranlaßten die europäischen Großmächte im letzten Drittel des 19. Jahrhunderts zu einem brisanten Wettlauf um die wirtschaftliche und politische Aufteilung der Welt. In der Hochphase des Imperialismus, etwa seit dem Jahr 1880, spitzten sich die kolonialen Rivalitäten und Konflikte immer mehr zu.
Michael Fröhlich befaßt sich mit der Agitation für eine koloniale Expansion in Deutschland, den Stationen auf dem Weg zu einem deutschen Kolonialreich sowie dem machtbetonten »Neuen Kurs« unter Kaiser Wilhelm II. All dies beschwor die explosive Konstellation mit herauf, die dann in den Ersten Weltkrieg führte.

Eric J. Hobsbawm

Das Zeitalter der Extreme

Weltgeschichte des 20. Jahrhunderts
Aus dem Englischen von Yvonne Badal
dtv 30657

Das »kurze 20. Jahrhundert« aus globaler Perspektive – auf der Basis ungeheuren Kenntnisreichtums wie auch persönlicher Erfahrung präzise analysiert und meisterhaft geschildert von einem der bedeutendsten Historiker unserer Zeit.

»Weit und breit ist kein Rivale von überlegener Kompetenz zu erkennen.« *Der Spiegel*

»Nur wenige Historiker dürften bereit und in der Lage sein, ein solches Unternehmen durchzuführen.« *Die Zeit*

»Ein weites Panorama dieses Jahrhunderts, ein beeindruckend argumentierender Wurf.« *Der Tagesspiegel*

»Wir können nur zurückblicken und feststellen, was auf dem Weg lag, der uns hierher geführt hat. Genau das habe ich in diesem Buch versucht. Wir wissen zwar nicht, wovon unsere Zukunft geprägt sein wird; doch ich habe der Versuchung nicht widerstehen können, auch über künftige Probleme nachzudenken, jedenfalls sofern sie aus den Ruinen jener Epoche auftauchen werden, die gerade zu Ende gegangen ist. Wollen wir hoffen, daß es eine bessere, gerechtere und lebenswertere Welt sein wird. Das alte Jahrhundert hat kein gutes Ende genommen.«
Eric Hobsbawm